KB140079

대안적
정보윤리교육
프로그램의
개발과 적용

대안적
정보윤리교육
프로그램의
개발과 적용

최용성 지음

이끄는 글

오늘날의 시대를 정보화시대라고 한다. 이런 정보화시대에 우리 모두의 마음속에 아름다운 사이버 세상을 가꾸어 올바른 인터넷문화를 만들어 가는 데 도움이 되었으면 하는 마음으로 이 책을 준비하였다. 하지만 아직까지도 정보화시대에 걸맞은 윤리의식과 규범이 정착되어 있지 않는 문제점이 있으며, 정보윤리교육 프로그램의 개발과 적용에 있어서 보다 나은 체계성과 대안적 개발이 요청되고 있다. 때문에 저자는 정보윤리교육 프로그램에 대한 개발과 적용의 문제에 관한 글들을 묶어 책자로 실어 냈으면 하는 생각을 갖게 되었다. 뿐만 아니라 정보윤리학의 애매한 쟁점에 대해 보다 천착하는 계기도 마련하고 싶었다. 때문에 책의 발간이 정보화시대에서 새로운 질서를 세우는 정보윤리학에 대한 이해를 심화하고, 정보윤리교육 프로그램에 대한 보다 의미 있는 대안과 적용점을 제시해 보기를 희망한다.

이 책의 내용은 정보윤리교육 프로그램의 이론과 적용에 관한 것이다. 구체적으로 살펴보면 "지역수준의 정보윤리교육 방안", "정보윤리교육의 평가와 바람직한 방향 모색―부산지역성과 부산 정보문화센터 교육을 중심으로"가 있다. 이 둘은 부산지역을 중심으로 해서 정보윤리교육의 방향성을 모색해 보고, 실제 적용된 것을 살피고 있다. 그다음 "정보윤리교육 프로그램의 내용과 쟁점들"은 정보윤리교육에서 익숙하게 다루어지는 내용과 주제들을 다루고 있다. 한편 "레스트의 4구성요소 모형을 통한 정보윤리교육 프로그램의 개발과 평가"는 레스트의 4구성 도덕성 모형을 통해 정보윤리교육의 프로그램을 개발하고 효과성을 살펴본 것이다. 다섯째, "사이버 공간에서의 도덕심리와 도덕성의 4구성요소에 따른 정보윤리교육적 교수전략에 관한 연구"는 사이버 공간에서 심리적 거리감이 제공하는 도덕심리의 현상에 대응해서 레스트의 4구성요소의 발전적 모형, 나바에츠 등의 이론을 보완해서 적절한 정보윤리교육적 교수전략을 제시하고 있다. 여섯째, "레스트의 4구성요소와 정보윤리 교육프로그램의 변형과 적용"은 레스트의 4구성요소 모형에 따른 구체적인 수업의 적용을 수업지도안과 예시를 통해 제시하고 있다. 일곱 번째, "표절 및 저작권 침해 판단의 윤리학적 정당성에 관한 연구"는 저작권 침해 판단에 관한 다양한 윤리학적 접근들을 소개하고 있다. 로크의 이론, 공리주의, 시장적 접근, 낭만주의나 헤겔의 접근 등 저작권에 친화적인 관점과 비판적 성찰을 제공하는 해석학적 관점이나 포스트모던적 접근 등을 제시하면서 저작권 침해 판단에 관한 보다 성찰적인 정보윤리학적 관점을 제시하고자 하였다. 마지막으로 "드라마의 표절 및 저작권 침해 판단의 실제적 적합성에 관한연구"는 영화나 방송 드라마의 표절 및 저작권 침해 판단의 실제적 접합성에 관한 고민과 예시를 통해 성찰적 방향성을 제시해 보았다.

사실 이 책은 효과적인 수업을 위해 자료로 인쇄 및 활용한 『정보윤리교육 프로그램의 개발과 적용』과『정보윤리교육 프로그램의 개발과 적용 Ⅱ』의 내용을 통합하고 불필요한 부분을 많이 줄여서 정식적으로 책으로 출간하게 된 것이다. 우선 이 책을 만들어 가는 과정에서 정보윤리교육과 관련해 여러 통찰과 아이디어를 공유했던 김남순 선생님, 김형철 선생님, 임두희 선생님, 조범제 선생님, 최병학 선생님, 하병석 선생님께 감사를 드린다. 간접적으로 도움을 주신 부산대 윤리교육과의 김홍수 교수님, 이남원 교수님, 이왕주 교수님, 장현오 교수님, 조남욱 교수님, 한홍식 교수님, 전광수 선생님, 조수경 선생님, 지현주 선생님, 천명주 선생님께도 감사를 드린다. 더불어 다른 대학의 윤리교육과에 재직하시는 부산교육대학교의 이미식 교수님, 경성대학교의 박장호 교수님, 경상대학교의 김대군 교수님, 진주교육대학교의 이경원 교수님께도 감사 드린다. 마지막으로 이 책이 나오기까지 여러 도움을 주신 손영일 선생님, 이아연 선생님 외 한국학술정보(주) 관계자 분들께도 감사 드린다. 아무쪼록 이 책이 정보윤리학과 정보윤리교육프로그램에 대한 이해를 깊이 제공함과 동시에 실제적인 정보윤리교육 프로그램의 적용과 실천에 도움이 되었으면 한다.

2015년 4월 30일
최용성

목 차

이끄는 글   5

1. 지역수준의 정보윤리교육 방안   11

2. 정보윤리교육의 평가와 바람직한 방향 모색   40
    - 부산지역성과 부산정보문화센터 교육을 중심으로

3. 정보윤리교육 프로그램의 내용과 쟁점들   61

4. 레스트의 4구성요소 모형을 통한 정보윤리교육
    프로그램의 개발과 평가   151

5. 사이버 공간에서의 도덕심리와 도덕성의 4구성요소에
    따른 정보윤리교육적 교수전략에 관한 연구   194

6. 레스트의 4구성요소와 정보윤리교육 프로그램의
    변형과 적용   252

7. 표절 및 저작권 침해 판단의 윤리학적 정당성에
    관한 연구   282

8. 드라마의 표절 및 저작권 침해 판단의 실제적
    적합성에 관한 연구   322

부록   369

1. 지역수준의 정보윤리교육 방안*

Ⅰ. 들어가면서

본 연구는 7차 교육과정 이후 점차 강조된 정보윤리교육을 국가수준에서가 아니라 지역사회라는 지역단위 수준에서 효율적으로 추진할까라는 고민을 담아본 글이다. 로컬리티(locality) 또는 지역성을 진지하게 의식하는 상황에서 국가수준에서 다소 혼란스럽게 제시되는 정보윤리교육의 방향성들을 지역수준에서 검토해보고 내실화할 수 있을까를 고민해 보았다. 이러한 문제의식과 관련된 선행연구들[1]

---

* 이 글의 출처는 "지역수준에서의 정보윤리교육 방안", 『인간과 사회』제8호(2009.02.)임.

1) 김계숙, "초등학생과 학부모의 정보통신윤리 실태조사", 부산교대 교육대학원 석사학위논문, 2004.
이향숙, "초등학생들의 정보윤리의식 실태에 관한 연구", 광주교대 교육대학원 석사학위논문, 2003.
오연주, "초등학교 학생의 정보통신윤리 의식에 관한 조사연구", 서울교대 교육대학원 석사학위논문, 2002.
장수열, "초등학생의 정보통신윤리의식 제고방안", 인천교대 교육대학원 석사학위논문, 2002.
허남정, "경기북부지역 청소년의 인터넷 활용실태분석을 통한 정보통신윤리 교육에 관한 연구: 포천지역을 중심으로", 대진대학교 교육대학원 석사학위논문, 2004.
정영민, "초등학생의 정보통신윤리의식에 관한 조사연구: 창원지역을 중심으로", 진주교대 교육대학원, 석사학위논문, 2006.
정호원, "초등학교 정보통신윤리 교육 실태분석 및 개선방안: 충청북도지역을 중심으로", 청주교대 교육대학원 석사학위논문, 2007.
서현정, "정보통신윤리 교육에 관한 연구 대전지역 중등학교 컴퓨터 교과를 중심으로", 전남대은 학회 수준이나 도덕과 교육 전문가들보다는 전반적으로 교육대학원 석사학위 논문들이 많은 편이다. 수량적으로 정보윤리교육 관련의 논문은 해마다 많이 양산되고 있지만, 로컬리티(locality: 지역성) 차원을 고려한 정보윤리교육 방안의 논문은 희소한 편이다. 이러한 논문들의 특징은 첫째, 국가수준의 정보윤리교육 목표 및 내용체계 그리고 방법론들을 무반성적으로 수용하고 있다는 점이다. 둘째, 지역 수준에서의 학생 및 부모들의 정보통신 윤리의식의 실태나 정보윤리교육의 미흡성을 양적인 수준에서 언급하고 대책이 필요함을 요청하는 특징을 갖고 있다는 것이다. 이러한 문제점에 비추어 이 글은 양적인 접근에 따른 여러 사실들의 나열이 아니라 지역성을 성찰의 계기로 해서 국가수준의 정보윤리 교육과정을 비판적으로 조망하고 지역성의 현실에 근거한 자생력 있는 정보윤리교육 방안을 모색하는 데 그 초점을 두고자 한다.

우선 국가적 수준에서 제시된 정보윤리교육의 목표들과 지도내용들을 검토하고 지역 수준에서 어떤 목표와 지도내용을 결정하고 교육하는 것이 적절한 것인가를 검토해 보았다. 또한 정보윤리교육의 방향과 방법을 검토해 보되, 지역수준에서 정보윤리교육의 내실화를 위해 보다 진지하게 고려해야 할 사항들을 제시해 보았다. 즉 지역 수준에서 가정·학교·지역사회가 통합적으로 서로 연계하면서 교육을 내실화하는 것은 매우 중요하다고 할 수 있으며 작금의 상황에서 축적된 정보화 교육역량과 콘텐츠 개발을 통해 정보윤리교육을 보다 내실화할 수 있는 방안을 모색해 보았다.

학교 교육대학원 석사학위논문, 2004.

Ⅱ. 정보사회에서의 정보윤리의 원칙 및 지도내용

1. 정보사회의 특성과 정보윤리의 원칙

오늘날 현대사회를 정보사회로 지칭하는 것에 대해 이의를 다는 사람은 별로 없을 것이다. 근대사회가 태동하던 무렵에 이미 정보사회가 시작되었다고 하는 주장도 있지만,[2] 정보산업이 비약적으로 발전하고, 발전된 정보기술이 일상생활 속으로 침투하고 있는 오늘날의 양상은 본격적인 정보사회가 출현하고 있음을 잘 보여주는 것이다.

이런 정보사회의 성격을 진단하고 예상하는 일은 매우 중요한 일이지만 정보사회에 대한 자세한 분석은 우리 연구의 범위를 넘어서는 것이기에 간략하게 정리만 하고자 한다. 사실 정보화 사회에 대한 자세한 분석은 '정보사회론'에 대한 포괄적인 연구와 이해를 필요로 하며 정보사회론자들 간에도 정보사회의 성격 문제를 둘러싼 다양한 논쟁과 입장의 대립이 있다고 할 수 있다. 예컨대 정보사회를 새로운 자본주의적 산업사회의 연장선 위에 있는 사회로 보는 이론가들이 있는가 하면 이전 사회와는 전혀 다른 새로운 사회라고 보는 이론가들이 있다. 웹스터(F. Webster)는 다음과 같이 기술적, 경제적, 직업적, 공간적, 문화적 정의로 나누어 종합적으로 고찰하고 있는데 표로 만들면 아래의 <표 1>과 같다.[3]

---

2) 안토니 기든스 지음, 이윤희·이현희 옮김, 『포스트모더니티』(서울: 민영사, 1991)와 안토니 기든스 지음, 진덕규 옮김, 『민족국가와 폭력』(서울: 삼지원, 1993) 참조.

3) F. Webster, *Theories of the information society* (London: Routledge, 1995), pp.33-48 참조.

<표 1> 웹스터의 정보화 사회 정의

분류	내 용
기술적 정의	기술혁신을 통해 정보처리, 저장 및 전송의 획기적인 발전으로 인하여 사회의 모든 분야에 정보기술이 활용되는 사회
경제적 정의	경제적 부의 창출을 지식이나 정보의 활용 결과로 이루어진다고 보는 사회
직업적 정의	정보관련 업무와 이와 관련된 직업이 늘어나는 사회
공간적 정의	시간과 공간을 조직하는 데 지대한 영향을 미치는 정보통신망이 확산된 사회
문화적 정의	이미지와 기호의 의미가 부각되고 하이퍼리얼리티의 세계가 등장하면서 진짜와 가짜의 구분이 사라지는 사회

하지만 이러한 정보사회에 대한 정의는 학자나 학문 분야에 따라 다층적으로 정의가 이루어지고 있으며, 정보사회가 우리에게 주는 영향 역시 위의 다섯 가지 분류가 서로 복잡하게 연결되면서 상호작용하고 있다. 예컨대 <표 1>의 정의에 따라 살펴보자면 정보기술의 획기적 발전은 지나친 금융시장의 세계화를 가져오고 자본의 이동성을 전례가 없을 정도로 높아지게 만들면서 단기-고수익을 얻기를 바라는 외국계 투기자본의 횡포를 가능케 한다. 이는 작금의 금융시장불안과 관련하여 볼 때, 세계경제의 불확실성을 증대시켜 직업적 측면에서 노동시장에 부정적 영향을 끼친다. 또한 직업적 정의와 관련해서 리프킨(J. Rifkin)과 같은 이들은 정교한 정보통신기술이 대량의 노동력을 대체할 수 있는 세계에서 지식 부분의 소수의 사람들만이 전문직, 관리직에서 일자리를 찾을 수 있을 뿐이라고 보면서, 자동화로 인해 대체된 수백만의 노동자들이 재훈련되어 협소한 하이테크 부분에서 충분한 일자리를 찾게 된다는 생각은 공상이 아니면 기만에 불과하다고 주장한다.[4] 비록 정보사회에서 기업의 재

기술화와 기술대체는 어떤 방식으로든 필연적으로 자유시간의 증가를 낳지만 레저의 선택뿐 아니라 실업의 선택을 증가시키고 있는 것이다.[5] 또한 문화적으로는 양극화와 사회통합이 저해되면서 만성적인 실업의 위협에 처한 비정규직들과 하층 젊은이들에게 보드리야르(J. Baudrillard)적인 맥락에서 도피적인 하이퍼 리얼리티(hyper-reality)의 낭만성과 볼거리(spectacle)를 제공하고 작금의 범람하는 UCC에서 보는 것처럼 창조가 아닌 원본의 카피와 모조, 이의 대량생산 그리고 상품의 교환가치가 중심이 되는 문화 상업화[6] 시대에서 감성적인 소비주의와 향락주의적 성향을 조장하기도 하는 것이다.

이렇게 볼 때, 정보사회는 다양한 분석방식에 따라 다층적인 측면에서 긍정적 효과가 부정적 효과를 제공하면서 우리에게 다가서고 있다. 김문조는 정보사회의 긍정적 효과와 부정적 효과를 산업경제적 측면과 정치경제적, 사회문화적 측면으로 구분하고 있다.[7] 그런데 정보사회가 우리에게 주는 여러 긍정적·부정적 효과들은 교육적인 측면에서도 심각하게 고려되기 시작하였다.

우리나라의 경우 제7차 교육과정에서 이런 부분에 대한 심각한 고려가 일어났다고 할 수 있다. 세계화 및 지식 정보사회를 대비하여 국가적 차원에서의 인적 자원 개발과 세계화·정보화 시대를 주도하는 교육개혁방안이 강조되면서 초·중등학교에서 컴퓨터·영어·한자·세계문화사 교육을 강조하게 되었고 이런 맥락에서 다소간

---

4) 제레미 리프킨 지음, 이영호 옮김, 『노동의 종말』(서울: 민음사, 1996), pp.369-370 참조.

5) Ibid, pp.294-296 참조.

6) F. Jamesen, *Postmodernism, or, The Cultural logic of Late Capitalism* (Durham: Duke Unive. Press. 1992), p.1.

7) 김문조, "성숙정보사회를 향하여", 『정보혁명 생활혁명 의식혁명』LG커뮤니카토피아연구소 편 (서울: 백산 서당, 1999), p.337.

정보사회의 긍정적 효과를 고려하는 정보통신 활용교육이 보다 강조되었다고 할 수 있다. 물론 정보통신윤리 교육에 관한 내용은 상대적으로 극히 제한적인 부분에서 다루어졌지만 정보사회가 야기하는 '역기능'의 문제가 점차 사회적으로 부각되면서 정보통신윤리 교육의 보강 및 강화가 점차 요구되게 되었다. 또한 이러한 역기능을 해결하기 위해 법률적·기술적 통제 외에 윤리적 통제의 방식이 적실성을 갖는 것으로 부각되면서, 정보통신윤리 교육 역시 많이 강조되게 되었다. 지적재산권 침해, 표절의 급증, 전자거래의 안정성 약화, 인터넷을 통한 범죄행위, 개인정보 오·남용, 프라이버시 침해, 정보 통신망을 통한 유언비어 유포, 음란·폭력물 등 불건전 정보의 유통 등 정보화 역기능에 대한 대처가 중시되면서 윤리교육적 차원의 대처가 중시되었던 것이다.

〈표 2〉 정보사회의 긍정적 효과와 부정적 효과

	긍정적 효과	부정적 효과
산업경제적 측면	· 생산성향상 · 경영합리화 · 노동의 질적향상 · 소비자중심의 경제 · 새로운 직종의 창출 · 창의성, 자율성 중시 · 친환경적 기술개발	· 노동수요감축 · 노동시장 불안정성의 심화 · 탈숙련화 · 소비주의의 만연 · 직업의 대량토대 · 직무 스트레스의 심화 · 신종 환경오염 및 환경파괴
정치경제적 측면	· 사회참여의 확대 · 자유의 확대 · 수직적 위계질서의 해체 · 전자민주주의의 확산	· 보이지 않는 손에 의한 통제 · 사생활 침해 · 정보권력의 강화 · 지적 엘리트의 영향력 강화

사회문화적 측면	·개인적 자율성 신장 ·사회적 협력의 증대 ·의사소통 기회의 증가 ·정보접근의 용이성 ·지적 수준의 상승 ·정보의 보편화	·코드화된 인간 ·개인의 고립화 ·생활의 탈 인간화 ·정보과적 ·문화의 향락화 ·세대/계층 간 단절의 심화

　또한 이런 역기능과 관련해서 이전 사회에서 없었던 새로운 윤리적 문제들이 발생하게 되고 윤리적 문제들에 대처하게 위한 새로운 윤리적 개념들과 정보통신윤리의 원리들이 우리나라에서도 고민되고 개발되게 되었다. 예를 들어 인권의 개념에서도 기존의 자유권, 사회권, 연대권 이외에도 정보통신사회에서 요구되는 새로운 인권개념들―표현의 자유, 자기정보통제권, 반감시권, 지적 재산권, 정보공유권, 정보접근권 등―인 정보 인권이 새롭게 등장하고 개념화되기 시작하였다.[8] 또한 공리주의, 의무론, 사회계약이론, 덕윤리학 등 기존의 윤리학적 접근 등을 통해 정보윤리를 새롭게 탐색하기도 하고 구체적 사례 중심의 해결방안이 제시되거나 정보윤리의 도덕 원리들이 새로 모색되기도 했다. 예컨대 외국의 경우 세버슨(R. J. Severson)은 정보윤리의 원리로 '지적재산권 존중', '프라이버시 존중', '공정한 표현', '해악금지'를 제시하였고,[9] 스피넬로(R. S. Spinello)는 '자율성', '행악금지', '선행', '정의'를 제시하였는데,[10] 우리나라의 경우 추병완은 네 가지 도덕 원리로서 '존중', '책임', '정의', '해악 금지'의

---

8) 김현수, "정보인권교육의 도덕교육적 과제", 『도덕교육학연구』제7집 1호, (한국도덕교육학연구회, 2006), pp.29-36 참조.

9) 리차드 세버슨 지음, 추병완·류지한 옮김, 『정보윤리학의 기본원리』(서울: 철학과 현실사, 2000), pp.1-11 참조.

10) 리차드 스필넬로 지음, 이태건·노병철 옮김, 『사이버 윤리』(서울: 철학과 현실사, 2001), p.65 참조.

원리를 제시하고 있다.[11] 정보사회의 윤리적 문제들을 해결하기 위해 제시된 이러한 원리 윤리학적 접근들은 적절한 맥락하에서 적용되어야 하겠지만 고등학교『시민윤리』교과서 등에서는 정보윤리의 원리로 추병완의 견해를 따르고 있다고 보인다. 하지만 스피넬로의 견해와 추병완의 견해를 비판적으로 고찰하면서 보다 적절한 원리를 고민해야 할 필요성이 보인다고 하겠다.

2. 정보윤리교육 지도내용의 검토

그런데 정보통신윤리 교육을 국가적 수준에서 추진하려 하되 교육 목표와 내용을 제시한 것은 2000년 8월 교육인적자원부가 제시한『초·중등학교 정보통신기술 교육 운영 지침』에 나타난 정보통신윤리 관련 학습목표 및 내용인데, 살펴보면 <표 3>과 같다.[12]

〈표 3〉 교육인적자원부의 정보윤리교육 관련 목표 및 내용체계

단계	목 표
1 단 계	정보 기기의 이해 - 생활주변에서 정보 기기가 활용되는 예를 말할 수 있다. - 주변에 있는 정보 기기의 종류를 안다. - 정보기기를 활용하면 어떤 점이 이로운지 말할 수 있다. 정보와 생활 - 생활주변에서 정보가 사용되는 예를 말할 수 있다. - 단어 전달 놀이를 통하여 정확한 정보 전달의 중요성을 이해한다.

---

11) 추병완,『정보윤리교육론』(서울: 울력, 2001) 참조.
12) 교육인적자원부,『초·중등학교 정보통신기술 교육 운영지침』, 2000, pp.3-11.

2 단 계	정보의 개념 - 정보의 뜻과 중요성을 알고 설명할 수 있다. - 컴퓨터, 신문, TV, 라디오 등 생활주변의 정보기기를 통해 제공되는 정보의 차이점과 공통점을 안다. 정보윤리의 이해 - 통신예절을 알고 실천할 수 있다. - 정품 소프트웨어 활용의 중요성을 이해한다.
3 단 계	정보활용의 자세와 태도 - 정보공유의 중요성을 알고 올바른 활용 태도를 갖는다. - 정보를 나누어 보고 좋은 점을 이야기할 수 있다. 올바른 정보선택과 활용 - 건전한 정보와 불건전한 정보를 구분하고 바르게 선택할 수 있다. - 다양한 정보 중에서 유용한 정보를 구분할 수 있다. - 개인 정보의 중요성을 알고, 이를 보호할 수 있다.
4 단 계	정보윤리와 저작권 - 정보윤리의 중요성을 이해한다. - 저작권의 개념을 알고 타인의 저작물을 보호하려는 태도를 갖는다. - 컴퓨터 통신을 이용한 토론이나 대화에서 예절을 지키고 정확한 언어를 사용할 수 있다. 정보화 사회의 개념 이해 - 정보화 사회의 뜻을 알고 정보통신기술의 발달이 인간의 생활에 어떠한 영향을 주는지 예를 들어 설명할 수 있다. - 정보화 사회에서의 직업과 생활의 변화를 안다.
5 단 계	건전한 정보의 공유 - 건전한 정보를 함께 나누고 활용하려는 태도를 갖는다. 정보화 사회와 일의 변화 - 정보화의 순기능과 역기능을 예를 들어 설명할 수 있다. - 정보화 사회에서의 다양한 업무처리 방식의 변화를 알고 설명할 수 있다.

정보통신윤리 교육의 기본 준거와 틀을 국가적 수준에서 최초로 제시한 이 내용들은 1단계와 5단계라는 계열성의 원리를 추구한 측면에서는 장점을 가지고 있다. 예컨대 지도지침에 따라 단계별 내용은 1단계는 초등학교 1-2학년, 2단계는 초등학교 3-4학년, 3단계는 초등학교 5-6학년, 4단계는 중학교 1-3학년, 5단계는 고등학교 1학

년 이후를 적용기준으로 잡는 것으로 제시될 수 있다. 물론 전체적으로는 컴퓨터를 배우는 학생들의 연령이 점차 낮아지고 있음을 주목하여, 저학년부터 컴퓨터 및 컴퓨터 기술의 활용이 지니는 윤리적 측면들을 알고, 느끼게 해 주는 교육을 체계적으로 고려해 볼 때, 계열성의 적절성을 한번 고려할 필요성도 있을 것이다.[13)]

그러나 교육인적자원부가 제시한 정보윤리교육 관련 목표 및 내용체계는 전체적으로 지도내용의 제시에 있어서 그 범위가 너무 불분명하고 추상적이라는 한계를 가지고 있다. 각 단계에서 필요한 적절한 교육내용을 구체적이면서도 균형 있게 제시하지 못하고 있으며, 전체적으로 가르쳐야 할 내용범위들이 체계적으로 제시되어 있지 않은 한계를 가지고 있다.

비록 상명하달식의 국가수준의 교육과정 제안들이 교육 개선에 거의 이바지하지 못한다는 것이 상식으로 되어 있는 사실이지만 국가수준의 교육과정 제안들이 어느 정도 명확성과 구체성을 갖고 제시될 아쉬움을 갖게 한 측면이 있다. 예컨대 본 연구자는 4, 5단계를 다음과 같은 방식으로 재구성해서 가르쳤는데, 특별히 저작권보다 표절이나 인용 등을 통한 정보의 생산과 구성이 학생들에게 필요하다고 생각되어 <표 4>와 같이 내용을 재구성해서 가르쳐본 적이 있다.

정직한 정보탐색과 표절, 인용의 윤리 등이 먼저 다루어지고 저작권의 인정 등을 다루어야 한다고 판단했기 때문이다. 이런 방식으로 지역 단위에서의 정보윤리교육 교육과정 실행 주체의 재량권과 해석

---

13) 최용성 외, 『정보통신윤리교재』(부산: 부산체신청, 2006), p.177-178 참조.

권을 높여주는 측면도 있었지만 국가수준의 교육과정의 구체성이 너무 약해서 전체적으로 혼란을 야기하는 경향성도 많았다고 보인다.

〈표 4〉 4, 5단계를 재구성해 본 정보통신윤리 관련 목표 및 내용체계

단계	목표
4 단계	정보윤리와 표절 및 저작권 - 정보윤리의 중요성을 이해한다. - 인터넷에서 텍스트, 이미지, 동영상 등 표절을 하지 않고 적절하게 정보를 활용한다. - 저작권의 개념을 알고 타인의 저작물을 보호하려는 태도를 갖는다. - 컴퓨터 통신을 이용한 토론이나 대화에서 예절을 지키고 정확한 언어를 사용할 수 있다. 정보화 사회의 개념 이해 - 정보화 사회의 뜻을 알고 정보통신기술의 발달이 인간의 생활에 어떠한 영향을 주는지 예를 들어 설명할 수 있다. - 정보화 사회에서의 직업과 생활의 변화를 안다.
5 단계	건전한 정보의 탐색, 구성, 인용, 공유 - 모든 자료의 출처는 인용을 적절하게 하고 구성한다. - 건전한 정보를 함께 나누고 활용하려는 태도를 갖는다. 정보화 사회와 일의 변화 - 정보화의 순기능과 역기능을 예를 들어 설명할 수 있다. - 정보화 사회에서의 다양한 업무처리 방식의 변화를 알고 설명할 수 있다.

한편 정보윤리교육의 지도내용 체계가 보다 명료화되어 나타난 것이 있었는데, 그것이 바로 <표 5>와 같이 한국교육학술정보원에서 개발되었는데, 통신예절을 제외하고는 대부분 정보화 역기능을 부각시키는 데 중점을 두고 제시되고 있는 목표 및 내용체계이다. 이 틀은 주제 또는 문제 영역을 중심으로 하여 교육내용을 보다 명료화했다는 점에서는 강점이 있다. 제한된 시간과 교육여건 속에서 정보윤리교육의 핵심 지도내용을 명료화하고 어느 정도 학습결과에 대해 명료성을 갖고 지도할 수 있는 장점을 갖고 있었다. 하지만 지

도내용의 요소가 너무 편향적이라는 점에서 한계를 갖고 있다. 내용 구분 중, '2의 불건전 정보유통'에서 '10.저작권 침해'에 이르기까지 모두 정보화 역기능의 문제를 초점에 두고 다루고 있다.

〈표 5〉 한국교육학술정보원의 정보통신윤리 교육의 목표 및 내용체계[14]

구분	교육목표	교육내용
1. 통신예절	·사이버 공간에서 건전한 통신 문화 조성을 위한 기본 예절법을 습득시킨다.	·실명제 사용 문화 정착 ·전자메일 사용법 ·채팅(대화) 사용법 ·게시판/자료실 사용법 ·동호회 활동 시 예절 ·익명의 허위 사실 유포 방지
2. 불건전정보유통	·음란물 피해로부터 학생을 보호하고 학생들에게 성에 대한 건전한 가치관을 확립시킨다.	·건전한 성교육 ·통신상의 음란물 유해성 ·음란물 대처요령
3. 통신 중독/게임	·학생들에게 올바른 통신사용 습관을 습득하도록 한다.	·통신 중독 개념 ·통신 중독 시 자각 증상 ·통신 중독 시 대처 요령
4. 사이버 성폭력/매매춘	·학생들을 각종 사이버 성폭력/매매춘으로부터 보호하고 스스로 대처할 수 있는 능력을 기른다.	·사이버 성폭력/매매춘 실태 ·사이버 성폭력/매매춘 위험성 ·사이버 성폭력/매매춘 대처요령
5. 언어 변형	·우리 고유의 한글 문화를 아름답게 유지, 발전시키기 위해 통신상에서 올바른 언어 사용 습관을 함양시킨다.	·언어 변형 실태 ·한글의 우수성 고취 ·통신 시 올바른 언어사용 능력 ·표준 표기법
6. 개인 정보의 오/남용	·개인의 프라이버시 보호를 위해 타인의 개인 정보를 존중하는 문화를 정착시킨다.	·개인정보 보호의 필요성 ·개인정보의 오/남용 피해 사례 ·개인정보 보회 요령
7. 통신사기/도박	·학생들을 통신 사시/도박으로부터 보호하여 건전한 인터넷 문화를 정착시킨다.	·통신사기/도박의 범죄성 ·통신사기/도박 사례 ·통신사기/도박 대처 요령 ·올바른 전자상거래 이용법
8. 해킹	·인터넷 전산 지원의 공공성을 유지, 발전시키기 위해 해킹 행위를 하지 않는 문화를 정착시킨다.	·해킹의 개념 ·해킹의 범죄성 ·해킹 피해의 심각성 ·해킹 방지 요령

9. 바이러스 유포	• 바이러스 유포에 따른 피해의 심각성을 주지시켜 올바른 컴퓨터 활용문화를 정착시킨다.	• 바이러스 피해의 심각성 • 바이러스로 인한 사회적/경제적 손실 • 바이러스 발견 및 대처 요령
10. 저작권 침해	• 저작자의 재산을 보호하고 창의력을 발전시키기 위해 저작권 존중정신을 함양시킨다.	• 저작권의 개념 및 범위 • 저작권 침해의 범죄성 • S/W지적 소유권 보호의식의 생활화

　물론 '1.통신예절'에서 '익명의 허위 사실 유포 방지'도 정보통신망을 통한 유언비어 유포라는 정보화 역기능의 문제를 다룬 것으로 본다면 10개로 구분된 내용요소 모두가 정보화 역기능의 문제를 다루고 있다고 보인다. 이렇게 정보통신윤리 교육을 역기능 관리라는 차원에서만 본다는 것은 문제가 있다. 추병완의 지적과 같이 정보사회에서 바람직한 인간상에 부합하는 윤리원칙이나 네티켓의 함양 등 능동적으로 대처해 나갈 수 있는 자생력을 키워주는 것에 한계를 갖고 있으며 자칫 역기능적인 것만을 강조하는 정보통신윤리 교육의 경우 교육대상자를 범죄자로 낙인찍는 양상을 갖기 쉽다는 것이다.[15]

　또한 역기능과 관련하여 일종의 사회화나 전수에 초점을 맞추는 이러한 교육 목표 및 교육내용의 설정은 실제적인 수업에 있어서는 비판적 사고와 창의적 사고를 억압하는 일종의 은행저축식 교육(Banking Education)으로 흐를 가능성이 있다. 예컨대 촛불시위 등과 관련된 현안 교육문제에 대해 역기능만을 강조하는 이런 식의 교육

---

14) 유재택 외, 『교육기관 정보화 역기능 방지에 관한 연구』(서울: 한국교육학술정보원, 2000).

15) 추병완, "정보윤리교육의 체계화 방안", 정보통신윤리위원회, 『정보사회윤리학』(서울: 이한출판사, 2005), p.694.

은 학부모나 여러 단체로부터 비난받을 가능성은 적지만 학생들의 참여나 관심 등을 제대로 고려하지 못하는 보수적인 정보윤리교육으로 흐를 가능성이 있다. 학생들에게 지식이나 정보를 일방적으로 저축하고 비판적 관점이나 창의적 사고를 배양하는데 어렵게 하는 이러한 교육에 대한 비판은 일찍이 프레이에 의해 제기되었거니와 학습자의 동기와 호기심, 참여를 고려하는 차원에서도 좀 더 비판적 성찰이 필요하다고 하겠다.[16]

〈표 6〉 추병완 및 서울시 교육청의 정보윤리 목표 및 내용체계[17]

영역	교육목표	교육내용
1. 정보사회	정보사회의 특성을 올바르게 이해하고, 정보기술에 대한 올바른 관점을 확립한다.	• 정보사회의 개념과 특징 • 정보사회의 긍정적 모습과 부정적 모습 • 기술결정론, 기술낙관론, 기술비판론, 기술 현실주의
2. 정보윤리	정보사회에서 정보윤리의 중요성을 이해하고, 정보윤리의 기본 원칙에 입각하여 행동하는 성향을 기른다.	• 사이버 공간의 윤리적 의미 • 정보윤리의 기본원칙: 존중, 책임, 정의, 해악금지
3. 네티켓	정보사회에서 네티켓의 중요성을 이해하고, 네티켓을 실천하려는 의지를 기른다.	• 네티켓의 핵심 규칙 • 영역별 네티켓 내용
4. 대처 요령	사이버 공간에서 자신을 올바르게 표현하는 방법을 이해하여 실천한다.	• 정체성 탐색/실험 • 익명, 가명, 실명 • 공정하고 정확한 표현
	사이버 공간에서 자신을 건강하게 보호하는 방법을 이해하여 실천한다.	• 정보화 역기능 사례 • 사례별 대처 요령

---

16) 차동춘, "정보화사회와 교육 패러다임", 정보통신윤리위원회, 『정보사회윤리학』(서울: 이한출판사, 2005), p.577 참조.

17) 추병완, 『정보윤리교육론』(서울: 울력, 2001, 2005), p.225와 서울특별시 교육청, 『사이버 윤리 어떻게 가르칠까?』(서울: 서울특별시 교육청, 2001), pp.24-25 참조.

한편 추병완 및 서울시 교육청의 경우는 계열성의 문제를 적절하게 다루지 않은 한계가 있지만 교육내용의 범위나 체계 부분에서는 장점을 갖고서 교육 목표와 내용체계를 적절하게 제시하고 있다. 정보사회에 대한 포괄적인 이해를 제공하고, 정보윤리의 중요성 및 윤리적 기본원칙을 제공하고 있다. 정보윤리가 개인윤리보다는 사회윤리적 측면이 강하다고 볼 때, 사회적 맥락으로서의 정보사회에 대한 이해가 제시되고 있으며, 이런 맥락하에서 정보윤리의 중요성과 기본원칙을 제시하는 것이 바람직하게 구성되어 있다고 보인다. 물론 약점도 있다. 네티켓의 경우 교육내용의 범위가 다소 제한되어 있다는 점이 보인다. 대처 요령의 경우 정보화 역기능의 문제뿐 아니라 보다 다양한 문제상황에서 대처해 나갈 수 있는 방안들을 제시했다는 점에서 장점을 가진다. 다시 말해서 사이버 공간에서 자신을 표현하고 정보를 구성해 나갈 수 있는 점을 제시함으로써, 정보화 역기능에 대한 대처만 중시할 때, 야기될 수 있는 부정적 방식의 대처를 넘어서는 장점을 제공하고 있다.

그러므로 이 틀을 보다 발전적으로 발전시킬 필요가 있다고 보인다. 물론 정보윤리의 기본원리에 어떤 원리(원칙)를 부가해야 하는가에 대한 검토가 필요하고 보다 구체적인 수준에서 정보윤리내용의 보충이 검토되어야 한다. 또한 사회 및 학생의 필요성을 염두해 두고 교육내용을 구성한다고 할 때, <표 6>에서와 같이 사이버 공간에서의 예절로서 '네티켓'만을 강조하는 것은 좀 문제가 있다고 보인다. 만약 '네티켓' 교육이 현장의 필요에 의해 강조되었다면, '인터넷 중독'이나 '표절·인용·지적 재산권' 교육 등의 필요도 동등하게 고려되면서 좀 더 확장될 필요가 있다고 하겠다. 계열성의 측면을 좀 더 고려한다면 초등은 네티켓을 강조하고 중학교는 '인터넷 중독'의 문제를 고등학교 및 대학교의 경우는 '표절·인용·지적 재산권' 교육 등을 보다 강조하는 방향으로 계열화를 발전시킬 수 있을 것이다. 전체적으로 지역수준에서는 추병완 및 서울시 교육청의 정보윤리교육 목표 및 내용체계를 보다 발전시키는 것이 적절할 수 있다고 판단된다.

Ⅲ. 정보윤리교육의 방향 및 방법

지역 수준에서 정보통신윤리 교육의 방향과 방법은 다층적으로 모색될 수 있다. 정보사회에서의 교육은 정보와 지식을 활용하여 문제를 해결하는 탐구능력의 개발이 중요하다고 생각되면 토론이나 탐구를 통한 학습자 주도의 수업이 강조될 수 있지만 학교가 아닌 지역사회에서의 기관이나 학부모 단체에서 주관하는 교육들은 거의 일제학습의 형태를 취하기에 강의식이나 설명식 또는 사례위주의 교육이 되는 경향이 강할 수 있다. 또한 N세대라고도 불리는 학습자를 염두에 둔다면 단순한 설명식, 강의식 방법보다는 참여와 발견학습이, 상호교류와 상호작용이 강조되면서, N세대의 사이버 문화공간을 많이 염두에 두는 교육을 고려해 볼 수 있겠지만 의외로 참여와 발견학습이 적절하게 이루어지지 않을 수 있고 다만 N세대의 문화현상을 많이 다루면서 공감과 흥미를 불러일으키는 교육으로 진행될 수도 있다는 것이다.

작금에 있어서 정보윤리교육은 학교 수준에서가 아니라 다양한 교육주체에 의해 교육되는 경향성을 갖고 있었기에 어떤 특정한 방법을 제시하기가 힘들고 다층적인 양상을 띠었다고 할 수 있지만 보다 지역 수준에서 적절성을 가지고 시도될 필요가 있다.

1. 지역 학교에서의 인지 · 정의 · 행동의 통합적 접근[18]

정보윤리교육이 학교에서의 도덕 · 윤리교육과 깊은 연관성을 가진다고 보면, 정보윤리교육에 관련된 교수학습이론은 기존 도덕 · 윤리교육의 교수-학습이론과 깊은 관련성을 가진다고 할 수 있다. 그렇게 보면 과거의 덕목 중심 이론이나 가치교육 이론, 인지적 발달단계 이론 등의 다양한 도덕과 교수학습 이론들의 장단점과 특징들을 종합적으로 고찰할 때, 정보윤리교육에 적합한 이론은 인지 · 정의 · 행동의 통합적 접근이 적절하다고 생각된다. 특별히 초등의 경우는 이런 인지 · 정의 · 행동의 통합적 접근을 취하는 것이 적절성을 가진다고 보인다. 물론 이러한 관점은 기존 초등 도덕과에서처럼 통합적으로 가르친다는 취지에서 제재를 인위적으로 세차시분으로 나뉘어 가르치게 하는 방식을 따르는 것도 아니라 승법적(乘法的) 통합을 추구하는 역동적인 통합적 접근이 되어야 할 것이다.[19] 전체적으로 교육방법에 따른 평가도 지식이나 사고 이외에 가치, 태도 등 정의적 영역의 평가도 관심과 노력을 기울이는 접근이 이루어져야 할 것이다.

---

18) 최용성 외, *op. cit.*, pp.183-184 참조.

19) 이에 대한 보다 구체적인 사항은 차우규, "초등 도덕과 교육이 나아갈 길", 『2007 우리나라 교과교육연구의 나아갈 길』(한국교원대학교 교과교육공동연구소, 2007), p.145 참조.

2. 지역학교에서의 범교과적 접근

정보윤리 교육은 어느 특정 교과에서 다루어져야 하거나, 정보윤리라고 하는 새로운 교과로 지정되어야 하는 교과목이 아니다. 흔히 정보윤리는 윤리교과나 사회교과, 컴퓨터교과로 넣어서 생각할 수 있다. 그러나 정보윤리는 어느 한 교과에 국한되어 들어가야 하는 교과목이 아니다. 모든 교과 안에 총망라되어야 하는 범교과적인 성격을 가진 것이 정보윤리이다. 정보통신윤리 교육은 새로운 교과로 지정되어야 할 성질의 교육이 아니라 윤리교과나 컴퓨터 교과 등이 중심이 되겠으나 모든 교과에서 통합되고 연계되어야 할 성질의 교육이라고 할 수 있다. 실제로 초등, 중등, 고등학교 교육과정에서 재량활동, 국어과, 도덕과, 사회과, 실과, 영어과가 연계하면서 교재개발과 수업지도안을 구성한 선행연구를 보면 범교과적으로 연계되고 통합될 필요성이 있는 교육이라고 할 수 있다.[20] 국어과의 경우 '통신언어와 바른 언어생활', '인터넷 문학과 청소년 문화', '사이버 시대의 생활 속 글쓰기' 등의 주제를 보다 잘 다룰 수 있으며, 영어교과에서도 '용어로 배우는 정보통신윤리', '영어 통신언어와 바른 언어생활', 'know your Netiquette', 'The Two Faces of the Internet', '정보화사회와 관련된 영어작문' 등의 방식으로 정보통신윤리 교육을 실시할 수 있으며, 재량활동 등을 통해 포괄적으로 정보통신윤리 교육을 통합 및 연계할 수도 있다.

---

20) 김형철 외, 『통합적 접근을 통한 도덕과 교육의 정보통신윤리 교육에 관한 연구(KRF-2005-030-B00050)』(서울: 교육인적자원부, 2006), pp.33-602.

3. 학생의 생활세계와 지역성에 밀착된 사례중심의 개념형성 수업 방법

정보윤리교육을 담당하는 교사 또는 지역 사회의 여러 강사들은 탐구형 지도방법이 아닌 설명형 지도방법을 활용할 수도 있다. 교사는 정보 시대의 윤리적 특성들에 대한 학생들의 이해를 돕기 위하여 책임감, 소유권, 프라이버시 등과 같은 기본적인 윤리적 개념들을 학생들에게 정확하게 설명해 주어야 한다. 이때 교사는 학생들에게 친숙한 컴퓨터가 윤리와 무관한 것이 아님을 분명하게 설명해 줄 수 있어야 한다. 한편 개념에 대하여 설명할 때에는 학생들의 이해를 돕기 위하여 구체적인 사례를 활용하는 것이 좋은데, 학생들의 이해력 증진에 중점을 두는 개념분석수업모형 등을 활용하면서 다양한 사례들을 통해 정보윤리에 대한 이해를 증진시켜 주어야 할 것이다. 정보화와 세계화가 진행되면서도 지역화가 제대로 진행되지 않아서 지역 낙후와 정보격차가 벌어지는 현상 등의 상황도 적절하게 제시하면서 보다 구체적인 사례를 잘 제공할 필요가 있다. 사례는 문제를 제기하는 서사 또는 시나리오로서 윤리적 문제상황이나 쟁점을 구체적인 맥락 속에서 이해하게 하고, 관심과 함께 다양한 사고와 문제의식을 가능케 하는 장점을 가진다. 학생과의 상호작용을 고려한다면 정보윤리를 너무 원칙적으로 접근하는 것이 아니라 공감대를 이끌 수 있는 학생들의 생활세계와 구체적 지역성에 기반한 다양한 사례를 열거하되, 개념분석 수업모형의 전개부분에서 나타나는 바, 개념의 전형적인 사례와 반대사례, 경계사례 등을 잘 드러내면서 개념형성이 이루어질 수 있도록 해야 할 것이다.

4. 인터넷 조사와 논술 지도 학습의 연계 및 표절과 인용의 정보 윤리교육 강화

정보윤리교육은 조사수업을 중요시할 필요가 있다. 다시 말해서 어떤 주제에 관한 광범위한 자료를 찾거나 탐색하는 조사수업이 잘 이루어져야 한다. 주제 관련 웹 사이트를 방문하거나 웹 설문 조사, 통계청 등 자료 검색 등이 이루어져야 할 것이다. 또한 이러한 조사연구는 논술지도와 연계될 필요성이 있다. 작금에 있어서 도덕교과는 국어교과에 비해 형식적인 측면이 아닌 내용적인 측면과 관련되어 논술지도에 가장 근접한 교과로 인식되고 있다. 또한 이런 논술지도학습은 결국 학교현장에서의 서술형·논술형 평가 및 수행평가와 연결된다. 이런 과정에서 지금까지 엄격하게 다루어지지 않았던 표절과 인용의 윤리를 분명하게 제시하는 정보윤리교육이 병행되어야 한다. 인터넷에서 조사된 모든 자료는 출처의 인용 및 표절을 방지하는 차원에서 활용되어야 한다. 이는 연구윤리와 관련되는 상황이지만 외국에서는 정보윤리교육차원에서 진지하게 다루어지는 사항이다. 지역화는 세계화와 밀착되어 추진되어야 하기 때문에 국가수준의 교육과정에서 간과하고 있는 영역이지만 세계적인 상황에 비추어 이런 교육이 적절하게 시행되어야 할 것이다.

이는 인터넷상의 다양한 정보를 어떻게 활용해야 하는지에 대한 교육과 긴밀하게 연결되어 있다. 작금에 있어서는 교수들의 표절시비 논란뿐만 아니라 대학생들을 인터넷에서 리포트를 베끼고 제대로 된 인용의 윤리를 지키지 않고 있다. 이는 초등학생들의 경우도 마찬가지인데, 초등학생들은 방학숙제를 인터넷 검색과 공유로 해결하고 있다. 이는 전 세계적인 현상이며 지역적인 현상이다.

UCC의 경우도 상당한 문제점을 가지고 있다. 기존 소재의 유통보다는 창작이나 자작을 유도해야 하겠지만 기존 자료를 활용할 경우에도 적절한 패러디를 통한 창작을 적절하게 할 수 있도록 해야 할 것이다. 또한 1차 저작권을 가진 이용자의 협조를 구하면서 UCC콘텐츠를 만들어낼 수 있는 것을 교육해야 할 것이다.

그러므로 적절한 과제를 제시하고 인터넷에서 자료를 검색하거나 찾는 방법을 가르쳐주고 또 인용하면서 표절에 주의하는 등을 가르쳐주어야 한다. 학생들의 수준에 따라 웹주소를 알려주거나 좀 더 많은 자료찾기의 방법 등을 알려주어야 할 것이다. 특별히 인터넷에서 구한 자료를 인용하는 방법, 표절을 피하는 방법 등을 제대로 가르쳐야 한다. 작금에 있어서 학생들이 제출한 보고서나 과제물에 대해 표절여부를 검사하는 소프트웨어를 사용하는 것을 심각하게 고려해야 하며21) 표절여부 확인과 인용기술을 가르치는 것이 부가되어야 할 것이다. 이러한 영역은 연구윤리에서 학문진실성을 위한 교육과 관련되지만 표절, 인용의 윤리, 재산권, 자료활용 및 탐색, 재산권, 공정이용 등의 문제는 한 영역으로 다루어지면서 가르쳐져야 할 것이라고 본다.22) 결론적으로 그러므로 조사수업과 논술 지도 그리고 표절과 인용의 통합적인 교육을 통해 정보윤리교육의 효과적인 내실화가 정착될 수 있어야 할 것이다.

---

21) 수강신청 이후의 오리엔테이션부터 표절교육을 실시하되, 중등, 대학에서 모든 리포트를 컴퓨터 파일로 받아서 이를 표절검색 프로그램을 통해 확인할 필요가 있다.

22) 검색사이트 http://cybersmart.org/workshops/smart/mannersbullyingethics 참조 (2008년 11월 20일 최종 검색).

Ⅳ. 지역에서 정보윤리교육역량 강화를 위해 더 고려할 사항

1. 지역사회·학교·가정과의 연계를 통한 통합적 접근

정보통신윤리 교육은 특별히 지역 수준에서 학교·가정·지역사회의 연계를 통한 통합적 접근을 통해 추구될 필요성이 있다. 이는 정부 정책의 문제점과 관련되어 있다. 정부는 그 동안 여러 가지의 정보화사업을 펼쳐왔다. 하지만 지역 정보화는 종합적·체계적인 기획에 의해서라기보다는 정보화와 관련된 중앙정부 일부 부처에 의해 각자의 고유 업무의 일환으로 제각각 추진되어 왔다. 예컨대 각 부처의 정보통신망 확충(정신통신부·행정자치부), 지방중소기업의 육성(산업자원부), 과학기술정책의 활성화(과학기술부) 등과 같은 각 중앙부처의 고유 관심을 보다 용이하게 실현키 위해 정보화를 지방 차원으로 확대코자 했던 것이 바로 지역 정보화였던 것이다.[23]

그러므로 그간의 지역 정보화는 중앙부처별로 산발적으로 일방적으로 추진되어 왔기 때문에 지역의 장기 발전에 대한 관심과는 상당한 괴리가 있었고 지역에서의 참여와 협조 그리고 연계가 제대로 이루어지지 않았는데, 이러한 점은 정보화 역기능의 문제와 관련된 정보통신윤리 교육의 시행에 있어서도 나타나며 지역 간 정보격차 해소에 있어서도 한계를 갖고 있었다.[24]

---

23) 한세억, "지역정보화정책의 평가적 논의-평가기준과 모형의 설정 및 현실적 적용을 위한 시론", 『정보화동향』, 제5권 2호, 한국정보문화센터, 1997 및 김형철 외, *op. cit.*, p.25 참조.
24) Ibid., p.26.

일례로 부산지역의 경우 한국정보문화진흥원과 연계된 부산 체신청에서 정보통신윤리 교육 강사들을 통해 정보윤리교육을 추진해 나갔다. 처음에는 학교정보윤리교육이 너무 심각하다고 생각되어 학교강사지원과 교육을 하다가 학부모 그리고 교사연수지원 그리고 이제 시청과 민방위 교육지원으로 교육범위를 확대해 나갔고, 일선 학교 현장 선생님들과 연계해 정보윤리교육을 심화해 나가기도 했지만 지역수준에서의 연계망 형성은 아직 혼란스럽게 이루어지고 있다는 것을 고려할 때, 보다 지역 수준에서의 정보윤리와 관련된 파트너십을 발전시켜 나가는 것이 요청된다고 하겠다.[25]

이런 파트너십 형성을 위해서는 관에서 대중 동원 형태의 캠페인을 벌이는 방식보다는 보다 지역 수준의 여건에 맞는 연계, 협조가 중요하다고 할 수 있다. 교육청과 시청 그리고 지역 체신청 등 관련 유관단체들이 서로 협조하면서 여러 가지 행·재정적 지원 및 협력을 해주는 보조적인 역할을 수행하는 것이 바람직할 수 있을 것이다.

2. 멀티미디어,[26] 영화, UCC 등을 활용한 정보윤리교육 방안

7차 교육과정이 시행된 이후 변화된 교육환경은 바로 정보화가 더욱 진행되면서 다매체 환경으로의 진입과 정보통신기술을 활용한 교육의 발전일 것이다. 인터넷을 비롯한 다양한 매체의 사용과 영향이 급격히 증가하고 학교마다 멀티미디어를 구비한 교실들이 확충

---

25) Ibid.

26) 이에 대한 보다 자세한 사항은 손인락, "정보통신윤리 교육멀티미디어 시스템", 영남대학교 교육대학원 정보처리교육전공, 2005을 참조할 것.

되면서 첨단 정보통신기술을 활용한 멀티미디어의 활용범위가 상당한 정도로 확장되어졌다는 것이다. 멀티미디어(multimedia)는 글자 그대로 다중매체를 뜻하는 것으로 컴퓨터의 등장과 더불어 더욱 다양한 정보를 포괄하게 되었다. 문자 정보, 그래픽, 애니메이션, 정지 사진, 음성 정보, 비디오 정보, 영화, UCC를 포괄하는 멀티미디어를 활용하는 교수기법은 정보통신윤리 교육에서 매우 중시되는 방법이라고 할 수 있다. 교사중심의 강의나 설명에 비해 다양한 감각과 사례를 제공해 줄 수 있는 멀티미디어 교수기법은 정보윤리교육의 발전과 더불어 다양한 방식으로 적용되면서 또한 멀티미디어 콘텐츠의 개발이 요청되게 되었다. 최근에 와서는 영화나 UCC를 활용하는 방식으로 점점 발전하고 있다. 예컨대 임상수는 영화를 텍스트로 삼아 강의하는 'MAI(Movie Assisted Instruction: 영어보조학습)'의 교수기법을 적용하였다. 2시간 내외 분량의 영화를 상영하면서 중간 중간에 영화를 끊고 지적재산권과 전자감시와 프라이버시 등의 주제들을 강의하는 방식을 취하였다.[27] 물론 90분 러닝타임의 영화 한 편을 세 시간 내지 네 시간 정도 보면서 강의를 하는 방식 외에도 영화 장면들을 시퀀스로 끊어서 활용하되 주제에 맞게 다양한 영화들을 활용하는 방법 등이 유효할 수도 있을 것이다.[28]

이런 멀티미디어 콘텐츠의 개발은 그 효과성이 점점 증가하고 있는데, 파워포인트의 활용, 각종 동영상의 활용, 애니메이션 동영상의 개발에 이어 실생활 중심의 드라마 동영상이 개발되고 있다. 이런

---

27) 보다 자세한 사항은 정보문화진흥원, 『청소년 사이버범죄 예방교육이론과 실제』(서울: 한국정보문화진흥원 역기능 예방센터, 2005), pp.89-157 참조.
28) 보다 자세한 사항은 최용성, 『영화로 열어가는 윤리교육』(부산: 으뜸출판사, 2006), pp.193-219 참조.

멀티미디어 자료나 영화 혹은 UCC를 활용한 다양한 정보윤리교육 방안이 제시될 필요가 있을 것이다.

3. 지역단위에서의 자생력 있는 콘텐츠의 개발과 개선

지역단위에서는 중앙과 비교해 볼 때, 정보윤리 관련 콘텐츠의 개발에 있어서 일종의 정보격차가 발생한다. 비록 7차 교육과정 개정에서 현장교사의 의견 수렴과 참여식 교육과정 개발을 제시하고 있지만[29] 국가 수준에서의 교육과정 개정에서 기존의 폐쇄성을 극복하고 도덕과 교육관련 집단의 광범위한 참여를 도모한 것이라고 할 수 있다. 지역단위에서 정보윤리교육의 교육과정이나 관련 콘텐츠의 개선 및 개발은 실제적으로 여러 가지 한계를 갖고 있다. 정보윤리 관련 교사 전문가가 부족할 뿐만 아니라 정보윤리 관련 콘텐츠를 개발하는 데 있어서도 여러 환경적 여건이 불비한 측면이 있다. 이런 인적·물적 토대의 부족은 지역단위의 교사나 관련 전문가들의 참여형 콘텐츠 혹은 교육자료 개발의 수준을 떨어뜨리는 요소로 작용할 수 있다.

지역별 정보 불평등은 일종의 교육 콘텐츠의 불평등과 관련되기도 하지만 취약한 교육 콘텐츠의 개발에 있어서 저작권 침해 또는 표절의 문제를 야기하기도 한다. 작금에 있어서 지역 단위 혹은 단위 학교에서의 홈페이지 등 관련 정보윤리교육 사이트는 다양한 저작권 침해의 양상을 보이고 있다. 또한 다른 정보윤리교육 단체에서 만든 정보윤리 교육 콘텐츠를 인용이나 출처를 밝히지 않고 유사한

---

29) 교육과학기술부, 『초등학교 교육과정해설Ⅲ』(서울: 대한교과서 주식회사, 2008), pp.209-210.

방식으로 표절하는 경우도 잦은 것을 볼 수 있다. 인용이나 출처를 밝히지 않고 사용하는 이런 표절은 도덕적 윤리적 문제이나 법적으로 볼 때 저작권 침해의 한 유형으로 타인의 저작물의 전부 또는 일부를 이용하여 실질적으로 유사한 작품을 만드는 것으로, 저작권법상으로 볼 때, '공표된 저작물의 인용(법 제25조)'나 '출처의 명시(제34조)' 등과 같은 조항을 위반하고 있다고 보인다. 이런 양상은 교사나 학생들에게 만연된 여러 콘텐츠에 대한 윤리의식의 부재와 연관되어 있다. 작금에 있어서 상당수의 교사나 학생들이 UCC상의 위법사항에 대한 정보가 부족하여 자료를 어떻게 사용하고 활용하고 책임을 져야 하는지를 잘 알지 못하고 있다.[30] 그러므로 표절이나 저작권 침해의 의혹이 없는 콘텐츠의 개발이 지역 단위에서 연구되어지고 개발되어질 필요성이 강하게 요청되고 있으며, 이에 대한 보다 철저한 준비와 노력이 요구된다고 하겠다. 적절한 인적·물적 자원을 확보하고 시행착오를 통해 배우면서도 지역의 상황을 고려하면서 공식적·비공식적 협의와 의사결정을 확대하되 보다 장기적인 계획을 갖고 콘텐츠 개발을 추진할 필요가 있다. 너무 많은 시간과 수고를 피하면서도 적절한 상호적 성취와 보상, 성공적인 수행을 이끌어내는 콘텐츠 개발을 추진해 나가야 할 것이다.

---

30) 작금에 있어서 유통되는 동영상 UCC 가운데 사용자가 직접 창작한 UCC의 비중이 기대치보다 낮다는 점과 영화, 드라마, CF, 애니메이션 등을 카피하거나 변형시키는 것이 거의 대부분이라는 점에서 저작권 침해와 표절의 문제를 갖고 있다. 저작권 보호센터가 2006년 7월부터 10월까지 UCC 전문포털을 대상으로 6차에 걸쳐 조사한 바에 따르면 현재 유통되고 있는 UCC 중 80% 이상이 저작권 침해물로 나타났다고 한다. 또한 총 조사 대상 콘텐츠 45,000개 중 순수 제작 콘텐츠는 약 16% 정도에 불과해 불법복제물이 주로 유통되고 있음을 알 수 있다. 한국정보처리학회, 『청소년과 함께하는 건전한 UCC 만들기』, (부산, 2007), p.45.

V. 나가면서

우리나라의 경우 90년대 이후 세계화·정보화와 함께 지방분권 지대의 '지역화'라는 중요한 흐름이 있었지만 지금까지 살펴본 바와 같이 정보윤리 교육은 지역화라는 측면에서 많이 미흡함과 애로점 이 있음을 알 수 있었다. 이런 문제의식에 비추어 본 연구는 지역 수준에서 정보윤리교육을 담당하는 주체들이 어떻게 교육 목표와 교육내용들을 제시 및 검토하고 내실 있는 정보윤리교육을 실시할 수 있을까에 주안점을 두고 살펴보았다. 문헌연구를 통해 국가수준에서 혼란스럽게 제시되고 있는 정보윤리교육의 목표와 내용이 지역수준 에서 어떻게 수용하고 내실화할 수 있을까를 살펴보았다.

정보윤리교육의 교수학습 상황을 고려하되 지역 수준에서의 적절 한 교육방법을 모색해 보았으며 지역의 교육현장에서 적용할 수 있 는 구체적인 대안들을 모색해 보았다. 또한 정보 인프라나 정보윤리 교육을 위한 교육 콘텐츠의 현실적 부실을 극복하고 책임 있는 교육 이 이루어져야 함을 제시해 보았다. 물론 실제 양적 조사 등을 통해 검증한 과정이 없다는 점이 이 연구의 한계라고 하겠다. 하지만 지 역 수준에서 정보윤리교육의 내실화를 위해 애쓰는 여러 현장 교사 들과 교육 주체들의 노력을 어느 정도 경험하면서 얻어낸 내용이라 는 점에서 지역 수준에서의 정보윤리교육 내실화에 조그마한 도움 이 되는 성찰적 계기가 되었으면 한다.

〈참고문헌〉

교육과학기술부, 『초등학교 교육과정해설Ⅲ』(서울: 대한교과서 주식회사, 2008).

교육인적자원부, 『초·중등학교 정보통신기술 교육 운영지침』(서울: 교육인적
자원부, 2000).

김문조, "성숙정보사회를 향하여", 『정보혁명 생활혁명 의식혁명』 LG커뮤니
카토피아연구소 편(서울: 백산 서당, 1999).

김아라, "청소년 UCC 문화의 분석을 통한 UCC정보윤리교육과정 제안", 한
양대학교 교육대학원 컴퓨터 교육전공, 2008.

김현수, "정보인권교육의 도덕교육적 과제", 『도덕교육학연구』 제7집 1호,
(한국도덕교육학연구회, 2006).

김형철 외, 『통합적 접근을 통한 도덕과 교육의 정보통신윤리 교육에 관한
연구(KRF-2005-030-B00050)』(서울: 교육인적자원부, 2006).

리차드 세버슨 지음, 추병완·류지한 옮김, 『정보윤리학의 기본원리』(서울:
철학과 현실사, 2000).

리차드 스필넬노 지음, 이태건·노병철 옮김, 『사이버 윤리』(서울: 철학과 현
실사, 2001).

손인락, "정보통신윤리 교육멀티미디어 시스템", 영남대학교 교육대학원 정
보처리교육전공, 2005.

김계숙, "초등학생과 학부모의 정보통신윤리 실태조사", 부산교육대학교 교
육대학원 석사학위논문, 2004.

서울특별시 교육청, 『사이버 윤리 어떻게 가르칠까?』(서울: 서울특별시 교육
청, 2001).

서현정, "정보통신윤리 교육에 관한 연구" 대전지역 중등학교 컴퓨터 교과를
중심으로: 전남대학교 교육대학원 석사학위논문, 2004.

손인락, "정보통신윤리 교육멀티미디어 시스템", 영남대학교 교육대학원 정
보처리교육전공, 2005.

안토니 기든스 지음, 이윤희·이현희 옮김, 『포스트모더니티』(서울: 민영사, 1991).

안토니 기든스 지음, 진덕규 옮김, 『민족국가와 폭력』(서울: 삼지원, 1993).

유재택 외, 『교육기관 정보화 역기능 방지에 관한 연구』(서울: 한국교육학술 정보원, 2000).

이향숙, "초등학생들의 정보윤리의식 실태에 관한 연구", 광주교육대학교 교 육대학원 석사학위논문, 2003.

오연주, "초등학교 학생의 정보통신윤리 의식에 관한 조사연구", 서울교육대 학교 교육대학원 석사학위논문, 2002.

정보문화진흥원, 『청소년 사이버범죄 예방교육이론과 실제』(서울: 한국정보 문화진흥원 역기능 예방센터, 2005).

장수열, "초등학생의 정보통신윤리의식 제고방안", 인천교육대학교 교육대학 원 석사학위논문, 2002.

정영민, "초등학생의 정보통신윤리의식에 관한 조사연구: 창원지역을 중심으 로", 진주교육대학교 교육대학원, 2006.

정호원, "초등학교 정보통신윤리 교육 실태분석 및 개선방안: 충청북도지역 을 중심으로", 청주교대 교육대학원 석사학위논문, 2007.

제레미 리프킨 지음, 이영호 옮김, 『노동의 종말』(서울: 민음사, 1996).

최용성 외, 『정보통신윤리교재』(부산: 부산체신청, 2006).

최용성, 『영화로 열어가는 윤리교육』(부산: 으뜸출판사, 2006).

차동춘, "정보화사회와 교육 패러다임", 정보통신윤리위원회, 『정보사회윤리 학』(서울: 이한 출판사, 2005).

차우규, "초등 도덕과 교육이 나아갈 길", 『2007 우리나라 교과교육연구의 나 아갈 길』(한국교원대학교 교과교육공동연구소, 2007).

추병완, 『정보윤리교육론』(서울: 울력, 2001, 2005).

추병완, "정보윤리교육의 체계화 방안", 정보통신윤리위원회, 『정보사회윤리 학』(서울: 이한출판사, 2005).

한세억, "지역정보화정책의 평가적 논의－평가기준과 모형의 설정 및 현실적 적응을 위한 시론", 『정보화동향』, 제5권 2호, 한국정보문화센터, 1997.

허남정, "경기북부지역 청소년의 인터넷 활용실태분석을 통한 정보통신윤리 교육에 관한 연구: 포천지역을 중심으로", 대진대학교 교육대학원, 2004.

Jamesen, F. *Postmodernism, or, The Cultural logic of Late Capitalism*(Durham: Duke Univ. Pr., 1992).

Webster, F. *Theories of the information society*(London: Routledge, 1995).

미국 정보통신윤리 교육 Smart 교육과정: http://cybersmart.org/workshops/ smart/mannersbullyingethics

2. 정보윤리교육의 평가와
   바람직한 방향 모색

– 부산지역성과 부산정보문화센터 교육을
   중심으로*

Ⅰ. 머리말

작금에 있어서 정보화역기능 예방교육은 국가 수준에서가 아니라 지역사회라는 단위 속에서 이루어지는 경향성을 가속화하고 있다. 예컨대 2009년 이전에 함께 정보화역기능 예방교육을 담당하였던 부산울산경남지역이 이제 각각 부산, 경남, 울산 지역으로 나누어 정보화역기능 예방교육을 담당하게 되었다. 이런 상황에서 로컬리티 (locality) 또는 지역성을 진지하게 의식하는 차원에서 정보화역기능 예방교육의 효과성을 검토하는 문제의식들이 등장하고 있다.[1] 지역

---

* 이 글의 출처는 "정보화역기능 예방교육의 평가와 바람직한 방향 모색–부산 지역성과 부산정보 문화센터 교육을 중심으로", 『한국정보통신윤리연구』 제3집 1호(2010.04.)임.

1) 김형철 외, 『통합적 접근을 통한 도덕과 교육의 정보통신윤리 교육에 관한 연구(KRF-2005-030-B00050)』(서울: 교육인적자원부, 2006)와 최용성, "지역수준에서의 정보윤리교육 방안", 『인간과 사회』 제8호(진주: 경남초등도덕교육학회, 2009)을 참조할 것.

사회가 주축이 되어 가정과 학교에서 임의적이고 무관심한 형태로 남아 있는 정보화역기능 예방교육의 중심 리더가 된다며 가정, 학교의 시급한 과제를 사회적 통합의 일관성 있는 정책 마련과 교육 방향의 지침이 제공되어 개인, 가정, 학교, 사회 전체가 유기적으로 문제를 해결할 수 있는 힘을 배양할 수 있을 것이다.

지역 수준에서 정보윤리교육 또는 정보화역기능 예방교육을 내실화하기 위해서는 지역수준에서 가정, 학교, 지역사회가 통합적으로 서로 연계하면서 교육을 내실화하는 것이 필요하며 자체적으로 우수한 교육강사들을 확보하면서 축적된 정보화 교육역량과 콘텐츠 개발 등도 필요하기 때문이다.[2]

자칫 지역 수준에서의 정보화역기능 예방교육은 교육의 부실화 문제가 심각하게 제기될 수 있으며, 이런 위기는 부산, 울산, 경남 지역에 상존하고 있다고 할 수 있겠다. 따라서 이 연구는 주로 서울지역을 중심으로 하는 실태 연구의 경향성과는 달리 부산 지역을 중심으로 해서 과연 정보화역기능 예방교육이 어느 정도 자체 역량과 교육적 효과성을 가지고 있는지를 살피고자 하는 관심해서 시작되었다.[3] 부산지역의 경우 2009년 2월 3월 달에 부산정보문화센터를 중심으로 해서 정보화역기능 예방교육 강사의 자격갱신과 강사조건을 명확하게 하면서 자체 강사 내실화교육을 실시하였다. 또한 4월 달부터 본격적으로 12월까지 여러 학교급별 교육대상에 교육을 실시하게 되었다. 과연 이러한 교육들을 어떤 성과와 문제점을 가지고 있으며 어떤

---

2) Ibid., p.5 참조.

3) 이 논문을 공동연구자인 오희세 선생님은 부산과 경남을 함께 분석하는 것이 좀 더 나은 게 아닌가 하는 의견을 피력하였지만 설문지 작성 및 회수관계에서 부산지방만 용이하였다. 하지만 차후 보다 협조해서 부산과 경남지역을 함께 분석하는 것도 좋은 방향이라고 사려된다.

방식으로 새로운 발전방향을 모색해야 하는가? 이런 문제의식에 비추어 본 연구에서는 다음과 같은 연구문제를 설정하였다.

<연구문제 1> 부산정보문화센터에서 이루어지는 교육의 방식과 일반적 특징들은 어떠한가?

<연구문제 2> 교육준비와 홍보, 필요성 등에서 적실성을 가지고 있는가?

<연구문제 3> 정보화역기능 예방교육이 교육효과성을 만족시키고 있으며 수요자의 요구에 부응하고 있는가?

<연구문제 4> 부산지역의 정보화역기능 예방교육을 위한 각 주체들의 노력 및 협조 및 연계체제는 잘 이루어지고 있는가?

II. 연구대상 및 방법

1. 연구대상

본 연구는 초·중고등학교 그 이상의 시민을 대상으로 하며 실시된 교육과 관련된 129개의 설문지를 통해 연구를 하고자 하였다. 파악하고자 한 정보화역기능 교육 및 대상의 일반적 특징은 <표 1>과 같다.

<표 1> 정보화역기능 교육 및 대상의 일반적 특징

	일반적 특징	빈도	비율(%)
교육 일시	9시-11시	40	31.0
	11시-1시	23	17.8
	1시-3시	43	33.3
	3시-5시	23	17.8
	5시 이후		
	합계	129	100.0
교육 장소	강당	40	31.0
	방송실	59	45.7
	교실	13	10.1
	도서관	7	5.4
	기타	10	7.8
	합계	129	100.0
교육 내용	1가지 교육주제	15	11.6
	2가지 교육주제	9	7.0
	3가지 교육주제	17	13.2
	4가지 교육주제	19	14.7
	5가지 교육주제	14	10.9
	6가지 교육주제	13	10.1
	7가지 교육주제	14	10.9
	8가지 교육주제	6	4.7
	9가지 교육주제	6	4.7
	10가지 교육주제	2	1.6
	11가지 교육주제	14	10.9
	합계	129	100.0
교육 대상	학생	67	51.9
	교원	2	1.6
	학부모	1	0.8
	공무원	1	0.8
	기타	3	2.3
	학생+교원	52	40.3
	교육+학부모	1	0.8
	학생+교원+학부모	2	1.6
	합계	129	100
교육 인원	0-100명	23	17.8
	100-200명	15	11.6
	200-400명	39	30.2
	400-800명	34	26.4
	기타 800명이상	18	14.0
	합계	129	100.0

초중고 일반 구분	초등학교	60	46.5
	중학교	42	32.6
	고등학교	23	17.8
	그 이상 일반	4	3.1
합계		129	100.0

<표 1>에 제시된 바와 같이 기관별 유형은 초등학교 60군데
(46.5%), 중학교 42군데(32.6%), 고등학교 23군데(17.8%), 그 이상
일반교육기관이 4군데(3.1%)였다. 특이한 점은 일반교육기관 중 대
학생들을 포함하는 대학은 포함되지 않았음을 알 수 있으며 초, 중,
고등학생을 포함하는 청소년에 집중적으로 교육이 이루어졌음을 알
수 있다.

2. 연구도구 및 설문지

본 연구에서는 <연구문제 1>, <연구문제 2>, <연구문제 3>,
<연구문제 4>의 문제의식에 따라 정보화역기능 교육의 일반적 특
징들, 교육준비와 홍보, 필요성 등에서의 적실성, 교육효과성, 정보
화역기능 예방교육을 위한 각 주체들의 노력 및 협조 및 연계체제
분석에 초점을 두고 연구결과를 분석하였다. 본 연구에 사용된 도구
는 설문지인데, 설문지의 구성내용은 <표 2>와 같다.

〈표 2〉 설문지의 내용 구성

영역	질문내용	관련문항
교육준비	준비하는 기관에서 사전준비가 잘 되었다.	6
홍보	사전 홍보로 이 교육의 일정을 알고 있었다.	7

필요성	정보화역기능 예방교육의 필요성이 매우 높다고 생각하십니까?	8
교육 효과성	전반적으로 교육내용이 좋다. 멀티미디어 등 다양한 교육방법을 활용한다. 적절한 사례를 잘 활용하면서 교육을 시행하였다.	9 10 11
수요자 관심	주제가 교육대상에 적절하며 교육내용에 대한 교육대상의 관심도 역시 높다.	12
협조 및 연계체제	현재 지역 학교에서 정보화역기능 예방교육은 잘 이루어지고 있다. 현재 가정에서 정보화 역기능교육은 잘 이루어지고 있다. 올바른 정보문화 개선 및 교육을 위해 학교, 가정, 지역사회가 서 로 통합적으로 협조하고 연계하고 있다고 생각하십니까?	13 14 15

3. 연구절차 및 자료분석

본 연구에서의 자료수집은 2009년 3월 1일부터 12월 31일까지 수행된 정보화역기능 교육 이후 수집된 설문지를 통해 이루어졌다. 정보화역기능 교육 강사들이 교육을 한 후 학교의 관련 담당 교사들에게 배부되었으며, 완성된 후 회수되었다. 수집된 자료는 SPSS-WIN 12.0 프로그램을 사용하여 분석되었다. 설문분석의 방법은 기본적으로 빈도분석과 교차분석을 이용하였고, 필요에 따라 평균값을 비교하였다. 또한 부분적으로 개선사항과 의견사항에 제시된 자료들을 검토하고 알아보았다.

Ⅲ. 연구결과

1. 정보화역기능 교육의 일반적 특징

우선 교육일시를 보게 되면 <그림 1>과 같이 오전과 오후가 균형 있게 배당되어 있음을 알 수 있다.

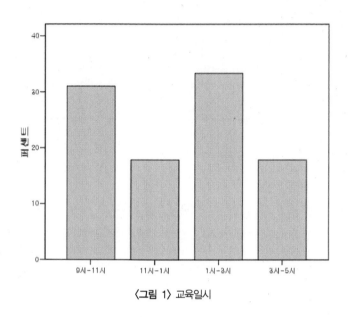

〈그림 1〉 교육일시

　하지만 <표 3>과 같이 교차분석을 해 보면 초등학교에서 월등하게 아침에 많이 정보통신윤리 교육을 함을 알 수 있다. 9-11시 사이 전체의 교육의 72.5%와 11-1시 사이의 60.9%가 초등학교에서 이루어졌음을 알 수 있다. 반면에 1-3시 사이 전체교육의 34.9%와 3-5시 사이 전체 교육의 8.7%가 초등학교에서 이루어졌음을 알 수 있다. 학교급별로 보면 초등학교는 9-11시 사이에 교육이 가장 많이 이루어지며, 중학교와 고등학교는 3-5시 사이에 가장 많이 교육이 이루어짐을 볼 수 있다. 이는 학교의 편의성을 따라 교육이 이루어짐을 보여주는 것이며 초등학교의 경우는 등교시간 직후에 중고등학교의 경우는 하교시간이나 자습시간 이전에 교육이 많이 이루어지고 있음을 보여주고 있다.

<표 3> 학교급별 교육일시와 초중고 교차분석

일반적 특징		초등학교	중학교	고등학교	그 이상 교육대상	전체(%)
교육 일시	9시-11시	29	5	5	1	40
		72.5%	12.5%	12.5%	2.5%	100%
	11시-1시	14	3	5	1	23
		60.9%	13.0%	21.7%	4.3%	100%
	1시-3시	15	20	6	2	43
		34.9%	46.5%	14.0%	4.7%	100%
	3시-5시	2	14	7	0	23
		8.7%	60.9%	30.4%	0%	100%
합계		60	42	23	4	129
		46.5%	32.6%	17.8%	3.1%	100%

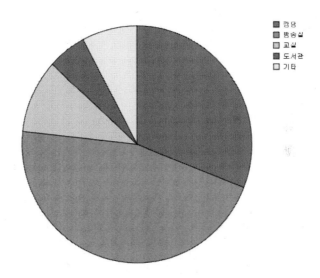

<그림 2> 교육장소

교육장소의 경우 <그림 2>에서 보듯이 방송실이 가장 많고 그다음이 강당이며 교실과 같은 장소는 상당히 제한적으로 활용됨을 알 수 있다.

교육내용의 경우 <그림 3>과 같이 아주 융통성 있게 제시되고 있으며 강의자에 따라 다양하게 교육내용의 범위를 활용해서 강의했음을 보여준다. 전체적으로는 인터넷 중독과 지적재산권이란 두 주제가 가장 많이 다루어졌지만 강의자에 따라 다양한 영역이 포함되거나 배제되는 특징을 보여주고 있다.

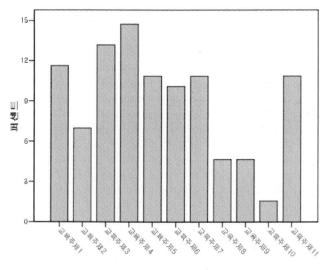

<그림 3> 교육내용

이런 현상을 보다 부정적으로 보자면 교육내용이 계열화된 학습과제를 하나하나 차례로 학습해 나가도록 하고, 송환(feedback)과 교정(corrective)을 하는 기능에 있어서는 한계점을 갖고 있음을 알 수

있다.

교육대상의 경우 <그림 4>와 같이 학생만을 대상으로 한 경우가 가장 많았으며 그다음으로 학생과 교원을 대상으로 한 경우가 그다음을 차지하였는데, 이 두 경우가 절대다수를 차지하고 있음을 볼 수 있다. 이렇게 볼 때, 학부모나 교원은 상대적으로 소외되어 있으며 배제되어 있음을 알 수 있다.

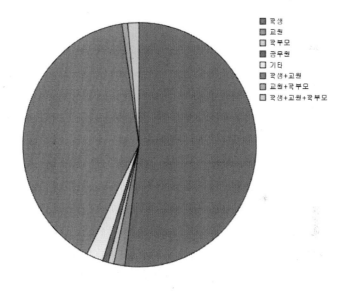

<그림 4> 교육대상

교육인원의 경우 <그림 5>와 같이 200명과 400명 사이에서 가장 많은 수가 교육받고 있음을 알 수 있다.

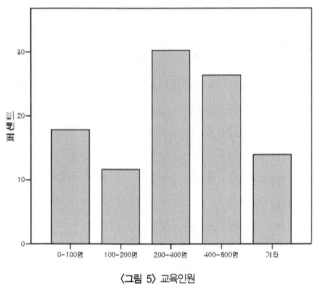

〈그림 5〉 교육인원

하지만 상대적으로 400-800명을 대상으로 한 교육도 상당히 많으며 800명을 넘어서는 교육이 100-200명의 교육보다 많다는 점에서 아직도 많은 인원을 대상으로 교육이 이루어지고 있음을 보여주고 있다.

2. 교육대상기관의 교육준비정도

〈표 4〉 교육대상 기관의 교육준비정도

		비율(%)
준비하는 기관에서 사전준비가 잘 되었다.	매우 낮음	2.3
	보통	3.1
	높음	27.1
	매우 높음	67.4
	합계	100.0

전체적으로 일선 교육 대상기관의 관심과 교육준비가 매우 잘 되어있음을 알 수 있는데, 높음과 매우 높음을 합치면 94.5%가 되며 이를 통해 볼 때, 교육준비는 매우 잘 준비되어 있음을 알 수 있다. 이는 실제적으로 현장 교육기관에서 이 교육에 대해 관심을 갖고 있으며 실제적인 관심을 갖고 철저하게 준비하였음을 보여준다. 물론 일부 학교에서는 준비가 소홀하게 되는 점도 있지만 전체적으로 매우 잘 준비되어 있음을 알 수 있다.

3. 사전 교육 홍보 정도

〈표 5〉 교육대상 기관의 사전교육 홍보 정도

		비율(%)
사전홍보로 이 교육의 일정을 알고 있다.	매우 낮음	0.8
	낮음	0.8
	보통	3.9
	높음	24.8
	매우 높음	69.8
	합계	100.0

이 문항에서도 일선 학교의 관심과 교육준비를 알 수 있는데, 전체적으로 94.6%가 높음과 매우 높음을 갖고 있다고 볼 때, 교육준비와 관련된 학교 전체의 홍보와 교육 관심이 많음을 알 수 있다. 이는 또한 교육대상 기관의 선정에서부터 실제적인 교육이 이루어지기까지 부산정보문화센터에서 충분한 시간을 두고 이 교육을 고지하고 체계적으로 교육을 관리하기 때문에 전체 일선 학교현장에서도 혼란이 없이 잘 준비되고 있음을 보여준다. 또한 학교 전체적인 관심

속에서 이 교육이 홍보되고 참여되고 있음을 보여준다고 하겠다.

4. 정보화역기능 예방교육의 필요성에 대한 인식

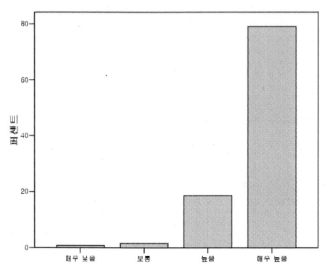

〈그림 6〉 정보화역기능 예방교육의 필요성에 대한 인식

정보화역기능 예방교육에 관련된 문항에서 높음이 18.6%, 매우 높음이 79.1%를 차지함으로써 무려 97.7%를 보여주고 있다. 이는 일선 교육기관에서 정보화역기능 예방교육에 대한 필요성을 매우 높게 인식하고 있음을 보여주고 있다고 하겠다.

5. 교육효과성

교육효과성에 있어서 전체적으로 높은 만족도를 보여주고 있다.

전반적인 교육내용의 수준에 대해서 94.6%가 높음 또는 매우 높음을 선택하고 있다. 다양한 교육방법의 측면에서도 96.4%가 이러한 평가를 하고 있다.

또한 사례를 잘 활용하면서 교육을 효과적으로 한 것은 93.8%가 높음 및 매우 높음을 보여줌으로써 나름대로 잘 교육되었음을 보여준다. 하지만 다른 수치에 비해서는 낮음을 보여주는데, 이는 보다 학생들의 필요에 적절한 사례를 갖출 필요성이 있음을 보여준다.

〈표 6〉 교육효과성 분석

		비율(%)
전반적으로 교육내용이 좋다.	매우 낮음	0.8
	보통	4.7
	높음	28.7
	매우 높음	65.9
	합계	100.0
		비율(%)
적절한 사례를 잘 활용하면서 교육을 시행하였다.	매우 낮음	0.8
	보통	5.4
	높음	20.2
	매우 높음	73.6
	합계	100.0
		비율(%)
멀티미디어 등 다양한 교육방법을 활용한다.	매우 낮음	0.8
	보통	2.3
	높음	26.4
	매우 높음	70.5
	합계	100.0

6. 수요자 관심

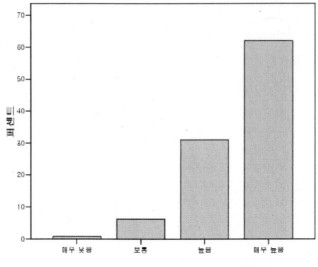

〈그림 7〉 교육 수요자의 관심

교육 수요자들의 관심은 교육 효과성보다는 조금 떨어지지만 그래도 높음이 31%, 매우 높음이 62%를 보여주고 있어서 상당한 관심이 있음을 보여주고 있다. 이는 이 교육이 단지 어른들의 관심사를 반영하는 것이 아니라 학생들의 관심에 잘 부합하는 내용을 다룸으로써 주제가 교육대상에 적절하게 이루어져 있음을 보여주며 교육내용에 대한 교육대상의 관심도 역시 상당히 높음을 보여주고 있다고 하겠다.

7. 협조 및 연계체제

〈표 7〉 협조 및 연계체제

		비율(%)
현재 지역 학교에서의 정보화역기능 예방교육은 잘 이루어지고 있다.	매우 낮음	1.6
	낮음	2.3
	보통	11.6
	높음	45.0
	매우 높음	39.5
	합계	100.0
		비율(%)
현재 가정에서의 정보화역기능 예방교육은 잘 이루어지고 있다.	매우 낮음	2.3
	낮음	9.3
	보통	35.7
	높음	31.0
	매우 높음	21.7
	합계	100.0
		비율(%)
올바른 정보문화개선 및 교육을 위해 학교, 가정, 지역사회가 서로 통합적으로 협조하고 연계하고 있다고 생각하십니까?	매우 낮음	0.8
	낮음	7.0
	보통	20.9
	높음	38.8
	매우 높음	32.6
	합계	100.0

정보화 역기능 교육에서 지역 학교에서의 예방교육이 매우 높음에 상대적으로 39.5%밖에 되지 않고 높음에 45%로 아직 부족한 측면이 있지만 가정에서의 정보화역기능 예방교육보다 상대적으로 잘되고 있음을 보여주고 있다. 가정에서의 정보화역기능 예방교육의 경우 이번 통계에서의 예방교육들에 비해 상대적으로 낮은 35.7%에 보통으로 나왔는데, 보다 가정에서의 정보화역기능 예방교육을 지원할 수 있는 조치들이 필요함을 보여준다. 한편 학교, 가정, 지역사회

가 서로 통합적으로 협조 연계하고 있느냐는 질문에 대해서도 상대적으로 낮은 71.4%가 높음 또는 매우 높음에 응답함으로써 여전히 개선될 여지를 가지고 있음을 보여주고 있다.

〈표 8〉 초중고 구분* 가정에서의 정보화역기능 예방교육 교차분석

빈도		가정에서의 교육					전체
		매우 낮음	낮음	보통	높음	매우 높음	
초중고 구분	초등학교	0	3	24	15	18	60
	중학교	0	3	15	16	8	42
	고등학교	3	6	5	7	2	23
	그 이상 교육	0	0	2	2	0	4
	전체	3	12	46	40	28	129

초중고 및 그 이상 교육대상과 가정에서의 정보화역기능 예방교육을 교차 분석해 보면 초등학교에서의 가정교육이 그나마 중시되고 있음을 볼 수 있으며 중학교 고등학교로 가면서 점차 그 중요성에서 약화되고 있음을 볼 수 있다.

〈표 9〉 초중고 구분* 지역 학교에서의 정보화역기능 예방교육 교차분석

빈도		지역 학교에서의 교육					전체
		매우 낮음	낮음	보통	높음	매우 높음	
초중고 구분	초등학교	0	0	4	25	31	60
	중학교	0	0	6	21	15	42
	고등학교	2	2	4	10	5	23
	그 이상 교육	0	1	1	2	0	4
	전체	2	3	15	58	51	129

초중고 및 그 이상 교육대상과 지역 학교에서의 정보화역기능 예

방교육도 다소간 초등학교에서 정보화 역기능예방교육이 강조되고 있으나 중학교 고등학교까지 일관성 있게 정보화역기능 예방교육이 실시되고 있으며 가정의 경우와 같이 학교급별 차이에 의해 급격하게 감소하는 양상은 보이지 않고 있음을 알 수 있다.

Ⅳ. 논의 및 결론

본 연구는 부산 로컬리티를 중심으로 해서 이루어지고 있는 정보화역기능 예방교육의 실태에 대한 연구이다. 특별히 부산정보문화센터를 중심으로 이루어지고 있는 정보화역기능 교육의 효과성을 검토하고자 하였다. 부산 지역에서의 청소년들의 인터넷 이용실태보다는 교육의 효과성에 집중된 연구이다.

질적평가는 생략되어 있지만 양적평가의 차원에서 간략하게 실시된 이 연구는 연구결과 현행 부산지역의 정보화역기능 예방교육이 전체적으로 교육의 부실화 우려를 넘어서 상당히 효과성을 가지고 있음을 제시하고 있다. 질적 접근의 차원에서 정보화역기능과 관련된 다양한 학생들에 보다 접근하고 사적인 만남을 통해 보다 심층적 이해를 제공하는 질적 접근의 아쉬움을 남기고 있으며 구체적인 청소년들의 인터넷 사용실태에 대한 조사를 간과하고 있는 연구이지만 교육의 효과성에서는 의미 있는 결과들을 제시하고 있다. 자료의 수량화를 통해서 또는 설문지를 통해서 나타난 주요 연구결과를 요약하고 논의하면 다음과 같다.

첫째, 부산정보문화센터가 추진하고 있는 정보화역기능 예방교육은 관련 교육대상 각급 교육기관으로부터 상당한 기대와 관심 그리고 필요성을 인정받고 있다는 점이다.

둘째, 부산정보문화센터가 추진하고 있는 정보화역기능 예방교육은 부실화를 넘어서 교육의 효과성에서 상당할 만한 만족적인 성과를 보여주고 있다는 점이다. 상대적으로 교육내용에 대한 교육대상의 관심도가 낮은 점이 있지만 우려할 만한 수준은 아니고 이 부분도 상대적으로 만족할 만한 수준에 이르렀다고 볼 수 있다.

셋째, 상대적으로 가정에서의 정보화역기능 예방교육이 취약한 형태를 취하고 있음을 보여주고 있으며 학부모 대상 교육 등을 통해 가정에서 정보화역기능 예방교육이 실질적으로 이루어질 수 있도록 파트너십 형성이 필요함을 보여주었다.

넷째, 보다 통합하고 협조 및 연계체제를 이루며 정보화역기능 예방교육을 시도하는 부분에서도 아직 여러 부분 문제점을 나타내고 있다. 예컨대 교사와 학부모 역시 참여할 수 있는 정보화역기능 예방교육 프로그램이 보다 개발되고 보다 강화되어야 것이다. 이와 연관해서 교사와 학부모 간, 부산정보문화센터와 학부모 간의 관계정립과 교육적 지원을 위한 연계체제가 보다 강화되고 마련될 필요도 있을 것이다.

아울러 가정, 학교 지역사회의 실천적 의식 제고를 통한 관계망 연결 체제를 구축하여 정보화역기능 예방교육에 대한 사회 전반적 관심 유도와 함께 문화적 풍토의 전회를 이끌 수 있도록 해야 할 것이다. 또한 정보화역기능 예방교육 프로그램의 수준별 정착을 위해 정보화역기능의 사회적 변화 추이에 따른 유동적 교육 프로그램의 개발과 다양화를 통해 학습자의 특성과 수준이 고려된 정보화역기능 예방교육이 실행될 수 있도록 관계 기관장의 적극적 참여가 요구된다고 하겠다.

전체적으로 정보문화센터가 부산 지역성을 바탕으로 한 교육은 2009년도 한 해 동안 교실의 부실화 우려를 넘어서서 나름대로 교육 효과성에서 좋은 성취를 보여주었다고 할 수 있다. 하지만 이제 여러 취약한 부분들을 발견하고 보다 섬세하고 통합적인 지역에서의 정보화역기능 예방교육이 필요한 시점에 있다고 할 수 있다.

보다 세부적인 영역에서의 부산지역에서의 인터넷 사용실태조사가 필요하다. 초등학생, 중학생, 고등학생뿐만 아니라 학부모의 정보통신윤리의식에 대한 실태조사가 필요하며 취약계층에 대한 보다 실제적인 실태조사 역시 필요하다고 하겠다. 미래지향적으로 볼 때, 보다 강화되어야 할 지적 재산권(저작권) 교육, 표절예방교육 등을 어떻게 보다 발전시킬 것인가를 고민해야 할 것이다. 또한 정보화역기능 예방교육에 대한 확고한 목표와 뚜렷한 방향성의 설정을 통해 개선해야 할 사항을 보완하고 현장의 경험을 축적하여 새로운 정보화역기능에 대한 대비책의 연구가 선행되어 함께 이루어져야 할 것이다.

〈참고문헌〉

김형철 외, 『통합적 접근을 통한 도덕과 교육의 정보통신윤리 교육에 관한 연구(KRF-2005-030-B00050)』(서울: 교육인적자원부, 2006).

최용성, "지역수준에서의 정보윤리교육 방안", 『인간과 사회』 제8호(진주: 경남초등도덕교육학회, 2009).

성동규 외, 『정보통신윤리실태조사에 대한 메타분석』(서울: KT문화재단, 2007).

Choi Yong Seong, "Information ethics education through character education approach", *Journal of Information and Communication Ethics Studies*, Vol 1.1, 2009.

Lickna, T., *Educating for charcacter: How our schools can teach respect and responsibility*(New York, Bantam Books, 1991).

3. 정보윤리교육 프로그램의
내용과 쟁점들*

90년대 초반부터 불기 시작한 한국의 인터넷 열풍은 가히 경이적인 수준이었다. 정부의 정보화 정책과 언론의 정보화 캠페인에 힘입어 폭발적으로 증가한 한국인의 인터넷 이용은 이미 세계 최고의 수준을 과시하게 되었으며 '인터넷 초강대국'이라는 신기루가 우리들의 의식을 사로잡게 되었다.

하지만 유감스럽게도 막상 뚜껑을 열고 자세히 들여다보면 소문과는 달리 어두운 역기능적 현실이 우리를 둘러싸고 있음을 발견하게 된다. 유용한 정보보다는 자극적이고 충동적인 정보만 난무하는 사이트, 합리적이고 생산적인 토론보다는 욕설과 비방으로 얼룩져 있는 게시판들, 음란한 대화와 은밀한 성적 거래가 이루어지는 채팅방이 바로 우리 인터넷 문화의 현주소이다. 디지털 유토피아의 복음을 전파하던 인터넷 전도사들의 찬양은 자취를 감추었고, 암울한 디스토피아의 검은 그림자만 인터넷 공간에 길게 드리워져 있는 듯한 것이다.[1]

---

* 이 글의 출처는 "정보통신윤리 교육의 내용과 쟁점들", 『정보통신윤리 교육교재』(부산: 부산체신청, 2006), pp.91-174의 내용을 새롭게 재구성한 글임.

1) 민경배, "사이버 현상과 새로운 문화형성의 과제", 『인터넷한국의 10가지 쟁점』(서울: 역사넷, 2002), p.27.

이렇게 정보사회에서는 우리의 기대와는 달리 여러 역기능적 문제들과 예견할 수 없었던 새롭고 독특한 윤리적 문제가 많이 발생하고 있다. 그러므로 이러한 윤리문제의 내용과 쟁점들을 잘 알고 있을 필요가 있다. 비록 정보통신기술이 우리의 삶을 편리하고 유익하게 만들어 주고 있지만 그럼에도 불구하고 그릇된 기술의 사용으로 인한 부작용들도 많이 나타나고 있다. 특히 정보통신기술은 예전 사회에 있었던 윤리적 문제들을 더욱 복잡하게 하거나, 과거 사회의 문제들과는 다른 새로운 윤리적 문제들을 만들어 내고 있다. 그러므로 우리는 정보사회에서의 인간의 행위가 윤리적으로 어떤 의미가 있는지 심각하게 고민해 볼 필요가 있다. 정보사회에서 일어나고 있는 대표적인 윤리적인 문제들에 대해서 살펴보고 그러한 문제들을 어떻게 해결해야 하는지 생각해 보자.

I. 인터넷 중독

〈그림 1〉

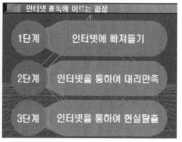

〈그림 2〉

인터넷 중독은 컴퓨터 이용자가 인터넷 과용으로 인터넷 사용에 대한 금단과 내성을 지니고 있으며, 자율적 통제가 불가능할 뿐만 아니라 병적으로 집착하여 과도한 게임사용으로 인해 학업(직장)과 가정 및 대인관계에 지대한 영향을 끼치고 현실과 가상공간을 구분 하지 못하게 되는 등, 이용자의 일상생활의 장애가 유발되는 상태를 말한다.

<그림 1>은 인터넷에 중독되어 폐인이 된 모습이다. 학생들 사이에 폐인놀이라는 것이 있는데, 과도한 인터넷 사용으로 폐인이 된 모습을 다양한 형태로 나타내는 놀이이다. 아무튼 학생들이 인터넷 중독에 이르는 과정을 살펴보면 <그림 2>와 같다.

1단계는 인터넷에 빠져들기이다. 특별히 관심을 끄는 인터넷 사이트에 정규적으로 들어가 거기에서 자신의 정체성을 키우게 되는 것이다.

2단계는 인터넷을 통하여 대리만족을 얻는 것이다. 현실세계에서 원하기는 했지만 얻지 못했던 일들이 인터넷 세계에서는 거부할 수 없는 대리만족의 세계가 펼쳐지는 것이다.

3단계는 대리만족을 얻기 위해 더 오랫동안 인터넷에 머물게 되고 현실에 대한 걱정이나 고통을 잊게 해 주는 것이다. 이런 측면에서 인터넷 중독을 고친다는 것은 바로 현실의 문제를 직시하는 데에서 시작되어야 할 것이다.

〈그림 3〉 평민, 고수   〈그림 4〉 영웅, 초인   〈그림 5〉 지존, 신

인터넷 중독의 단계를 살펴보면 보통 사용자인 평민의 단계를 지나 인터넷을 잘하는 고수의 단계로 접어들게 된다. 고수가 되려면 누워서도 컴퓨터를 자유자재로 다룰 수 있어야 한다(<그림 3>). 다음 단계로는 인터넷의 영웅이 되는 단계인데 누구나 되고 싶은 현실 세계에서의 영웅이 인터넷에서는 가능할 것이다. 이러한 영웅의 단계를 넘어서면 인간을 초월한 초인이 된다(<그림 4>).

마지막 단계에 가면 지존의 단계에 접어들게 되는데 이 정도가 되려면 컴퓨터 주변이 어떻게 되어야 할까? 책상을 떠나지 못하고 숙식을 해결해야 하므로 쓰레기장을 방불케 될 것이며 최고의 단계는 신의 단계로 잠을 자면서도 모니터를 지켜보면서 눈을 뗄 수 없는 지경이 되어야 할 것이다(<그림 5>).

인터넷 중독은 알코올 중독이나 약물 중독과 마찬가지로 가족, 일, 대인관계, 학업 등 우리의 주요 일상생활에 심각한 문제를 일으키고 있다. 인터넷에서 지나치게 많은 시간을 보내게 되는 인터넷 중독은 심각한 심리적 고통이나 기능적 손상을 가져옴으로써 사회적인 문제를 일으키고 있다. 그러므로 이에 대한 이해와 예방이 중요하다고 할 수 있다.

1. 인터넷의 중독성

인터넷의 중독성은 다음과 같은 요소에 의해 이루어질 수 있다.

◇ 환경적 요소: 네트워크 환경이 무르익고 웹브라우저의 출현으로 인터넷에의 접근이 쉬워졌다는 점을 들 수 있다.

◇ 사회적인 분위기: 정보화를 강박적으로 강조하고 있다.

◇ 인터넷의 특성과 인간의 욕구

• 유희성 - 재미있다. 모든 미디어 통합의 장이 인터넷이다.

• 호기심 - 인터넷은 정보의 바다

• 익명성 - 무한자유를 추구하는 인간본성이 인터넷에서 발현

• 권력욕 - 인터넷에서는 마우스 클릭만으로 가상세계의 통치자

• 강박성 - 무한히 넓은 가상공간에서의 확인욕구

• '저 모퉁이만 돌아서면' 증후군(corner syndrome) - 바로 저 모퉁이만 돌아서면 무언가 멋진 일이 있을 것만 같고 그게 끝인 것 같다.

• 분열성 - 인간은 한 가지 존재양식만으로 만족하지 않는다.

• 친밀성 - 인터넷은 의외로 따뜻하다.

• 포용성 - 인터넷은 누구도 거절하지 않는다.

• 신성희구(神性希求) - 가상공간의 무한성은 인간 무의식의 무한한 투사의 대상이 된다.

2. 인터넷 중독의 대한 예방법

□ 인터넷 사용량을 현실적으로 줄여 나가야 한다.

불필요한 서비스의 이용을 자제하도록 하기 위해 인터넷에 들어가기 전에 미리 전략을 세운다. 예를 들면 구체적으로 어떤 게임, 프로그램, 사이트를 몇 시간을 할 것인지, 하루에 몇 번을 할 것인지, 혹은 1주일에 몇 번 할 것인지를 결정한다. 일단 로그온을 하고 나면 원하는 곳으로 바로 들어간다.

□ 휴식시간을 자주 가진다.

1시간마다 5분씩, 혹은 3시간마다 15~20분씩 컴퓨터 이외의 일을 위하여 휴식을 가지고 때때로 음악을 듣거나 혹은 기지개를 켜기도 한다.

□ 인터넷을 통한 정보보다도 서적이나 신문 같은 활자 매체를 통하여 정보를 얻는 기회를 가지도록 한다.

□ 인터넷상이 아닌 실제 생활에서 남들과의 만남을 자주 가지도록 한다. 친구와 연주회를 가든지, 운동이나 혹은 다양한 취미 활동 모임에 참석하도록 한다.

□ 인터넷 자체에 매달리기보다 인터넷을 통하여 사람들의 생활이 더 윤택해지고 변화될 수 있는 것에 더 가치가 있다는 것을 명심하도록 한다.

<표 1> 인터넷 중독 진단표

순	문항	점수
1	애초 마음먹은 생각보다 더 오랫동안 인터넷을 사용한다.	
2	인터넷 때문에 집안 일(방 정리, 청소 등)을 소홀히 한 적이 있다.	
3	가족, 친구들과 어울리는 것보다 인터넷이 더 즐겁다.	
4	최근 새로 맺은 인간관계의 대부분은 인터넷을 통해 만난 사람들이다.	
5	주위 사람들에게 인터넷을 너무 오래한다고 자주 불평을 듣는다.	
6	인터넷 때문에 성적이나 학교생활에 문제가 있다.	
7	다른 할 일을 놔두고 먼저 전자우편을 확인한다.	
8	인터넷 때문에 일의 생산성이나 창의성이 떨어진 적이 있다.	
9	누가 인터넷에서 무얼 했냐는 질문에 사실을 숨기거나 얼버무린 적이 있다.	
10	괴로운 일이 있을 때 인터넷으로 스스로 달래본 적이 있다.	
11	다음 번 인터넷 접속 시기를 미리 정해 놓는다.	
12	인터넷이 없는 생활은 따분하고 공허하며 재미없을 것이라고 생각한다.	
13	인터넷 사용 중 누군가 방해를 한다면 소리를 지르거나 화를 낸 적이 있다.	
14	인터넷 사용하느라 잠을 못 잔 적이 있다.	
15	오프라인 상태에서 인터넷을 사용하는 상상을 해본 적이 있다.	
16	인터넷 사용도중 "몇 분만 더"라고 말하며 시간을 더 허비한 적이 있다.	
17	인터넷 사용시간을 줄이려고 노력했지만 실패한 적이 있다.	
18	다른 사람에게 인터넷 사용시간을 숨기려 한 적이 있다.	
19	가족, 친구들과 외출하려고 하기보다 인터넷 접속을 위해 집에 남은 적이 있다.	
20	우울하고 긴장되었다가 인터넷 접속 후 이런 감정들이 모두 사라진 적이 있다.	
나의 총점	• 각 항목별 점수를 모두 합해 보세요.	총( )점

1=전혀 그렇지 않다. 2=조금 그렇다. 3=보통 그렇다. 4=자주 그렇다. 5=항상 그렇다. 0=해당사항 없다.

Ⅱ. 게임 중독

'게임 중독증'은 현재 청소년들에게 가장 문제가 되는 병적 인터넷 사용 중의 하나이다. 우리나라 청소년들이 많이 이용하는 PC방은 지금 '게임네트워크 스테이션'으로 불릴 만큼 게임으로 들끓고 있으며, 게임은 이미 많은 청소년들의 대중적 언어가 되어 있다. 최근에 중독에 관한 문제로 인해서 많은 논의가 되고 있는 것이 게임이다. 과거의 아케이드류 게임은 기계와 했기 때문에 일정 시간이 지나면 지겨워져서 잘 하지 않게 된다. 그런데 현재는 게임 구성자체가 그렇게 단순하지 않다. 게임을 과다하게 하게 되면 혈류 속도가 느려지게 되고 8시간이 경과하면 혈액이 역류하는 현상이 생기게 되며 더 심해지면 혈전이 응고되어 산소공급이 중단되고 종국에는 사망이라는 결과를 초래하게 되는 것이다. 과다한 게임으로 근육이나 신경에 이상이 생겨 목이 돌아간 경우도 있어 과다한 게임의 심각성을 일깨워주고 있다.

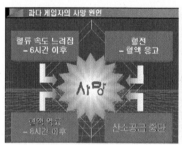

〈그림 6〉 심장마비의 순서

〈그림 7〉 게임 중독예방법

게임 중독을 예방하는 방법으로는 게임하는 시간을 1시간 30분 정도로 하고 제때에 식사를 하게하며 정해진 시간에 자게 하고 낮시간에 30분 이상 햇볕을 쬐게 하는 것이 좋다. 또 가족이나 친구와 함께하는 시간을 갖도록 하고 일주일에 2회 이상 운동을 하게 하는 것을 권장한다(<그림 7>).

이러한 게임으로는 패키지 게임으로서 네트워크가 지원되는 게임으로 국내에 배틀넷을 알린 디아블로와 스타크래프트2)가 대표적이며 에이지 오브엠파이어, 퀘이크 3, 바이오하자드 등이 있다.

진정한 의미의 온라인 게임은 온라인을 통해서만 게임이 진행되는 머드나 머그(MUG: Multi User Graphic)이다. '바람의 나라'를 비롯해 '리니지'와 '울티마 온라인' 등이 대표적인 예이다. 게임 장르 중에서도 중독성이 가장 심한 분야이다.

또한 별도의 게임 프로그램이 필요 없이 인터넷상의 사이트에서 게임이 가능하다. '한게임' 같은 사이트를 통해 고스톱, 테트리스 등 간단하면서도 다양한 게임들을 즐길 수 있어 여성과 중년층까지 폭넓은 사랑을 받았다.

휴대폰에 인터넷 기능이 기본으로 장착되면서 최근에 서비스되기 시작한 게임이다. 간단한 게임에서부터 액션 대전 게임, 롤플레잉 게임까지 다양한 게임이 서비스되고 있다.

1. 게임 중독의 원인

청소년들이 게임에 빠져드는 이유에 대해 Suler(1996)는 '욕구실현 이론'에서 자신이 현실에서 획득하기 위한 욕구가 게임을 통해 실현

---

2) 오늘날 PC방에서 밤새워 '스타크래프트'에 몰두하고, 프로게이머가 되기를 꿈꾸는 젊은이들이 많이 있다. 지난 1998년 미국의 게임 소프트웨어 제작 업체인 블리자드사에 의해 실시간 모의 전략 게임인 스타크래프트(Star-craft)는 전 세계 게임 시장을 휩쓸며 당대 최고의 게임으로 불리고 있다. 스타크래프트는 1998년 6월, 국내 상륙 이후 그 유해성에 대한 논란 가운데서도 청소년들 사이에서 여전히 열광적인 인기를 누리고 있다. 청소년들과 젊은이들은 프로게이머라는 새로운 직종을 꿈꾸며 동네의 PC방에서 훈련에 오늘도 열중인 것이다. 이 새로운 직종은 꿈만은 아닌 듯하다. 작은 인터넷 게임 대회들이 폭발적인 증가세를 보이고 있고, 상금이 1천만 원을 웃도는 전국 규모의 대회만도 여러 개에 이르고 있기 때문이다.

된다고 보았다. 즉, 공부로서는 도달할 수 없는 자신의 지위가 게임을 통해 세워질 수 있다는 것인데, Suler는 이를 '가상실현', 한마디로 '가짜 자기실현'이라고 했다. 특히 ADHD(주의력 결핍 및 과잉행동장애)아동 및 청소년들이 게임에 흔히 중독되기 쉽다. 이는 이들이 가지고 있는 끊임없는 각성과 주의력 이동(Attention Shift)이라는 현상을 게임이 만족시켜 주기 때문이다.

◇ 점차 어려워지는 게임의 특성상 아쉽게 끝이 난 게임에 대하여 끝까지 도전하게 된다.

◇ 폭력게임의 경우, 인간에게 잠재되어 있는 파괴본능을 만족시킨다.

◇ 가상공간에서는 강력한 파워맨으로 자신을 인식하며 성취욕구를 느낄 수 있다.

◇ 컴퓨터를 대상으로 하는 게임과 달리, 온라인 게임의 경우 매번 다른 상대에 의한 새로운 게임 환경 조성으로 참여자로 하여금 게임에 빠지게 한다.

◇ 현실공간은 재미가 없고 지루한 반면 가상공간에서의 게임은 현실을 잊고 강력하게 표현되므로 재미가 있다.

◇ 다른 자신의 캐릭터를 통하여 또 다른 자신을 표현하므로 대리만족을 얻을 수 있다.

◇ 네트워크를 통해 게임을 즐긴다. 네트워크 게임은 무수한 상대에 따라 전략을 다르게 사용해야 하며 자신이 스스로 전술을 만들어야 하므로 더욱 게임에 빠져들게 한다.

◇ 스토리 전개가 무한하다. 혼자 하는 게임이 이미 만들어져 있는 시나리오의 틀 안에 갇혀 있는 반면, 머그게임은 게임진행

의 절대원칙이나 방향이 따로 존재하지 않는 자유로운 구성을 가지고 있기 때문에 게이머는 매번 새로운 게임을 할 수 있고 컴퓨터를 상대로 하는 이전의 단순하고 무미건조한 플레이에서 벗어날 수 있게 된다. 바로 이러한 점이 게임에 끝없이 몰두하게 하는 요인이다.

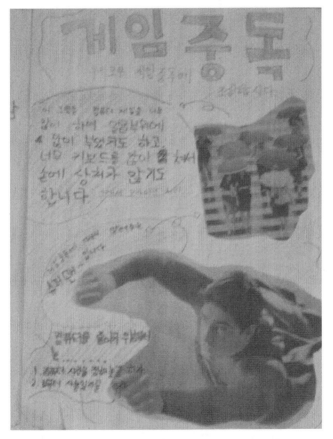

〈그림 8〉 게임 중독 포스터

◇ 가상공동체를 형성한다. 게임세계는 현실세계처럼 공동체 생활이다. 다른 사람들과 '길드'를 만들어 공동체 생활을 하면서 현실세계와 다름없는 생활을 한다. 현실에서처럼 훈련을 통해 자신을 성장, 발전시킬 수 있고, 아이템이나 돈을 모아 집을 마련하거나 마음에 드는 상대와 결혼할 수도 있으며, 친구 사귀기, 세금 내기, 전투 등 실생활과 비슷한 활동들을 해 나갈 수 있다. 게임을 하는 동안 채팅을 통해 전략을 구상하고 정보 교환을 하는 등 서로 교류를 할 수 있고 한의 공동체를 이루어 활동하기 때문에 구성원들 간에 강력한 유대감을 갖게 되고 소속감과 정체성을 느낄 수 있다.

2. 게임 중독의 증상 및 문제점

□ 증상

◇ 밤새워 게임을 하고 낮에 졸거나, 업무에 집중을 하지 못함
◇ 게임 중독증을 보이는 청소년의 경우 대인 기피증, 강박감, 편집증, 체력저하 현상 등 발생

□ 문제점

게임을 통해 청소년들은 단지 중독될 뿐 아니라 폭력적으로 변할 수 있다. 예컨대 한 게임을 마치면서 수만 명을 죽이게 된다. 그 수만 명이 죽는 전투를 치르는 아이들의 머릿속에는 온갖 폭력적 계획들이 난무하게 된다. 더군다나 성격상 인터랙티브(Interactive)한 게임은 정말 상대방을 죽이는 듯한 스릴이 있다. 이러한 종류의 게임

은 교육적으로 문제가 될 수 있다.

또한 과도하게 게임에 몰두하는 청소년들은 밤새워 게임을 하기 때문에 낮에 졸거나, 학습에 집중하지 못하게 된다. 특히, 게임 중독증을 보이는 청소년의 경우에는 대인기피증, 강박감, 편집증, 체력저하 현상이 발생한다고 보고되고 있다. 결국, 이러한 게임 중독은 청소년들로 하여금 학교에 부적응하게 만들며, 부모와도 대립하게 되는 등 심각한 문제로 대두되고 있다

◇ 게임의 폭력성에 노출

◇ 지나친 승부욕으로 인하여 건전한 사회생활에 지장을 받게 됨

◇ 현실과 가상을 혼동하게 되어 현실에서 폭력적인 행동 등을 보이는 경우도 발생

3. 게임 중독의 해결방안 및 수칙

◇ 게임을 하는 시간 자체를 점차 줄여야 한다.

◇ 인터액티브한 게임을 하는 시간을 점차 줄여야 한다.

◇ 폭력적인 게임에서 폭력적이지 않은 게임으로 게임의 항목을 점차 바꾸어야 한다.

◇ 게임을 컴퓨터상에서 점차 지워나가야 한다.

◇ 게임하는 시간과 정보를 검색하는 시간을 5:5로 조정해나가기 시작한다.

◇ 게임 동호회에 나가는 것을 중단한다.

◇ 게임에서의 지위는 현실에서의 지위가 아님을 인식해나가야 한다.

◇ 게임에서의 지위보다 현실에서의 운동, 문화, 취미, 성적 활동을 통해 지위가 높아져 나가도록 한다.

Ⅲ. 통신(채팅) 중독

통신 중독은 정보이용자가 대화방, 머드게임, 동호회 등 인터넷을 과도하게 즐겨 전자우편이나 정보검색을 주로 이용하는 일반인들과 달리 현실도피의 수단으로 사이버공간에 빠져드는 것을 말한다.

통신 중독에는 채팅, 머드게임, 정보서핑, 사이버트레이닝, 도박, 쇼핑 등이 있지만 우리나라 청소년들은 채팅을 하느라 많은 시간을 소비하고 있다. 즉, 청소년들은 PC통신의 대화방을 이용하거나 인터넷의 채팅사이트에 접속해 채팅을 즐긴다. 특히, 화상 대화방은 대화 상대의 외모를 확인할 수 있어 인기가 높다.

그 원인으로는 첫째, 통신상에서는 익명성을 보장받을 수 있어 자신의 고민이나 욕망을 솔직히 드러낼 수 있을 뿐만 아니라, 그로 인해 심리적인 위안을 얻는다. 둘째, 채팅을 이용한 이성간의 만남을 낭만적으로 묘사하는 영화, TV 드라마 등으로 인하여 채팅에 대한 환상을 갖게 된다. 셋째, 성적 욕망을 충족할 수 있다. 넷째, 심리적인 위안을 얻기 때문이다. 채팅 공간은 익명성이 보장되는 공간이므로 자신의 고민을 솔직히 드러낼 수 있다. 친구나 가족에게도 털어놓을 수 없는 문제를 익명성을 이용해 이야기하고 익명의 상대에게 위안을 얻을 수 있다는 것이다.

이의 문제점으로는 첫째, 통신 중독으로 인한 증상으로는 자기 통제력의 상실, 통신을 통한 행복감의 추구, 사용량의 증가, 일상생활의 부적응, 감정조절 능력의 감소, 대인관계 장애 등의 현상이 나타난다.

둘째, 단어의 압축화, 은어 사용으로 인한 언어파괴로 올바른 언어생활에 악영향을 미칠 수 있으며, 또한 채팅을 통하여 모르는 사람과 만나는 것은 매우 위험할 수도 있다. 실제 채팅을 통한 만남의 부작용으로 인신매매, 성폭행 관련 사례가 다수 발생하고 있다.

1. 채팅중독

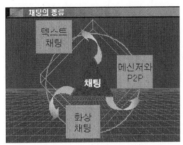 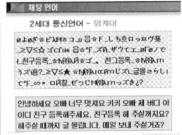

〈그림 9〉 채팅의 종류   〈그림 10〉 채팅 언어

채팅의 종류로는 텍스트 위주의 채팅과 얼굴을 보면서 하는 화상채팅, 메신저나 P2P 사이트에서 행해지는 채팅 등이 있다(〈그림 9〉).

자신의 이름을 드러낼 필요가 없으므로 심리적으로 안정감을 느낄 수 있으며 새로운 상대에 대한 기대감으로 외모를 확인하면서 즐기는 화상채팅의 인기가 점점 높아지고 있다. 이러한 채팅을 하다 보면 우리가 흔히 말하는 채팅언어를 사용하게 된다. 빠른 시간에 많은 의미를 전달할 수 있는 장점이 있기는 하지만 단어의 압축과 은어 사용으로 언어파괴의 문제가 대두되고 있으며 특히 2세대 통신언어로 불리는 외계어는 도무지 어떤 의미인지를 알아볼 수가 없는 언어지만 일부의 학생들이 사용하고 있는 것이 현실이다(<그림 10>).

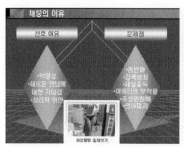
<그림 11> 채팅의 이유

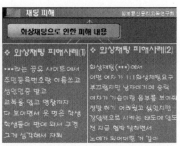
<그림 12> 채팅의 피해

채팅은 보통 자신의 실명을 밝히지 않고 행해지기 때문에 고민이나 욕망을 솔직히 드러내면서 심리적 위안을 얻기도 하지만 음란한 내용을 보여주면서 부적절한 관계를 유도하거나 인신매매, 성폭행 등 부작용의 사례가 점점 늘어나고 있는 형편이다(<그림 11>).

<그림 12>의 내용은 화상채팅으로 인한 피해 사례로 한 여학생이 교복을 입은 채로 명찰까지 다 보이면서 상대방의 요구에 따라 옷을 벗는 장면이 인터넷에 떠돌면서 자퇴를 한 사례와 한 남학생이 어떤 여자가 적극적으로 자기의 가슴과 음부를 보여주면서 강압적으로 시키는 태도에 압도되어 협박당하는 느낌과 노예가 된 것 같은 처지를 호소해 온 사례이다.

따라서 채팅을 할 때의 주의 사항을 알아보면,

채팅은 주로 여학생이 많이 하는데 채팅을 할 때에는 상대방이 자신을 알 수 있는 인적사항을 알려주어서는 안 되며 음란 대화방에 참여하여 불건전한 유혹에 걸려들지 말아야 할 것이다. 번개를 할 때에는 보호자에게 알리거나 친구와 동행하도록 하며 늦은 시간에 만나거나 술을 마시는 등의 상대방에게 틈을 주는 일은 하지 않도록 해야 한다.

비디오방이나 상대방의 집, 여관 등에 따라 가거나 드라이브를 하는 일 등은 해서는 안 될 일이며 채팅으로 인한 범죄를 사전에 예방할 수 있는 방법으로 학생들에게 교육되어야 할 것이다.

2. 채팅중독 진단

〈표 2〉 채팅중독 진단표

	내 용	Check
1	채팅방에서 사람들과 대화를 나누다 보면 시간감각이 없어진다.	① ② ③ ④ ⑤
2	현실보다 사이버 세상에 있을 때 더 마음이 편하다.	① ② ③ ④ ⑤
3	채팅 상대방에 대한 상상으로 시간을 허비하는 일이 잦다.	① ② ③ ④ ⑤
4	친구나 부모, 배우자를 보면 공연히 짜증이 난다.	① ② ③ ④ ⑤
5	채팅을 하다가 약속에 늦거나 업무수행에 차질이 생긴다.	① ② ③ ④ ⑤
6	채팅에서 만난 사람과 현실세계에서 직접 만나는 경우가 많다.	① ② ③ ④ ⑤
7	채팅방에서 자신을 소개할 때 스스로의 외모나 지위, 생활환경 등을 과장한다.	① ② ③ ④ ⑤
8	채팅방에서 자주 사용하는 단어가 실생활에서 대화하는 중에 무의식적으로 튀어 나온다.	① ② ③ ④ ⑤
9	하루라도 채팅방에 들어가지 않으면 궁금하고 불안하다.	① ② ③ ④ ⑤
10	채팅을 하다 보면 필요 이상으로 상대방에게 솔직해진다.	① ② ③ ④ ⑤

① 전혀 그렇지 않다 ② 그렇지 않다 ③ 그렇다 ④ 자주 그렇다 ⑤ 항상 그렇다
※ 위 채점표에서 각 질문에 해당하는 번호를 표시하고, 그 번호에 해당하는 점수를 모두 합산하여 중독지수를 확인한다. (① 1점 ② 2점 ③ 3점 ④ 4점 ⑤ 5점)

□ **채팅중독의 원인**

◇ 심리적인 지지를 얻는다.

사람들은 다른 사람의 비난을 걱정하지 않고 자신의 감정을 표출함으로써 스트레스가 해소되는 기분을 느끼며 다른 네티즌들의 수많은 반응을 보고 심리적인 지지와 편안함을 느끼게 된다.

◇ 대인관계 욕구를 채워준다.

사람들은 대화방에 참여하면서 다른 구성원들과 공동체를 형성하고 있다는 느낌을 갖게 되고 사람들 간에 강한 유대감과 소속감을 느끼게 된다.

◇ 이상적 자아를 재형성하여 욕구를 충족시킨다.

자긍심이 낮은 사람이나 무능력하다고 느끼는 사람 혹은 다른 사람의 인정을 받지 못하는 사람들은 인터넷상에서 이상적인 자아를 재형성하여 이전에 충족시키지 못했던 심리적 욕구를 충족시키려고 한다.

◇ 기분을 전환시킨다.

인터넷에서의 교제는 일상의 지루함에서 벗어나려는 욕구를 가진 사람에게는 자극이 되고, 일상의 압박 또는 문제로부터 벗어나려는 사람에게는 심리적으로 이완이 되며, 감정이 격하거나 긴장해있는 사람에게는 정서나 에너지를 완화시켜 주는 기능을 한다.

□ **채팅의 음란화와 익명성**

◇ 일부 채팅 사이트에서는 회원가입을 할 때 실명 확인을 하지 않는다. 그리고 실명으로 가입했다 해도 채팅할 때 사용하는 대화명은 원하는 대로 바꿀 수 있다. 이렇게 익명으로 자신을 감출 수 있으

므로 네티즌들을 채팅을 통해 원초적인 성에 대한 본능을 나타내곤 한다. 사실 채팅으로 모르는 상대와 대화를 한다는 것은 네티즌들에 즐거운 일이다. 특히 이성과의 대화는 시간이 가는 줄 모르고 집중하게 된다. 그래서 학업에 지장이 있을 정도로 채팅 중독에 걸리는 학생들이 나타나고 있다. 채팅 중독은 여학생들에게서 더 많이 나타나고 있고, 성적 호기심이 강한 일부 남학생들은 여학생을 유혹하는 모습을 보이기도 한다.

□ **채팅중독의 부정적·긍정적 영향**

◇ 부정적인 측면은 성격을 조장하거나 은폐함으로써 자신의 정체성을 상실할 수 있다. 또한 현실세계에서 고립될 위험성이 있으며 감정조절 능력이 감소될 수 있다.

◇ 긍정적인 측면은 새로운 자신을 탐색할 수 있는 기회가 제공되며 사회적 기술을 학습할 수 있다.

Ⅳ. 음란물 중독

1. 음란물 중독

음란한 영상물은 옛날의 포르노 잡지에서 시작하여 비디오테이프로 전해지던 것이 컴퓨터의 발전에 따라 CD나 인터넷을 통하여 급속도로 전파되고 있다. 특히 인터넷 성인방송에서는 아주 적나라한 성행위 장면이 자연스러운 토크쇼 형태로 진행되고 있어 청소년들

이 시청할 경우 성적 가치관 형성에 많은 문제가 있을 것으로 생각
된다(<그림 13>).

 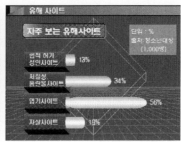

〈그림 13〉 음란물 중독   〈그림 14〉 유해사이트 접속 비율

　　청소년들을 대상으로 자주 보는 유해사이트를 조사한 결과 법적
으로 허가된 성인사이트에 접속하는 비율은 13%였고, 저질성 음란
물 사이트에 접속하는 비율은 34%로 나타났으며, 청소년들에게 인
기가 있는 엽기사이트에 접속하는 비율은 56%, 자살사이트에 접속
하는 비율은 19%로 나타났다(<그림 14>).

　　초등학생들의 유해사이트 접속실태를 살펴보면 많은 학생들이 온
라인 채팅을 하고 있는 것으로 나타났으며, 왜 원조교제를 한다고
생각하는가를 묻는 질문에는 성에 대한 호기심과 사고 싶은 것을
살 돈을 마련하려고 한다는 의견이 가장 많은 것으로 나타나 인터
넷이 청소년들의 유해환경으로 성장하고 있음을 보여주고 있다
(<그림 15>).

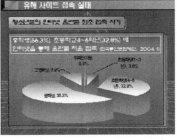

〈그림 15〉 유해사이트 접속 실태   〈그림 16〉 유해사이트 접속 시기

청소년들의 인터넷 음란물 최초 접촉 시기로는 중학생 때가 56%로 가장 많았으며 다음으로 초등학교 4학년에서 6학년 사이에 약 33%가 접촉하는 것으로 나타나 초등학교와 중학교 때 약 90%의 청소년들이 음란물을 경험하는 놀라운 결과가 조사되었다(<그림 16>).

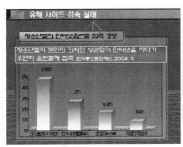

〈그림 17〉 유해사이트 접속 경로   〈그림 18〉 정품S/W 사용 4

청소년들의 인터넷 음란물 접촉 경로를 보면 인터넷을 하다가 우연히 접촉하게 되는 경우가 약 48%로 절반가량 되었으며, 친구나 선배를 통해서 또는 성인광고나 email을 통해서 접촉하게 되는 것으로 나타나 인터넷에서 얼마나 쉽게 성인 음란물을 접촉할 수 있는

알 수 있다(<그림 17>).

우리가 앞서 N세대의 이해에서 착시 현상을 살펴보았듯이 인터넷은 원하는 정보만 보여주지 않고 원하지 않는 정보도 우연히 접할 수 있으므로 청소년들이 인터넷을 통하여 어떤 세상을 바라보게 될지의 문제는 어른들이 해결해 주어야 할 매우 어려운 과제가 될 것이다.

음란물의 실태를 보면 어린 아동을 모델로 하는 아동포르노, 인터넷 성인방송, 인터넷 화상 채팅 등 때와 장소, 그리고 나이의 많고 적음에 관계없는 인터넷의 특성으로 인하여 무분별하게 보이고 있는 실정이다.

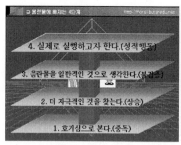
〈그림 19〉 음란물 중독단계

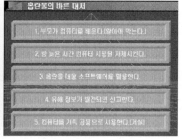
〈그림 20〉 음란물 대처방법

음란물에 대한 심리적 의학 접근을 시도한 대표적인 인물인 미국 유타대학교 심리학과 빅터 클라인(Victor Klein) 명예교수는 일반적으로 음란물에 대해 4단계의 반응유형을 보이게 된다고 한다.

◇ 1단계: 호기심으로 본다.
◇ 2단계: 더 자극적인 것을 찾는다.

◇ 3단계: 음란물을 일반적인 것으로 생각한다.

◇ 4단계: 실제로 실행하고자 한다.

처음에는 호기심으로 보다가 중독이 되면 더 자극적인 것을 찾는 상승의 단계를 거치고 계속해서 보다보면 음란물을 일반적인 것으로 생각하며 불감증의 단계를 거쳐 실제로 실행하고자 하는 성적 행동의 단계로 발전한다고 한다(<그림 19>).

이러한 음란물로부터 자녀를 보호하기 위한 대처 방법을 보면 부모님부터 컴퓨터를 배워 사용방법을 알아야 하고, 밤늦은 시간의 컴퓨터 사용을 자제시키며, 다음에 안내해 드리는 음란물 대응 소프트웨어를 활용하는 방법이 있다. 또 유해 정보가 발견되면 해당 신고 사이트에 신고하도록 하고, 컴퓨터를 가족이 공용으로 사용할 수 있도록 거실에 설치하도록 해야 하겠다(<그림 20>).

인터넷은 '클릭' 한 번만으로 다양한 정보를 받을 수 있고 특히 성(Sex)에 대한 정보 또한 쉽게 받을 수 있다. 따라서 성에 대한 호기심이 왕성한 청소년기에 인터넷을 통한 음란물 중독은 청소년에게서 쉽게 나타날 수 있는 현상이다.

□ **음란물 중독의 원인**

◇ 컴퓨터를 통한 음란물의 유통은 통제의 사각지대다.

◇ 컴퓨터 음란물은 친구, 컴퓨터 상가, 인터넷 등 다양한 경로를 통하여 쉽게 구할 수 있으며, 비용을 들이지 않고도 방대한 양을 제한 없이 구할 수 있다.

◇ 기존의 음란물과 달리 컴퓨터 음란물은 여과과정이 없으며, 우리의 정서와 맞지 않는 변태적인 내용도 고화질로 그대로 전달된다.

□ **음란물의 유형**

◇ 전신 나체를 나타내는 그림이나 영상

◇ 소프트코어 포르노(어른들의 눈에 대수롭지 않을지라도 미성
년자에게 해롭거나 그들의 존엄성을 훼손시키는 내용)

◇ 하드코어 포르노(심한 외설에 해당되는 수간, 가학적 성행위,
근친간의 성행위, 변태성 성행위 등)

◇ 아동 소재 음란물 등

□ **음란물 중독의 증상 및 문제점**

◇ 음란물을 보다가 몇 차례 발견되어도 또 본다.

◇ 밤새도록 보고 낮에는 존다.

◇ 음란물 보는 것을 저지하는 부모와 맞선다.

◇ 음란물 보는 것을 심하게 말리면 가출하기도 한다.

◇ 자위행위를 과도하게 한다.

◇ 죄의식으로 결벽증에 걸리기도 한다.

◇ 신경쇠약증세를 보이기도 한다.

□ **해결방안**

◇ 바른 성의식을 갖게 한다.

◇ 음란물 중독증에 걸리지 않게 한다.

◇ 범죄에 빠지지 않게 한다.

□ **부모가 알아야 하는 컴퓨터 음란물 대처 요령 8가지**

◇ 바른 성교육을 한다.

◇ 컴퓨터를 가족 공용화한다.

◇ 밤늦은 컴퓨터 사용을 자제시킨다.

◇ 부모가 컴퓨터를 배운다.

◇ 컴퓨터 외에 다른 취미 활동을 권한다.

◇ 신용카드를 잘 관리한다.

◇ 음란물 대응 소프트웨어를 활용한다.

◇ 유해 정보가 발견되면 신고한다.

(한국컴퓨터생활연구소, 1999)

Ⅴ. 네티켓

만약 우리가 다른 사람들을 생각하지 않고 하고 싶은 대로 행동한다면, 자연히 다른 사람들에게 피해를 주게 되고, 결국 사회생활의 질서가 무너지게 된다. 이를 막아주는 것이 예절이다. 그러므로 일상생활 속에서 서로 예절을 지킴으로써 우리는 다른 사람의 욕망을 함께 충족시킬 수 있고, 동시에 원만한 인간관계를 맺을 수 있다. 예절은 인간관계를 부드럽게 해 줌과 동시에 사회의 질서를 유지시켜 주는 윤활유와 같은 역할을 한다.

정보사회에서도 예절은 여전히 중요한 것이다. 특히 사이버 공간은 서로의 존재를 눈으로 확인할 수 없으므로, 예절에 어긋나는 행동을 하기 쉽다. 그러나 사이버 공간도 인간과 인간의 만남이 이루어지는 사회적 공간이므로 우리는 사이버 공간에서의 예절을 서로 잘 지킬 필요가 있다. 사이버 공간에서 우리가 '해야 할 것'과 '해서는 안 되는 것'을 담고 있는 예절을 흔히 '네티켓'(netiquette) 혹은 '네트워크 에티켓'(network etiquette)이라고 한다. 현실세계와 마찬가지로 네티켓의 근본정신은 상대방의 인격을 존중하는 것이다. 네티켓은 보이지 않는 상대방을 향해 자율적인 규범이라는 점에서 자신의 양심을 지키고 자신의 인간다움을 유지하는 일이기도 하다.

〈그림 21〉 네티켓 광고

1. 네티즌 행동강령

네티즌 행동강령은 네티즌들이 지켜야 할 구체적인 지침이다. 사생활 존중, 불건전한 정보 배격, 바른 언어 사용, 바이러스 유포, 해킹 금지, 실명 ID사용 등 10가지 규범을 제시한 '행동강령'으로 구성됐다.[3]

◇ 우리는 타인의 인권과 사생활을 존중하고 보호한다.
◇ 우리는 건전한 정보를 제공하고 올바르게 사용한다.

---

3) 정보통신부, 2000.6.15. '정보통신윤리위원회 네티즌 윤리강령' 선포식에서 발표된 내용.

◇ 우리는 불건전한 정보를 배격하며 유포하지 않는다.

◇ 우리는 타인의 정보를 보호하며, 자신의 정보도 철저히 관리한다.

◇ 우리는 비·속어나 욕설 사용을 자제하고, 바른 언어를 사용한다.

◇ 우리는 실명으로 활동하며, 자신의 ID로 행한 행동에 책임을 진다.

◇ 우리는 바리어스 유포나 해킹 등 불법적인 행동을 하지 않는다.

◇ 우리는 타인의 지적재산권을 보호하고 존중한다.

◇ 우리는 사이버 공간에 대한 자율적 감시와 비판활동에 적극 참여한다.

◇ 우리는 네티즌 윤리강령 실천을 통해 건전한 네티즌 문화를 조성한다.

2. 네티켓 수칙

□ **전자우편을 사용할 때의 네티켓**

◇ 날마다 메일을 체크하고 중요하지 않은 메일은 즉시 지운다.

◇ 자신의 ID나 비밀번호를 타인에게 절대 공개하지 않는다.

◇ 메시지는 가능한 짧게, 읽기 편하게 요점만 작성한다.

◇ 본인이 누구인지 분명하게 밝힌다.

◇ 전자우편은 회수가 불가능하다는 것을 기억해야 한다.

◇ 메일 송신 전에 주소를 다시 한번 확인한다.

◇ 흥분한 상태에서는 메일을 보내지 않는다.

◇ 제목은 메일의 내용을 함축하여 간략하게 쓴다.

◇ 타인에게 피해를 주는 비방이나 욕설을 하지 않는다.

◇ 행운의 편지, 메일폭탄 등에 절대 말려들지 않는다.

◇ 수신 메일을 송신자의 허락 없이 다른 사람에게 다시 전송하지 않는다.

◇ 첨부 파일의 용량을 줄여 수신자가 바로 열어볼 수 있게 한다.

〈그림 22〉 게시판의 바른 글쓰기

□ **게시판 네티켓**

◇ 게시판의 글은 명확하고 간결하게 쓴다.

◇ 게시물의 내용을 잘 설명할 수 있는 알맞은 제목을 사용한다.

◇ 문법에 맞는 표현과 올바른 맞춤법을 사용한다.

◇ 다른 사람이 올린 글에 대한 지나친 반박을 삼간다.

◇ 사실 무근의 내용을 올리지 않는다.

◇ 자기의 생각만 고집함으로써 상대방에게 불쾌감을 주지 않도록 한다.

◇ 타인의 아이디를 도용하거나 다른 사람의 신상정보를 누출하지 않는다.

◇ 내용이 같은 글을 반복하여 올리지 않는다.

◇ 공지사항을 미리 확인하고, 각 게시판의 성격에 맞는 글을 올린다.

◇ 욕설, 음란물, 내용 없는 글, 저작권을 침해하는 글 등을 올리지 않는다.

VI. 바이러스 유포와 악성코드

인터넷 사이버 범죄의 하나인 바이러스 제작 유포와 악성코드에 대하여 알아보자. 컴퓨터 바이러스는 자기 스스로 증식할 수 있으며 자기 스스로 복제가 가능한 컴퓨터 프로그램의 일종으로 속도 저하, 시스템 파괴, 시스템 변형 등의 피해를 일으키게 되고, 악성코드는 사용자 몰래 시스템에 침입하여 정보를 빼내가는 등 악의적인 용도로 사용되는 유해 프로그램을 말한다(<그림 23>).

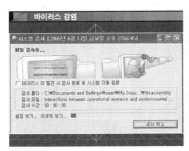

〈그림 23〉 바이러스 감염

〈그림 24〉 정품S/W 사용 4

바이러스는 인터넷이나 시스템을 실시간으로 감시하고 예방 및 치료할 수 있는 프로그램으로 관리할 수 있다. 바이러스는 감염 후의 치료 능력보다 사전 예방이 중요한 것이다. 바이러스 가운데 피해를 많이 주는 것이 웜 바이러스이다. 개인인증서, 비밀번호 등의 각종 중요 파일을 열람하거나 유출시키고 조직이나 기관의 주요 문건을 불법으로 조회하거나 유출시키고, 시스템의 주요 장치가 작동되지 않게 하거나 하드디스크를 포맷하기도 하고 주요파일을 삭제하는 등 시스템을 사용할 수 없도록 하기도 한다(<그림 24>).

바이러스를 예방하는 방법을 알아보자. 백신 프로그램을 사용할 때에는 항상 최신 프로그램으로 자동 업데이트되도록 프로그램을 설정해야 한다. 마이크로소프트의 정기 보안 패치도 자동으로 이루어지도록 제어판에서 설정한다. 출처가 불분명하거나 첨부파일이 의심스러운 이메일은 열어보지 말고 삭제한다. 개인용 컴퓨터는 부팅할 때나 로그인을 할 때, 화면보호기 등에 반드시 패스워드를 설정하여 다른 사람의 접근을 막는 것이 좋다. 공유폴더의 사용은 최소한으로 하고 반드시 패스워드를 설정하는 것이 좋다(<그림 25, 26>).

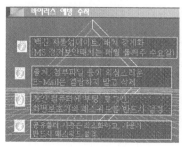

<그림 25> 바이러스 예방수칙

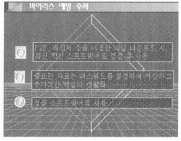

<그림 26> 바이러스 예방수칙

P2P 사이트나 메신저 등을 이용하여 파일을 다운로드할 경우에는 최신버전의 백신 소프트웨어를 사용하여 점검한 후 실행하는 것이 좋다. 중요한 자료는 패스워드를 설정하여 저장하고 주기적으로 백업하는 것을 생활화하는 것이 데이터를 안전하게 보관하는 길이다.

또한 정품 소프트웨어를 사용하는 것이 복사본의 프로그램을 사용하는 것에 비해 바이러스의 감염을 예방할 수 있는 하나의 방법임을 주지해야 할 것이다.

〈그림 27〉 바이러스 예방 프로그램   〈그림 28〉 정품S/W 사용 4

바이러스 예방 프로그램에는 여러 가지가 있으나, 사용자의 선택에 따라 어떤 프로그램이든 설치하여 사용하는 것이 좋다(<그림 27>). 요즘에는 컴퓨터를 새로 구입하면 일 년 정도 일정기간 무료로 사용할 수 있는 라이센스를 제공하기도 한다. 이런 경우에는 사용기간이 만료된 후에 연장을 하거나 새로운 프로그램을 구입하면 될 것이다.

바이러스를 제작하여 유포하면 5년 이하의 징역이나 5천만 원 이하의 벌금에 처해진다(<그림 28>). 학생들이 자기의 프로그램 능력을 내보이기 위하여 생각 없이 바이러스를 유포하였다가 처벌을 받게 되는 경우가 종종 일어나고 있다. 바이러스의 유포는 개인의 처벌도 크지만 수많은 사람들이 막대한 피해를 입는다는 점을 인식하고 근절하려는 노력이 있어야 할 것이다. 바이러스 유포에 대한 제보나 신고는 한국정보보호진흥원이나 경찰청 사이버 테러 대응센터로 신고하면 수사가 이루어진다.

다음으로 스파이웨어에 대하여 알아보자. 스파이웨어는 컴퓨터 사용자가 모르게 또는 동의 없이 악성 프로그램을 설치하여 광고 창이 뜨게 하거나 성인사이트로 접속되게 하는 등 컴퓨터 사용에 불편을 끼치거나 정보를 도둑질해 가는 악성 프로그램을 말한다 (<그림 29>).

〈그림 29〉 스파이웨어　　　〈그림30〉 악성코드제거 프로그램

악성코드는 정상적인 목적으로 만들어졌지만, 악의적인 용도로 사용될 수 있는 유해 프로그램이어서 안티 바이러스 프로그램으로는 제거되지 않는 악성 프로그램으로 시스템을 파괴하거나 사용자 몰래 정보를 빼내가는 프로그램을 말한다(<그림 30>).

악성코드는 해마다 증가하고 있으며 스팸메일, 피싱, 스파이웨어는 날로 증가하여 현재 발견 수는 5,000여 개가 넘는다.

이러한 악성코드를 제거하는 프로그램은 유로 프로그램과 무료 프로그램이 많이 나와 있는데 그중 애드캅은 Kword에서 배포하는 무료 프로그램으로 애드웨어, 스파이웨어, 해킹 프로그램 등의 악성 프로그램을 깨끗하게 지워준다(<그림 30>).

VII. 개인정보

인터넷을 사용하면서 자칫 소홀하게 다루어 큰 피해를 볼 수 있는 개인정보의 보호에 대하여 알아보도록 하자. 자신의 정보를 잘못 관리하면 다른 사람이 나의 정보를 이용하여 홈페이지에 가입하거나 금전 거래를 할 수도 있어 자신은 전혀 모르는 상태에서 피해자가 될 수 있음을 상기해야 할 것이다.

개인정보란 아이디(ID)와 비밀번호(Password) 등의 개인에 관한 정보로서 당해 정보에 포함되어 있는 성명, 주민등록 번호 등의 사항에 의하여 개인을 식별할 수 있는 정보를 말한다. 또는 해당 정보만으로 특정 개인을 식별할 수 없더라도 다른 정보와 용이하게 결합하여 식별할 수 있는 것들도 모두 포함한다.

□ 개인 프라이버시와 개인정보의 종류
◇ 정보 프라이버시란?
인터넷을 이용한 개인정보의 수집·이용 그리고 유포와 관련된 것으로 정보 프라이버시는 개인이 자신이나 자신이 속한 그룹과 관련된 정보를 차단하거나 허용할 수 있는 일종의 통제권이다.

◇ 개인정보의 종류에는 내면의 비밀, 심신의 상태, 사회경력, 경제관계, 생활·가정·신분관계에 관한 것이 있다.

◇ 내면의 비밀: 종교, 가치관, 사상, 신조, 양심 등

◇ 심신의 상태: 신체적 특징, 건강상태, 병력 등

◇ 사회경력: 학력, 범죄경력, 직업, 자격 등

◇ 생활·가정·신분관계: 성명, 주민등록번호, 주소, 본적 등

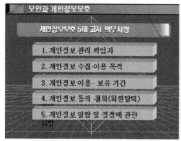
〈그림 31〉 개인정보 보호

〈그림 32〉 피싱

이러한 개인정보를 유출되지 않게 보호하는 방법에 대하여 알아보도록 하자. 우리나라의 개인정보 보호를 위한 다섯 가지 소비자에게 알려줘야 할 의무사항이 있다. 그것은 개인정보 관리책임자와 개인정보의 수집 및 이용 목적을 명시해야 한다는 것이다. 또 개인정보의 이용과 보유하는 기간을 알려줘야 하며 제공한 개인정보를 철회하거나 회원가입에서 탈퇴하는 방법을 안내해 주어야 한다. 마지막으로 개인정보를 열람하거나 정정할 수 있도록 규정하고 있으나

인터넷에 회원가입을 할 때 정관 규정을 꼼꼼히 읽어보고 가입하는 경우는 그다지 많지 않은 것이 현실이다(<그림 31>).

개인정보를 잘못 다루면 피싱의 위험에 빠지게 된다(<그림 32>). 허술한 곳이 있으며 꼭 그것을 이용하는 도둑이 들게 마련이므로 개인정보를 도둑질 당하지 않도록 여러 가지 노력이 필요하다. 피싱은 낚시를 하듯이 타인의 개인정보를 몰래 빼내는 것을 말하는데 불특정 다수의 이메일 사용자에게 신용카드나 은행계좌 정보에 문제가 발생해 수정이 필요하다는 거짓 이메일을 발송해 관련 금융 기관의 신용카드 정보나 계좌정보 등을 빼내는 신종 해킹 기법이다.

이런 피싱은 스파이웨어와 같은 악성코드 프로그램에 의해서 이루어지게 되는데, 이런 위험에서 벗어나려면 주기적으로 악성코드를 검사하고 관리해 주어야 하므로 악성코드를 제거하는 프로그램의 설치가 필요하다.

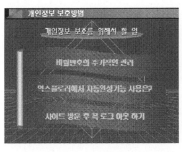
<그림 33> 개인정보보호방법

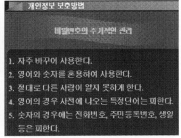
<그림 34> 개인정보보호방법

그러나 자신도 모르게 스파이웨어가 설치되었다고 하더라도 몇 가지 조치만 잘 한다면 개인정보의 유출을 막을 수 있다. 즉, 비밀번

호를 주기적으로 변경하여 관리한다든지 익스플로러의 자동완성기능을 해제하고 사이트 방문 후에는 반드시 로그아웃을 하는 등의 조치가 필요하다.

비밀번호는 자주 바꾸어 사용하는 것이 좋은데 영어와 숫자를 혼합하여 사용하는 것이 좋고 절대로 다른 사람이 알지 못하게 관리해야 한다. 영어의 경우는 사전에 나오는 특정 단어를 피하여 예측을 불가능하게 하고 숫자의 경우에도 전화번호나 주민등록번호, 생일 등은 피하는 것이 좋다. 학교에서는 친구들끼리 비밀번호를 알아내서 장난을 치는 경우가 종종 일어나는데 이는 너무나 알기 쉽고 예측 가능한 비밀번호를 사용하기 때문인 것으로 조사되었다. 고정된 비밀번호에 매달마다 숫자를 붙여서 변경하며 사용하는 것도 좋은 방법일 것이다.

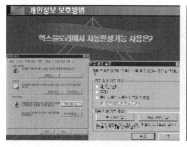 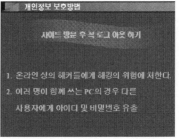

〈그림 35〉 개인정보보호방법   〈그림 36〉 개인정보보호방법

익스플로러의 인터넷 옵션에 보면 자동완성기능이 있어 편리하게 이용하기도 하지만 이것은 아이디나 비밀번호를 컴퓨터에 저장하는 기능이므로 잘못하면 유출이 쉽다. 특히 공용의 컴퓨터에서는 절대

로 자동완성기능을 사용해서는 안 된다.

　개인용 컴퓨터라 하더라도 해킹 프로그램이나 스파이웨어가 저장된 아이디나 비밀번호를 피싱해 갈 우려가 있으므로 사용하지 않을 것을 권장한다. 사이트를 방문한 후 무심결에 그냥 일어나는 경우가 있는데 이 경우도 온라인상의 해커들에게 해킹의 먹이를 제공하는 것이나 다름없음을 유의해야 한다. 특히 여러 명이 사용하는 경우 아이디나 비밀번호를 유출시킬 수 있으므로 주의해야 할 것이다.

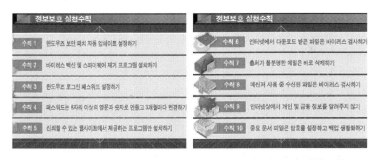

　　〈그림 37〉 정보보호 실천수칙　　　〈그림 38〉 정보보호 실천수칙

　정보보호를 위한 실천수칙으로 첫째, 윈도의 보안패치가 자동으로 되도록 설정해야 한다. 시작에 제어판에서 설정할 수 있다. 둘째, 바이러스 백신 및 스파이웨어 제거 프로그램을 설치해야 한다. 셋째, 윈도에 로그인 할 때 패스워드를 설정하여 아무나 사용하지 못하도록 한다. 넷째, 패스워드는 8자리 이상의 영문과 숫자로 만들고 3개월마다 변경한다. 자주 변경하면 좋겠으나 잊어버리는 경우가 많으니 비밀번호가 많을 경우는 특정 기호로 메모를 해 두는 것도 좋겠다. 다섯째, 프로그램은 신뢰할 수 있는 웹사이트에서 제공하는 프

로그램만 설치하는 것이 안전할 것이다. 여섯째, 인터넷에서 다운로드 받은 파일은 혹시 바이러스에 감염되지 않았는지 확인한 다음에 사용한다. 일곱째, 출처가 불분명한 메일을 열어보지 말고 바로 삭제하는 것이 좋다. 여덟째, 메신저 사용 중 수신된 파일도 바이러스 검사 후 사용하는 것이 좋다. 아홉째, 인터넷상에서 개인정보나 금융정보를 알려주지 말아야 한다. 특히 아이들이 아이템을 준다는 꾐에 속아서 전화번호를 알려주면 그 전화번호로 결재가 되는 사기를 당하는 사례가 많이 늘어나고 있는 실정이다. 마지막으로 중요한 문서파일은 암호를 설정하고 백업을 생활화하여 만일의 사태에 대비하는 것이 좋다.

이러한 개인정보 보호대책으로 개인정보보호에 대한 인식에 있어서 이용자의 의식이 결여된 경우가 많다. 정보이용자의 95.7%가 개인정보 침해를 우려하면서도 개인정보 수집목적 등 약관의 확인은 6%만이 하고 있으며 경품추첨을 위해 51.5%가 개인정보를 제공하는 것으로 나타났다. 이는 정보이용자 스스로의 보호조치가 극히 미흡한 것으로 보인다.

또한 사업자의 개인정보 보호 의식결여도 문제가 되는데 인터넷 조사 사이트 300개 중에서 4%(12개)만이 개인정보보호에 관한 법률 준수를 준수하고 있는 것으로 나타났다.

국내 개인정보보호 정책으로 <개정 정보통신망 이용촉진 및 정보보호 등에 관한 법률>(2001.7.1일 시행)은 아래와 같이 조항을 두고 있다.

◇ 개인 정보 수집 시 원칙적으로 동의를 받아야 함
◇ 자신의 개인정보에 대한 열람 및 오류 정정 요구권 부여

◇ 동의 없이 수집 목적 외 이용 및 제3자 제공제한
◇ 만 14세 미만 아동의 개인정보 수집 시 법정대리인 동의권 신실
◇ M&A, 상속 등의 경우에 개인 정보 주체에게 일정사항 통지
◇ 수신자 의사에 반하는 영리목적의 광고성 정보 전송 금지

그러나 개개인이 개인정보를 잘 관리하여야 할 것이다.

□ **이용자 계정**(ID) **및 비밀번호**(Password)

사이버 공간에서의 비밀번호는 개인정보를 보호하기 위한 기본 장치이다. 그러므로 어떠한 사람에게 알려주거나 노출하여서는 안 된다. 특히, 이름 주민등록번호, 전화번호, 주소 등 추측해 내기 쉬운 단어나 숫자를 사용하지 않으며 패스워드는 주기적으로 변경해야 하며 다른 사람이 발견할 수 있는 장소에 기록해 두거나 놓아두어서는 안 된다.

□ **신상에 관한 개인정보**

성명, 주소, 주민등록번호 등 개인의 식별이 가능한 신상정보를 다른 사람에게 도용당할 경우, 명예훼손이나 경제적 피해를 당할 수 있으며 일상생활의 안전까지도 위협받을 수 있으므로 무단 유출되지 않도록 각별히 주의하여 관리해야 한다. 특히 인터넷사이트에서 회원가입 시 이용자의 신상에 관한 개인정보 제공에 신중을 기해야 하며 개인정보를 수집을 목적으로 하는 무료 서비스, 저가 판매 또는 과다한 경품 제공 등에 현혹되어 개인정보를 제공하지 않도록 해야 한다.

VIII. 지적재산권

전 세계의 네트워크화가 이루어짐에 따라서 정보사회에서의 지적
재산권의 문제는 단순히 개인이나 집단의 이해관계에만 국한된 것
이 아니라, 국가적 차원의 문제로 대두되고 있다. 그동안 우리나라
에서는 컴퓨터 소프트웨어 불법 복제가 널리 퍼져 있었다. 그러나
이제 우리나라도 국제 저작권 협약에 가입을 하였기 때문에, 예전보
다 엄격한 단속이 행해지고 있다.

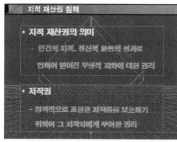
〈그림 39〉 지적재산권의 의미

〈그림 40〉 지적재산권 침해

지적 재산권은 흔히 저작권이라고 부르고 있으며 자기의 창작 저
작물의 권리에 대한 인식이 새롭게 달라지면서 이제 남의 것을 함부
로 베끼거나 유통시키는 것이 범죄라는 사실로 받아들여지고 있으
며 이에 대한 분쟁도 많아지고 있다. 지적 재산권은 산업재산권과
저작권을 합하여 인간의 지적, 정신적 활동의 성과로 얻어진 무형의
재화에 대한 권리를 말한다. 저작권이라 하면 인간의 사상이나 감정
을 창작적으로 표현한 저작물을 보호하기 위하여 그 저작자에게 부

여한 권리로 글, 연극, 영화, 조각, 사진, 컴퓨터 프로그램 등이 있다.

저작재산권이란 저작자가 저작물에 대하여 배타적으로 지배하는 재산권이며, 저작물을 이용·양도, 기타의 처분을 할 수 있는 권한을 포함한다. 산업재산권이란 새로운 기술의 장려나 발달을 위해서 공업에 관한 지능적 방법이나 작업에 대해서 부여하게 되는 권리로 의장권, 특허권, 실용신안권, 상표권 등이 있다.

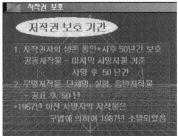

〈그림 41〉 중국의 짝퉁제품　　　　〈그림 42〉 저작권 보호기간

지적 재산권의 침해 사례를 보면 먼저 짝퉁 시장의 천국이라고 알려져 있는 중국을 떠올릴 수 있다. 국내의 여러 가지 모델과 비슷한 외양을 만들어 판매하는 중국의 짝퉁 시장에서는 구하지 못하는 짝퉁 제품이 없다고 한다.

저작권은 저작권자의 생존은 물론이고 저작권자가 사망한 후에도 50년 동안 보호받을 수 있다. 공동의 저작물에 대하여는 마지막 사망자를 기준으로 50년간 저작권을 인정하고 있는 것이다. 무명의 저작물이나 단체명, 실험, 음반저작물 등도 공표 후 50년간 저작권을 인정하고 있다. 그러나 1957년 이전의 사망자에 대해서는 구법에 의하여 1987년 저작권이 소멸된 것으로 인정한다.

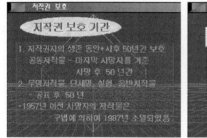 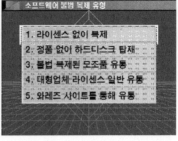

〈그림 43〉 저작권 보호   〈그림 44〉 불법 복제 유형

학생들과 관련이 많은 컴퓨터 프로그램에 대하여 알아보자.

저작권법 12조에서는 다음과 같은 경우에 대해서 저작권을 제한하고 있어 자유롭게 사용할 수 있다.

즉, 재판에 필요한 경우, 고등학교 이하 교과용 도서에 기재하는 경우, 교육법에 의한 교육기관에서 수업에 제공하는 경우(이 경우 사설학원은 제외), 가정과 같은 제한적인 장소에서 개인목적으로 사용하는 경우, 학교에서 입학시험, 국가 검정에 사용하는 경우, 멸실, 훼손에 대비하여 1~2부 복제하는 일 등이다.

소프트웨어 불법복제의 유형을 보면 개인이나 사업체에서 라이센스 없이 불법으로 프로그램을 설치하는 일과 정품 패키지 없이 불법으로 프로그램을 하드디스크에 설치하는 행위, 불법 복제된 소프트웨어가 정품처럼 배포되는 것, 대형업체의 라이센스로 일반 소비자에게 유통시키는 불법 유통, 'Where it is'의 줄임말로 와레즈 사이트를 통하여 불법으로 소프트웨어를 보급하는 일 등의 유형이 있다.

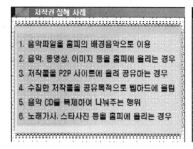
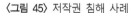

〈그림 45〉 저작권 침해 사례

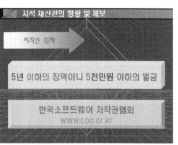

〈그림 46〉 저작권 관련 법률

저작권을 침해했을 경우에는 5년 이하의 징역이나 5천만 원 이하의 무거운 벌금에 처해진다. 저작권을 침해당했을 때에는 한국소프트웨어 저작권협회에 신고하여 정당한 권리를 찾을 수 있다(<그림 46>).

〈그림 47〉 부정복제의 유혹

〈그림 48〉 부정복제의 유혹

저작권을 침해하는 사례를 보면 음악파일을 홈페이지의 배경음악으로 이용하는 경우, 음악, 동영상, 이미지 등을 저작자의 허락 없이 홈페이지에 올리는 경우, 저작물을 푸르나와 같은 P2P 사이트에 올려 공유하는 경우, 수집한 저작물을 공유목적으로 웹하드에 올리는 경우, 음악 CD를 복제하여 친구들에게 나눠주는 행위, 노래가사, 스타 사진 등을 허락 없이 홈페이지에 올리는 경우 등이 있다.

정품 소프트웨어의 사용은 프로그램 개발자의 의욕을 북돋아 더 좋은 소프트웨어를 만들도록 지원해 주는 방법으로 소프트웨어의 발전을 위해서 우리 모두 즐겨찾기에서 와레즈를 지우고 부정복제의 유혹에서 벗어나야 할 것이다. 또한 부정복제의 온상인 당나귀나 푸르나 같은 P2P 프로그램을 사용하지 않도록 해야 한다.

정품 소프트웨어를 사용할 재원이 없다면 사용상의 제한이 있기는 하지만 정품을 사용하기 전에 일정한 제한을 두고 미리 배포하는 셰어웨어나 무료로 무제한 사용할 수 있는 프리웨어, 기능이나 날짜 상의 제한 없이 무료로 사용하는 대신 해당 소프트웨어로 작업하는 동안 광고창을 통해 계속적으로 새로운 광고가 노출되도록 하는 애드웨어 등을 사용하면 좋을 것이다.

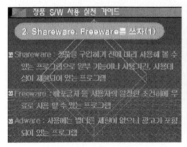
〈그림 49〉 정품S/W 사용

〈그림 50〉 정품S/W 사용

셰어웨어나 프리웨어를 찾을 수 있는 자료실로는 앳파일, 마이폴더, 심파일, 보물섬 등이 있으며, 네이버와 같은 검색사이트에서 자료를 검색해도 해당 포털의 자료실에서 자료를 찾아볼 수 있다.

정품 소프트웨어 사용을 실천하기 위한 세 번째 방법은 학생들에게 선물을 사 줄 때 정품 소프트웨어를 사 주는 것이다. 정품 소프트웨어가 좋은 3가지 이유는 컴퓨터를 깨끗하게 관리할 수 있고 떳떳한 마음을 가질 수 있다. 실제로 지금까지 복사본의 게임 프로그램을 통해서 바이러스가 많이 전염되어 왔던 것이 사실이다.

또 정품의 경우에는 당당하게 사용자 등록을 하여 정상적으로 업데이트를 받을 수 있으며 새로운 제품에 대한 할인 등 각종 지원을 받을 수 있고 소프트웨어의 가격 인하 및 경쟁력 향상을 위해서도 정품 소프트웨어의 사용은 꼭 필요한 것이다. 불법 소프트웨어 단속반이나 컴파라치에 의해서 단속이 될 경우 3년 이하의 징역이나 5천만 원 이하의 벌금에 처해지고 개인의 명예를 추락시키는 등 개인적으로뿐만 아니라 사회적으로도 큰 피해를 받게 된다.

Ⅸ. 사이버 범죄

사이버 범죄에는 많은 종류가 있지만 그 유형을 분류해 보면 해킹, 바이러스, 개인정보침해, 통신사기, 온라인게임 범죄, 사이버 명예훼손, 불법복제, 위법 유해 사이트, 음란물 유포 등으로 나누어 볼 수 있다.

특히 인터넷상의 사기 중 하나인 전자상거래는 쇼핑몰을 개설하고 물건을 거래한 후 결재하는 것으로 선 결제라는 인터넷 거래의 특성을 이용하여 물건의 대금을 받고 쇼핑몰을 폐쇄하는 방법으로 게임 아이템, 사이버 머니, 현금거래 사기 등의 피해를 입고 있다.

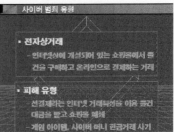

〈그림 51〉 사이버 범죄　　　　　　〈그림 52〉 사이버 범죄 유형 1

　온라인 게임 사기는 여러 명의 사용자가 실시간으로 게임을 즐기는 온라인 게임에서 게임 아이디를 해킹한다든지 사이버 폭력을 행사하는 사례가 발생하고 있다. 또 게임 아이템을 주겠다고 속여서 전화번호를 물어본 뒤에 전화를 걸어서 번호를 확인한 후에 범죄자가 구입한 아이템의 금액을 결제하게 하는 사기가 빈번하게 일어나고 있어 게임 도중에 모르는 사람에게 전화번호를 알려주지 않도록 해야 하겠다.

　속이 꽉 차고 맛있을 거라고 믿고 산 수박을 쪼개본 결과 이 그림처럼 형편없다는 것을 알게 된다면 매우 속이 상하고 화가 날 것이다. 이렇듯 통신사기는 실제로 물건을 받아보지도 못하고 사진만 보고 구입하게 되는 특성 때문에 사고 나서 후회를 하게 된다든지, 구입한 것이 아예 오지 않는 등의 문제가 발생하고 있다. 통신사기의 발생 추이를 보면 전자상거래의 규모가 2004년 기준 연간 300조 원을 넘어섬에 따라 인터넷 사기 범죄 발생 건수도 2004년 기준 7,200여 건에 달하고 있다.

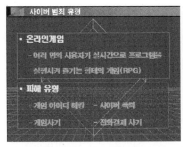

〈그림 53〉 사이버 범죄 유형 2　　　　〈그림 54〉 통신사기

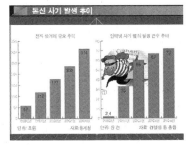

〈그림 55〉 통신사기 발생추이　　　　〈그림 56〉 통신사기 현황

　　통신사기의 하나로 개인정보를 빼내 가는 피싱 사기에 대한 통계
를 보면 2004년을 시작으로 매월 급격한 증가 현상을 보여주고 있
으며 그 내용을 보면 아동의 개인정보침해 사건이 400여 건으로 가
장 많고 타인정보의 훼손, 침해, 도용 사고가 300여 건에 달하고 있
으며 목적 외 개인정보 이용 및 또는 제3자에게 제공하는 사건이
150여 건, 개인정보 취급자에 의한 훼손, 침해, 누설로 인한 분쟁도
100여 건에 달하고 있다.

　　인터넷 사기를 예방하는 방법으로 다음과 같은 10가지를 확인해
볼 것을 권장한다.

첫째, 다른 쇼핑몰에 비하여 너무 싸거나 카드사용을 거부하고 현금으로만 거래할 것을 요구하는 것은 카드번호를 이용하여 추적을 피하려는 것이 아닌지 의심해 보아야 한다.

필요 없이 과도하게 공정거래위원회 등 공신력 있는 정부기관의 마크를 내세우고 인증을 강조하는 것과 세금문제에 대하여 무신경하거나 뭔가 허술한 쇼핑몰은 한탕주의 판매자일 가능성이 높다.

다음에는 1588, 080 등으로 시작하는 번호만 있고 일반전화번호가 아예 없는 곳이나 회사의 주소만 있고 약도가 없는 곳도 의심해 보아야 한다. 주소나 대표자명 등은 위조가 쉽지만 약도는 허위로 표시했을 경우 들통 나기 쉬우므로 반드시 확인해 보아야 한다.

전자우편의 주소가 해당 회사와 관련이 없는 곳이거나 일반 포털 사이트의 주소로 되어 있는 경우도 의심해 보아야 한다. 또 인터넷 사기꾼들이 버틸 수 있는 기간은 6개월 정도, 길어봐야 1년이다. 1년 반도 안 된 쇼핑몰이라면 당연히 의심을 해보아야 할 것이다.

또 사전에 관련 피해자가 없는지 검색 사이트를 이용하여 쇼핑몰의 이름을 한 번쯤은 검색해 보는 노력이 필요하고, 물건을 보내주는 배송 시스템이 제대로 되어있는지 확인해 보아야 한다. 배송 조회 시스템이 없다면 물건을 보내줄 마음이 없다고 해석하는 것이 좋다.

다시 한 번 인터넷 쇼핑을 할 때 체크해 보아야 할 리스트를 정리해 보면 사업자 주소와 일반 전화번호를 반드시 확인하고 지나치게 싼 가격은 일단 의심해 보아야 하며 "축! 당첨!" 등의 문구에 현혹되어서는 안 된다. 공정위원회의 인증마크는 얼마든지 위조할 수 있기 때문에 무조건 믿는 것은 곤란하고 현금을 먼저 보내라는 곳도 떼일 염려가 있기 때문에 조심해야 한다. 주변에서도 이렇게 사기를 당한 예가 종종 발견되고 있다. 또 배송 상황이나 반품에 대한 별도 조항을 꼼꼼히 살펴보아야 한다.

마지막으로 주문 결과는 반드시 프린트하여 보관해야 증거 자료로 고발조치 등을 할 수 있게 된다.

1. 사이버 범죄란?

인터넷상의 불법, 청소년 유해정보의 이용규제와 관련한 법규로는 표현의 자유, 통신의 자유 등 국민의 권리의 존중과 제한 등을 규정한 헌법을 비롯하여 정기통신기본법, 전기통신사업법, 형법, 청소년기본법, 청소년보호법, 정보통신망 이용촉진 및 정보보호 등에 관한 법률(이하 '정보통신망법'이라 한다), 청소년성보호 등에 관한 법률(이하 '청소년 성보호법'이라 한다) 등을 들 수 있는데, 이러한 법규는 정보통신윤리와 관련된 대표적인 법규인 것이다.

그런데 정보통신상의 불법, 청소년 유해정보에 대한 기본적인 규제법규의 내용을 살펴보면, 인터넷으로 인하여 형성된 일정한 법영역에 대하여 특별법적인 요소가 가미되어 있는 것으로서, 기존 법률도 인터넷의 특성을 고려하여 무리하게 해석하지 않는 한 그대로 적용 및 해석될 수 있다.

그런데 사이버상에서의 범죄나 비윤리적 행위가 크게 늘고 있는 주된 이유는 개방형 네트워크의 특성상 익명성(anonymity)이 보장되기 때문이다. 사이버상에서의 익명이란 허위이름이나 코드 혹은 번호를 사용하는 등의 허위신분의 이용, 허위 이름이라도 밝히지 않는 추적불가능의 신분, 타인과의 연락을 위해 허위 주소를 사용하는 익명 등 다양한 방법이 동원되고 있다. 인터넷은 속성상 정치적 문화적 종교적 사법적 경계가 없기 때문에 얼굴 없는 사용자(faceless people)들이 개방적으로 나와 활동하기에 좋은 토양을 만들고 있다. 따라서 인터넷은 익명성을 위한 최적의 시설과 안전성을 제공하고 있는 셈이다.

인터넷 사기 관련 범죄의 형량을 살펴보면 게임아이템 판매 사기나 인터넷 거래 사기, 휴대폰 결제 사기 등은 그 형량이 다른 인터넷 관련 범죄에 비해 가장 무거운 10년 이하의 징역이나 2천만 원 이하의 벌금에 처하도록 규정하고 있다. 통신사기를 당했을 경우를 대비하여 사전에 E-mail을 통해 공급자의 전화번호나 인적사항 등을 반드시 확인해 보아야 한다.

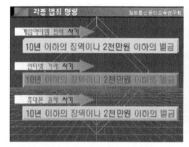 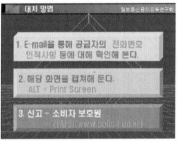

〈그림 57〉 각종범죄 현황   〈그림 58〉 대처방법

또 해당 화면을 Alt Print Screen을 눌러서 캡처하여 저장해 두어야 문제가 발행했을 경우 소비자 보호원이나 경찰청 등에 신고할 때 근거 자료로 활용할 수 있다.

2. 해킹, 바이러스

해킹(hacking)의 의미는 매우 광범위하지만 일반적으로 타인의 정보시스템에 권한 없이 또는 권한을 넘어 불법적으로 접근하여 데이터를 빼내거나 파괴하는 행위를 말한다. 즉 뛰어난 컴퓨터 사용능력을 이용하여 타인의 컴퓨터에 침입, 그 속에 축적되어 있는 각종 정보를 빼내거나 없애는 행위이다. 해킹의 유형은 정보 시스템의 침입, 정보의 절취, 정보의 위조, 변조 및 삭제, 정보 시스템 장애 및 마비 등으로 구분된다. 컴퓨터 바이러스(computer virus)는 정보시스템의 정상적인 작동을 방해할 목적으로 고의로 제작, 유포된 악성 프로그램을 말한다. 바이러스와 해킹은 해악금지의 원리를 깨뜨리는 대표적인 행위이다. 해킹을 하거나 바이러스를 퍼뜨리는 것은 많은 사람들에게 상대한 피해를 끼치기에 적절하게 대응해야 할 것이다.

□ **해킹의 정의와 해당행위들**

◇ 해킹이란?

타인이나 타 기관이 소유한 컴퓨터 시스템에 불법으로 침입하여 그 속에 저장되어 있는 데이터나 정보를 유출하거나 파괴하는 행위이다.

◇ 불법침입: 인가받지 않는 다른 정보 시스템에 불법으로 접근

◇ 불법자료 열람: 허가되지 않은 불법접근을 통해 주요 정보를 열람

◇ 불법자료 유출: 개인이나 조직의 주요정보를 불법으로 유출

◇ 불법자료 변조: 시스템 내의 자료나 개인의 자료를 변조

◇ 불법자료 파괴: 시스템의 자료를 불법으로 파괴하는 행위

◇ 정상동작 방해: 시스템의 정상적인 동작을 방해하거나 정지

〈그림 59〉 해킹은 불법

□ **컴퓨터 바이러스의 정의와 감염 대처방법**

◇ 컴퓨터 바이러스란?

컴퓨터 프로그램이나 실행 가능한 부분을 변형하여, 자신 또는 자신의 변형을 복사하여 컴퓨터 작동에 피해를 주는 명령어들의 조합

◇ 감염 대처방법 1: 정품 소프트웨어를 사용한다.

◇ 감염 대처방법 2: 공신력 있는 사이트에서 다운 받는다.

◇ 감염 대처방법 3: 파일의 다운로딩은 일반 PC에서 이용한다.

◇ 감염 대처방법 4: 바이러스 진단 프로그램을 정기적으로 새로운 버전으로 교체하여 사용한다.

◇ 감염 대처방법 5: 확실한 전자우편 메일만을 개봉한다.

3. 전자 상거래 범죄

보통 'E-commerce'로 사람들에게 알려진 전자상거래는 소비자가 인터넷상에 개설되어 있는 쇼핑몰에서 물건을 구매하고 온라인으로 결제하는 거래를 말한다.

인터넷 화면을 보며 마우스 클릭만으로 주문에서 결제, 배송까지 확인할 수 있다는 편리성 때문에 온라인 쇼핑몰 이용자들이 급증하는 추세이지만, 통상 선결제라는 인터넷 거래의 특성 등을 악용, 물건대금을 받고 쇼핑몰을 폐쇄하거나, 구매한 물건과 다른 불량품을 보내주고 교환, 환불을 해주지 않던 악덕업자들도 늘어나 피해를 입는 경우도 발생하고 있다.

물건을 절반 값에 판매한다고 광고하여 물건대금만 받고 배송해주지 않은 업주가 구속되는 등 많은 사례가 있으며, 2001년에 4,919건이던 전자상거래 사기 사건이 2002년에는 7,244건으로 47%가 증가하였다. 온라인게임에 사용되는 아이템이나 사이버머니가 실제 현금으로 거래되는 점을 악용하여 이를 사고파는 과정에서 다른 사람을 속여 부당하게 이득을 얻는 경우까지 전자상거래에 포함시킬 경우에는 2001년 14,172건에서 2002년 31,109건으로 120%나 증가한 것으로 나타나고 있다.

온라인 쇼핑몰을 가장하거나 악용하여 부당한 이득을 취한 사람은 형법상 사기죄를 적용, 10년 이하의 징역 또는 2천만 원 이하의 벌금에 처해진다.

4. 개인정보 침해

정보기술의 발달은 개인정보를 데이터베이스(DB)화하여 쉽게 관리할 수 있도록 해 주었지만, 엄격히 관리되지 않아 유출될 경우에는 개인의 재산, 명예, 사회활동에 치명적인 피해를 입힐 수 있는 처지에 놓이게 되었다.

개인정보는 성명, 주민등록번호 등에 의하여 개인을 특정할 수 있는 부호, 문자, 음성, 음향 및 영상 등의 정보를 말하는데, 학자에 따라서는 본의의 의사에 반하거나 본인이 알지 못하는 상태에서 이용될 경우 정보 주체의 안위와 이해관계에 영향을 미칠 수 있는 정보를 모두 개인정보라고 보는 사람도 있다.

5. 온라인 게임 이용 및 사이버 도박 범죄

온라인게임의 특성상 장시간을 투자하여야 노력과 시간의 성과물인 아이템과 사이버머니를 많이 얻어낼 수 있어 현실에서 느낄 수 없는 만족을 대신 충족할 수 있는데, 지나치게 집착할 경우 게임이라는 의식을 하지 못한 채, 과도한 경쟁과 소유욕으로 수단과 방법을 가리지 않을 경우 게임으로 인한 부작용이 게임ID 해킹, 게임사기, 자살, 사이폭력 등의 범죄로 이어지고 있다.

계정(ID)과 비밀번호(password)를 입력하여 틀리다는 메시지를 받는 경우 대부분의 사람들은 해킹을 의심하고 민원신고를 하게 되는데, 최근에 자신의 비밀번호를 바꾸지 않았는지, 비밀번호를 입력할 때 대문자와 소문자를 확실히 구분하였는지, 게임회사 서버의 장애나 컴퓨터 이상은 아닌지 먼저 확인하는 것이 바람직하며, 그래도 해킹이라고 판단한 경우에는 게임회사에 문의하여 계정과 캐릭터 등의 이동경로를 파악, 입증자료를 미리 준비하여 두고 수사기관에 도움을 요청하여야 한다.

6. 사이버 명예훼손

명예훼손은 고연히 사실이나 허위사실을 나타내어 사람의 명예를 훼손하는 경우다. 사이버 명예훼손은 불특정 다수인이 열람하는 게시판이나 전자우편 또는 채팅방 등 정보통신망을 이용하여 타인에게 인격적 모독, 비방 혹은 허위 사실을 유포하거나 사실을 정확히 표시하여 사회적 평가를 저하시킬 위험 상태에 빠뜨리는 행위를 포함한다.

사이버 공간에서 이루어질 수 있는 사이버 명예훼손은 몇 가지 유형으로 나뉘는데, 우선 인터넷 게시판이나 전자우편을 무작위로 전송하는 등의 방법으로 사실 또는 허위사실을 퍼뜨려 상대방의 약점을 들춰내거나 헐뜯어 비방함으로써 정신적 피해를 입히는 경우를 들 수 있다. 사람을 비방하기 위하여 사실을 적시, 타인의 명예를 훼손한 경우 3년 이하의 징역이나 금고 또는 2천만 원 이하의 벌금에, 허위의 사실을 적시하여 타인의 명예를 훼손하였을 경우에는 7년 이하의 징역 또는 10년 이하의 자격정지 또는 5천만 원 이하의 벌금에 처해진다.

선거기간 동안 상대후보에 대해 이러한 행위를 하였을 경우에는 선거법상 후보자 비방죄 또는 허위사실 유포죄 등에 의해 무거운 처벌을 받게 되는데, 특히 유의할 사항은 타인이 작성한 글을, 확인 없이 무책임하게 복사하여 다른 게시판으로 옮기는 '퍼온 글'의 경우에도 최초 글을 게시한 사람과 같은 처벌을 받는다는 점이다.

인터넷을 이용한 명예훼손은 빠른 속도로 광범위하게 전파되는 데 비해, 형사고발 등에 의한 사법적 구제는 상당기간이 소요되므로 피해를 최소화하기 위해 법률상의 '삭제요청권'을 활용, 정보통신서비스 제공자에게 게시글 등의 삭제와 해당 자료의 보존을 요청한 다음 수사기관에 연락하는 것이 좋은 방법이다.

7. 불법복제

사이버 범죄 가운데 '불법 복제'는 타인이 창의적으로 제작한 소프트웨어, 상표 등을 권한 없이 무단 판매, 대여, 공유, 사용하는 지적재산권 침해 행위를 말한다. 영리목적으로 음반, 비디오물, 게임물을 불법복제하는 경우 2년 이하의 징역 또는 2천만 원 이하의 벌금이, 프로그램을 복제, 전송하는 방법으로 저작권을 침해하는 경우에는 3년 이하의 징역 또는 5천만 원 이하의 벌금이, 타인의 등록상표와 동일한 상표를 위조, 모조하는 행위는 7년 이하의 징역 또는 1억 원 이하의 벌금에 처해질 수 있다. 물론 형사처벌 이외에도 저작권자나 회사에서 입은 손해에 대해서는 민사상으로도 배상을 해야 하기 때문에 친구들끼리 프로그램을 돌려 쓸 수 있다는 생각은 이제 버려야 할 때이다.

집에서 개인용 컴퓨터를 이용해서 게임 CD 400여 종 1만여 개를 복사하여 인터넷을 통해 대량 판매한 사람 두 명이 구속된 사례가 있으며, 자신의 홈페이지에 상업용 프로그램을 무단 복제할 수 있는 인터넷 불법 복제 사이트를 링크한 혐의만으로도 컴퓨터 프로그램 보호법 위반으로 벌금형이 선고된 사례도 있다.

8. 위법, 유해사이트 음란물 유포

인터넷을 통해 유통되는 음란물은 실제 성기구 등 성인물과는 달리 성을 노골적으로 다루고 있는 난잡한 그림이나 사진, 비디오 파일 등의 형태로 널리 퍼져서 청소년들 비롯하여 많은 네티즌들에게 성적 수치심을 느끼게 하고 있다. 처음에는 음란 게시글이나 동영상, 음란 대화, 야한 게임 등이 주류를 이루었으나 최근에는 몰래카메라에 의한 사생활 침해, 음란 화상채팅, 음란 스팸메일 등 다양한 형태로 네티즌들의 호기심을 자극하고 있으며, 청소년들에게 왜곡된 성의식을 심어주고 있다. 인터넷 음란물은 청소년들에게 강한 성충동을 일으키게 하여 이를 모방하고 싶은 욕구를 유발, 강간이나 성폭행 등 충동적인 성범죄를 일으키게 한다. 또한 대부분의 음란물은 상업적인 의도로 제작되기 때문에 성을 매우 과장되게 표현하고 더욱 자극적인 장면을 담아서 성을 왜곡시키기까지 하는데, 이를 본 청소년들은 성에 대한 책임감과 올바른 가치관을 갖기보다는 오히려 그릇된 것을 당연시하게 될 수도 있다. 그리고 어른들의 시선을 피하여 몰래 음란물을 보는 습관을 가질 경우 마약 중독처럼 음란물에 빠져서 자신을 통제하지 못하고 더 자극적인 음란물을 찾게 되고 이러한 사이 자신도 모르게 범죄가가 될 수 있다. 성인사이트에 몰래 들어가기 위해서 타인의 주민등록번호나 신용카드 번호를 도용하거나 다른 사람들에게 음란물을 유통하는 등 자신도 모르게 서서히 사이버 사기꾼이 될 수 있다.

〈그림 60〉 음란물 유통

9. 사이버 폭력(성폭력)

사이버 성폭력은 정보통신 서비스를 이용하여 성적 수치심이나 모멸감을 느끼게 하는 행위로 불특정 다수 혹은 특정인을 대상으로 성적인 괴롭힘을 가하는 모든 행위를 의미한다. 사이버 성폭력의 피해는 1994년 채팅 도중 성적인 욕설에 심하게 마음의 상처를 입고 자살한 여중학생의 사례가 가장 대표적인 경우이다. 남성들의 경우 사이버 성폭력에 의해 입게 되는 여성의 심리적인 피해에 대해 둔감

할 수 있으나 사이버 성폭력에 의해 받게 되는 여성들의 심리적인 피해는, 그것이 나이 어린 청소년들에 해당될 때 대단히 치명적일 수 있음을 일깨워준 사건이다.

인터넷은 타인에게 해악을 끼치는 도구로 전락할 수 있다. 특히 약자가 보호될 것으로 여겨졌던 사이버 공간에서조차 폭력을 가함으로써 타자에게 해악을 끼치는 문제들이 발생하고 있다. 그 대표적인 예가 사이버 성폭력이다. 얼굴도 보이지 않고 목소리도 들을 수 없는 채 주로 문자로만 메시지를 주고받는 사이버 공간에서 과연 성폭력이 이루어질 수 있을까? 그러나 이러한 의문과는 달리 실제 사이버 공간에서 성폭력이 이루어지고 있어서 문제시되고 있다.

사이버 성폭력은 사이버 공간상에서 성과 관련된 언어폭력, 성적인 메시지 전달, 성적 대화 요청 및 성적 문제와 관련된 개인 신상의 정보 게시를 통하여 상대방의 의사와 관계없이 상대방을 괴롭히거나 위협하는 행위를 의미한다. 사이버 폭력에 대하여 자칫하면 단지 장난삼아 한 것을 가지고 심각하게 반응하느냐고 쉽게 무시해 버릴 수도 있다. 이는 폭력이라고 하면 흉기를 들고 위협하거나 신체적인 손상을 입히는 행위, 즉 가시적이고 물리적이 폭력만을 생각하기 때문이다. 사이버 성폭력은 가해자의 눈에 직접 피해가 보이지 않는다는 점에서 죄책감 없이 쉽게 행해질 수 있지만, 성폭력을 당하는 당사자에게 있어서 그 피해는 깊고 상처 또한 큰 것이다.

□ **사이버 성폭력의 유형**

◇ 사이버 성희롱

사이버 성희롱은 전자우편이나 채팅을 통해서 상대에게 성적 수치심이나 모멸감을 느끼게 하는 글·음향·영상을 보내는 행위이다.

　◇ 사이버 스토킹

사이버 공간에서 이루어지는 스토킹으로 상대방에게 편지 보내기, 채팅 요구, 성적 희롱의 대상이 될 것을 요구하는 행위로 이는 원조교제 등으로 발전될 가능성이 커서 오프라인의 성폭력의 가능성이 있다.

　◇ 사이버 명예훼손

사이버 공간에서 성폭력과 관련한 명예훼손은 게시판이나 성 관련 사이트에 특정인의 사생활, 특히 성생활과 이와 관련한 허위사실을 글·음향·영상 등으로 올려서 개인의 명예를 훼손하는 행위이다.

　◇ 사이버 음란물 게시

사이버 음란물 게시는 전자우편이나 PC통신을 통해서 음란한 부호·문언·음향·영상을 배포하고 판매하는 행위 또는 임대·전시하는 행위이다.

□ **사이버 언어폭력의 유형**

　◇ 욕설

채팅을 할 때 또는 게임을 할 때 상대방에게 욕을 하는 경우가 많다. 자기와 생각이 맞지 않거나 싫어하는 사람이 있거나 그냥 단순히 재미로 욕설을 하는 경우이다.

　◇ 비방(명예훼손)

상대방의 약점을 들춰내고, 헐뜯는 행위를 말한다. 자신이 좋아하지 않는 친구나 특히 연예인, 정치인 등을 헐뜯는 글을 게시판에 게시하는 것이다. 사이버 언어폭력 중에 사이버 명예훼손의 심각성이 높아지고 있다. 익명성을 이용하여 상대방을 온라인상에 비방하는 그 피해가 오프라인보다 더 높기 때문이다. 특정인물을 비방한 명예훼손의 글이 사실인지의 여부를 떠나 비방글은 명예훼손에 해당된다.

◇ 도배

채팅을 하다보면 한 사람이 채팅방을 독점하는 경우를 흔히 볼 수 있다. 같은 내용의 욕설이나 의미 없는 글들을 연속해서 게시하여 다른 사람이 말을 할 틈을 주지 않는 것이다.

◇ 유언비어

사실이 아닌 거짓 소문을 인터넷상에 퍼뜨려 상대방을 당혹스럽게 하고, 정신적인 피해를 입히는 행위를 뜻한다.

◇ 성적 욕설(음담패설)

성에 대한 노골적인 욕설을 하여 상대방에게 불쾌감과 수치심을 주는 행위를 말한다.

□ **사이버 성폭력 대처방안**

◇ 가해자에게 단호하게 대처한다. 원하지 않는 내용의 대화를 시도한다면 즉시 그만두라고 이야기를 해서 자신의 생각을 분명하게 전달한다.

◇ 사이트 관리자에게 도움을 청한다. 해당 사이트 관리자에게 연락하여 제재를 가하도록 한다.

◇ 신고한다. 전문가에게 상담을 받고 대응책을 모색하는 것은 무엇보다 중요하다.

◇ 법적인 대응을 한다. 이를 위해서는 증거 자료를 제시해야 하므로 자료를 잘 갖출 필요가 있다.

◇ 스스로를 창피하게 생각하지 말고 당당하게 행동해야 한다. 대부분의 피해자들이 부끄러워하기 때문에 신고를 기피하고 밖으로 드러나는 것을 싫어한다. 그러나 이는 옳지 못하다.

X. 표현의 자유와 관련 쟁점 사항

오늘날 정보윤리에서는 표현의 자유와 관련된 여러 가지 쟁점들과 갈등들이 존재하고 있다. 특별히 참여민주주의, 전자 민주주의의 실행과 관련하여 표현의 자유와 관련된 여러 가지 갈등들이 있기에 이와 관련된 여러 문제들을 소개하고자 한다. 이와 관련해서 주요한 여러 가지 쟁점을 중심으로 해서 정보윤리의 핵심쟁점들을 다루어 보고자 한다. 표현의 자유와 익명성 그리고 실명제의 문제, 표현의 자유와 증오적 표현의 문제, 표현의 자유와 사이버 공간의 포르노그래피, 표현의 자유와 프라이버시 침해, 국가에 대한 비판과 표현의 자유, 명예훼손의 문제, 성희롱 문제의 공론화와 표현의 자유 및 명예훼손의 문제 등을 살펴보고 비판적 고찰을 통해 표현의 자유가 적절한 방식으로 구현되는 방향성을 살펴보고자 한다.

1. 표현의 자유와 익명성 그리고 실명제의 문제

사이버 공간에 있어서의 익명의 커뮤니케이션은 익명을 이용한 재발송이 가능해 지면서 널리 확산되고 있는 것으로, 이는 이메일 메시지에 담긴 정보의 확인을 어렵게 하며, 또한 익명의 코드나 임의의 숫자를 대신 사용하고 있다. 이러한 익명성은 특정한 상황에 처한 사람들에게 자신들의 합리적인 삶의 계획을 추진하는 데 있어서, 그리고 번영에 있어서 매우 중요할 수 있다. 자유, 그리고 특히 표현의 자유를 정당하게 행사하려면 특정 상황에 있어서 익명성의 보장을 필요로 한다. 발언자나 원저자가 익명을 선택할 수 없다면, 자유로운 표현의 기회는 여러 가지 이유로 인해 제한될 수밖에 없으며, 또한 일부 중요한 문제에 대해서는 침묵을 지킬 수밖에 없을지도 모른다. 그러므로 익명성이라는 혜택이 없다면 자유의 가치는 제한되는 것이다.

종종 표현의 자유를 강조하는 민주사회라 할지라도 익명으로 표현되지 않는 한 정치적 반대의견의 표출은 방해받을 수도 있다. 그렇다면 익명성은 압제에 반대하는, 그리고 나아가 보다 일상화된 기업이나 정부의 권력남용에 반대하는 투쟁에 있어서 확실한 가치를 지니고 있다.

물론 반대로 결점으로 남는 부분들이 있다. 종종 범죄를 도모하기 위해 익명으로 커뮤니케이션하려는 범죄자나 테러리스트에 의해 남용될 수 있다. 또한 비겁한 이용자들이 예의를 지키지 않고 커뮤니케이션하거나 책임감 없이, 그리고 사법처리에 대한 우려 없이 누군가를 비방하고 모욕하는 데 이용될 수도 있다. 익명성은 거래상의 비밀을 폭로하거나 기타 지적 재산권을 침해하는 데도 이용될 수 있다. 일반적으로 비밀과 익명은 남용되거나 오용될 경우 사회적으로 도움이 되지 않는다.

익명성은 대부분의 악당들이 자신들이 비방한 사람들에게 발견되거나 보복당할 염려 없이 해를 끼치기 위해 숨어들어 가는 암흑의 세계일 수 있기 때문이다.

이런 점에서 익명을 이용하는 것은 많은 결점을 지니며, 또한 디지털 익명성과 아무 제약 없는 인터넷은 수많은 악행의 도구로 악용될 수 있다는 점은 부인할 수 없다. 그러므로 정부는 인터넷 사용자들이 보다 익명성이라는 장벽 뒤로 숨어들어 가지 않도록 하는 조치들을 실시하려고 하는 것이다.

그러나 남용의 가능성이 있음에도 불구하고 그러한 조치의 실시를 삼가고 또한 익명을 사용하여 자유롭게 표현할 권리를 보호해야 하는 타당한 이유들이 있다. 개방되고 민주화된 사회에 있어서 익명을 사용한 표현을 금지하기 위해서는 엄청난 대가를 지불해야 한다는 것이 가장 대표적인 사례이다. 익명성의 상실은 당연히 현재 사이버 공간에서 매우 활발하게 표출되고 있는 이러한 의견 표현들이 위축시키게 될 것이다. 따라서 규제를 시도하는 사람들은 이 부분에서 매우 신중을 기해야 할 것이다.

2. 표현의 자유와 증오적 표현의 문제

표현의 자유에 있어서 '절대주의 이론'은 말 그대로 표현의 자유는 절대적으로 보장되어야 한다는 이론이다. 미국의 학자 노암 촘스키는 아우슈비츠의 허구성을 주장한 프랑스의 포리송 교수를 옹호하였는데, 이는 절대주의에 대한 그의 완고한 신념을 잘 보여준다. 포리송은 나치가 유대인을 학살하는 데에 사용했던 가스실의 존재마저 부정해 유럽은 물론 전 세계 유대인들의 분노를 촉발시킨 이상한 인물이다.

포리송은 자신이 몸담고 있는 대학에서 강의를 금지당했다. 대학 당국이 그의 신변 보호상 그런 조치를 취한 것이다. 프랑스는 물론 전 유럽의 양식 있는 사람들이 포리소의 무모한 역사 왜곡을 규탄하고 나섰다. 그런데 바로 이때에 촘스키는 프랑스 정부와 대학에 포리송의 안전과 그의 법적 권리의 자유로운 행사를 요구하는 청원서에 서명을 한 것이다.

촘스키는 그 서명으로 비난에 직면하자 '표현 자유의 권리에 관하여'라는 짧은 성명을 발표하였다. 이 성명은 그의 허락도 없이 포리송의 책에 그대로 게재됐다. 그 이후 촘스키는 '신나치주의'를 지지했다는 비난 공세에 시달려야 했다.[4]

바로 여기에서 촘스키의 독특한 면이 잘 드러난다. 그는 포리송의 주장을 한 번도 지지한 적이 없다. 그는 단지 표현의 자유를 옹호한 것이다. 포리송의 주장이 아무리 터무니없어도 그를 침묵시켜서 그의 주장이 터무니없다는 걸 증명하려 들지 말고 움직일 수 없는 증거를 제시하여 증명해야 한다는 게 촘스키의 생각이었다.

만약 인터넷상에서 증오적 표현이 급속도록 확산된다면 촘스키는 어떻게 대응할까? 예컨대 인종우월주의자나 무정부주의자, 반유대주의를 표방하는 많은 단체들이 자신들의 견해를 옹호하는 웹사이트를 운영하고 있다. 이런 사이트 중 일부는 노골적인 반유대주의를 표방하는 데 비해 다른 사이트들은 유대인 대학살은 존재하지 않았다고 주장하는 대학살 수정론자의 입장을 대변하기도 한다.

일부 증오적 웹사이트들은 흑인과 유대인 또는 동성애자들을 대

---

4) Brian Morton, <Chomsky Then and Now>, 『Nation』, May 7, 1988, pp.646-652.

상으로 증오적 표현들을 한다. 이런 증오와 독단을 담은 메시지들은 고립되고 힘없는 집단을 겨냥하게 될 경우, 이것이 사이버 공간에서는 더욱 효과적으로 확산될 수 있다.

외설이나 명예 훼손과는 달리 증오적 표현은 미국 연방법하에서는 불법이 아니며, 헌법 수정조항 제1조에 의해 완벽한 보호를 받고 있다. 심지어 특정한 집단에 대한 증오를 담고 있는 표현조차도 법적으로 문제가 되지 않는다. 이에 대해 단 하나의 예외는 "전투적 용어"를 사용하는 경우로, 이는 대법원에 의해 헌법 수정조항 제1조의 범위를 넘어서는 것으로 판결되었다.

다른 한편으로, 독일과 프랑스와 같은 유럽 국가에서 반유대적이고 나치 추종적 웹사이트들은 불법이다. 독일의 경우, 정부는 이러한 사이트들을 제거하기 위해 ISPs에 기소할 수 있다는 위협을 가해 왔다. 이러한 방식을 비판하는 사람들은 World Wide Web과 같은 광대한 영역에서 내용물을 규제한다는 것은 ISPs의 능력 밖의 일이라고 주장하고 있다. 인터넷 회사들이 나치의 자료들을 독일 내로 전달하는 것 또한 불법이다. 설사 이러한 규제 또한 시행에 있어 문제가 있다 하더라도 이는 Amazon.com 이 히틀러의 『나의 투쟁』과 같은 책들을 독일 소비자들에게는 팔 수 없다는 것을 의미한다.

하지만 증오적 표현에 대한 정부의 규제와 확실한 법이 일부 국가에서는 적합하다 할지라도, 정부 규제보다는 이용자 스스로에게 권한을 부여하여 알아서 차단하도록 하는 것이 정당한 정치적 표현을 실수로 배제하는 일을 피할 수 있는 더 좋은 방법일 것이다.[5]

---

5) 리차드 스피넬로, 이태건·노병철 역, 『사이버 윤리』(서울: 인간사랑, 2001), p.139.

3. 표현의 자유와 사이버 공간의 포르노그래피

인터넷의 바다는 음란물과 유해 정보로 가득한 더러운 물의 바다일 뿐이라는 주장이 힘을 얻고 있다. 이러한 주장을 하는 사람들은 현실 공간과 사이버 공간의 차이를 인정하지 않거나 사이버 공간의 전파력과 자유로움 때문에 청소년들에게 더욱 위험한 공간임을 주장하는 입장을 취한다. 비록 음란함의 정도가 분명하게 규정될 수 없고 불법 정보가 아닌 유해 정보의 판단을 누가 어떻게 할 것이냐의 문제가 명확하게 해결될 수 없다는 이론적 약점에도 불구하고, 이러한 구심력의 입장은 강력한 힘을 발휘한다. 수많은 학부모와 보수진영의 지지를 받기 쉬운 전통적 견해이기 때문이다. 음란물 규제와 관련한 이들의 입장은 '온정주의적'(paternalistic)인 근거들에 기반하고 있다. 아직 건전한 정보와 불건전한 정보를 제대로 가려낼 수 있는 판단력이 미성숙한 청소년들을 자유라는 미명하에 그냥 방치해 두는 것은, 곧 올바른 판단력을 갖춘 정상적인 성인으로서 마땅히 져야만 하는 의무를 져버리는 자세라는 것이다.

그러나 자유주의자들 또는 자유지상주의자들, 즉 표현의 자유를 보다 강조하는 이들은 음란물이라는 불건전한 정보의 경우에도 자유롭게 방임하는 것이 더 궁극적인 해결책이라고 주장한다. 천부인권의 하나로 간주되는 표현의 자유와 언론의 자유에 입각하여, 음란물이든 유해 정보이든 간에 그러한 것을 생산하고 싶은 사람은 생산할 자유가 있고 그러한 정보들을 즐기고 소비하고자 하는 사람들에게는 그렇게 할 권리가 있다는 것이다. 자신의 의사가 아닌 타인의 권력에 의해 천부인권의 자유를 제한당하는 평화로움보다는 다소

혼란스럽고 위험스럽게 보일지라도 스스로의 선택에 의한 자유로움
이 훨씬 가치 있다는 것이 이들의 입장이다.

4. 표현의 자유와 프라이버시 침해

프라이버시는 비교적 최근에 형성된 법적 권리이지만 프라이버시
법은 영·미법에서도 1백 년 미만의 역사를 갖고 있다. 미국에서 프
라이버시권에 대한 요구를 낳게 한 요인으로 ① 국가 통치영역의 확
대와 사적 영역의 감소 ② 대중저널리즘과 선정주의 ③ 전문적인 조
사 기관의 활성화와 민간의 조사활동 활발 ④ 정보사회의 테크놀로
지 혁명 등을 들 수 있을 것이다.

법 이론적으로는 1890년 『Harvard Law Review』에 게재된 Samuel
D. Warren과 Louis D. Brandeis의 논문 <The Right to Privacy>가
주목할 만하다. 이 논문은 개인의 권리를 위협하는 무책임한 언론의
실태에 대해 다음과 같이 말하였다.

"언론은 모든 방면에서 타당과 분별의 한계를 넘어서고 있다. 이
제 가십은 더 이상 한가한 자나 불량한 자들의 단순한 소일거리가
아니며 염치 불구하고 악착같이 찾아다니는 장사거리가 되었다. 호
색적인 취미를 만족시키기 위해 날마다의 신문에서는 성적 관계의
자세한 묘사를 담은 이야기들이 보도되고 있다. 태만한 자들을 독자
로 끌어 모으기 위해 신문의 지면은 모두가 그런 쓸모없는 가십들로
가득 차 있는데, 그런 가십들은 오직 개인의 가정 내 생활에 침입함
으로써만이 얻을 수 있는 것들인 것이다."6)

---

6) 팽원순, 『매스코뮤니케이션 법제이론』개정판(법문사, 1988), pp.237-238.

그런데 정보화사회에서는 프라이버시 침해가 더욱 자주 일어날 수 있다. 개인에 관련된 여러 가지 정보(성별, 주소, 나이, 재산정도, 학력 정도, 취미, 등)가 쉽게 노출될 수 있는 것이 정보사회인데, 개인의 사적인 생활과 연결되는 정보의 이용은 그것이 악용되지 않는다고 하더라도 중대한 범죄가 되기 때문에 개인의 사적 정보는 타인에 의해 쉽게 이용되지 않는다고 하더라도 쉽게 이용되어서는 안 된다. 인터넷을 통한 프라이버시 침해의 경우 민법상의 불법행위가 되어 손해배상의 책임을 물 수 있다. 하지만 유명한 연예인들이나 공공인물들에 대한 사생활침해가 자주 일어나는 상황과 관련해서 구체적 적용에서 많은 혼돈이 일어난다고도 할 수 있다. 그러므로 사회적 유명인사와 보통사람들에 대한 프라이버시 침해에 있어서 차이점에 주목할 필요가 있으며, 그 적용점에 있어서 분별력을 가지면서 적용할 필요가 있다고 할 수 있다.

가. 공직자나 공공 인물들에 대한 사생활 침해

1997년 9월 영국 다이애나비의 갑작스런 죽음과 관련된 "파파라치"들의 사생활침해 사건은 전 세계에 충격을 주었다. "파파라치"들이 다이애나비 교통사고의 직접적인 원인이 되었기 때문이다. 실제로 이탈리아의 마리오브레나는 사르데냐 해변에서 다이애나와 함께 교통사고로 숨진 애인과의 밀애 장면을 찍은 뒤 '선데이 미러' 등 언론에 팔아 2백만 달러를 벌었을 정도였다. 이들 파라라치들은 다이애나비뿐만 아니라 마돈나, 데미 무어 등 인기 배우나 저명인사들의 사생활(프라이버시)을 찍으려고 몇 날, 몇 주를 나무 위에서 차안에서, 물속에 잠수하면서까지 기다릴 정도다. 이렇게까지 사생활이 침해되는데, 왜 이런 부분들은 용인되고 있는가?

원래 유명 인사들에 대한 이런 사생활침해는 쉽게 용인되지 않는 분위기가 있었다. 예컨대 프라이버시라는 용어를 최초로 논의한 워런(Samuel D. Warren)과 브렌다이스(Louis D. Brendeis)가 1890년 발표한 논문 '프라이버시권(The Right to Privacy)'에서 처음으로 사생활 보호 곧 프라이버시권 문제를 제기했을 때, 53) 그들은 당시 미국의 황색언론(yellow journalism)이 유명인사의 사생활을 폭로하는 기사를 자주 게재하고 있어도 종래에 명예훼손 법리만으로는 그 구제가 곤란한 경우가 많아 새로이 프라이버시권을 인정할 필요가 있다고 주장한 데에서 비롯되었기 때문이다. 그 논문에서 워런과 브렌다이스는 당시의 선정주의적 신문에 의한 개인의 사생활 침해를 지적하고 프라이버시권리에 대한 법적 승인의 필요성을 주장하고, 기존의 보통법(common law)에서 보호하고 있는 권리들은 단지 물질적인 것에 한정된 분석이라고 분석, 정신상에 대한 권리도 법적으로 보호되어야 하는 권리임을 주장하였다. 이후 20세기 들어 미국의 각 주에서 판례 또는 입법으로 프라이버시권을 인정하기 시작하였다.7)

그런데 이런 프라이버시권이 다른 권리와 갈등을 빚으면서 유명 인사들의 프라이버시권은 제대로 보장받지 못하는 상황에 처하게 되었다. 종종 사회에 영향력을 끼치는 사람들에 대한 정보 제공은 알권리 또는 언론의 자유 혹은 표현의 자유와 관련해서 많은 정당화

---

7) 한편, 1960년대 말부터 1970년대 초에 이르러서는 정보처리시스템의 등장으로 정보화가 진전됨에 따라 프라이버시의 개념이 '개인사생활의 보호'라는 소극적인 측면에서 '개인정보의 통제'라는 적극적인 측면으로 확장되었다. 특히 컴퓨터 기술의 발전으로 인한 개인정보의 침해가 사회적인 문제로까지 등장하게 되었고 이의 보호를 둘러싼 논의를 통하여 '정보프라이버시(Informational Privacy)' 또는 개인정보통제권이라고 일컫게 되었다.

를 제공받게 되었다. 이때 어떤 권리를 우선시할 것인가를 결정하는 일은 윤리학적으로 보다 깊은 천착을 필요로 한다. 종종 프라이버시 규제는 정보를 교환하고 유포할 수 있는 권리와 갈등을 빚기에 표현의 자유를 옹호하는 사람들은 프라이버시 규제를 일종의 검열로 간주하기도 했기 때문이다.[8] 사실상 법규에 의해 프라이버시권이 보다 강력하게 시행된다면 정보가 자유롭게 유통될 수 있는 영역은 제한되는 측면이 있다. 표현의 자유와 관련하여 사생활 침해로 소송을 당하는 언론사들은 뉴스적 가치가 있는 내용이며 이는 알권리의 차원에서 제공되어야 함을 강조하였다. 이와 관련하여 언론인들은 사생활 관련 사실을 공표한 데 대해 판결을 받을 때는 전통적으로 평범한 개인들보다 공직자나 공인은 알권리 차원에서 사생활을 드러낼 필요가 있으며, 사생활침해라는 범위의 적용을 덜 받는 관행을 만들어 놓았다. 그래서 지금은 사생활 침해를 따지는 중요한 기준에서 '대상자가 공인이냐 아니냐'가 중요한 기준이 되었다. 공인이라면 공적인 업무와 직접적인 연관이 없어도 사생활이 보도 등으로 노출된 것을 문제 삼지 않는 관행이 생기게 된 것이다.

이렇게 뉴스 속에 포함된 사람들의 '저명성'은 오랫동안 뉴스 가치를 결정하는 중요한 기준의 하나로 사용되어 왔다. 공직자들은 전통적으로 언론에 의해 상당히 부지런하게 조사를 받고 있는데, 이것은 언론이 정부에 대한 파수견 기능을 한다는 헌법상의 보장에 따른 것이기도 하다. 그래서 초기 언론인들이 국회의원이나 일부 관리들의 음주 습관이나 엽색 행각 등에 대해 보도하지 않는 관례를 가져

---

8) 장현오 외, 『직업윤리와 교육』(부산: 부산대학교 출판부, 2005), p.369.

왔지만 이제 언론들이 공직자들은 사생활에 대해 더 많은 주의를 기울이게 되었고, 사생활에서의 문제가 그들이 맡고 있는 공공의 직책에 영향을 주는 정도라면 공중에게 이것을 보도하여 알리고 있게 된 것이다.9) 공인의 경우 사생활 가운데 직무상 관계가 있는 정보, 공공의 이해와 관련된 내용의 경우 그 공개가 정당하다고 생각되는 범위 안에서 책임을 면하게 하고 표현의 자유와 조화를 이루려는 관점이 강화된 것이다.

하지만 공직자들이 이렇게 사생활을 보호받을 권리가 침해되는 것을 마냥 묵과할 수 있는가는 대해서는 아직도 갈등이 존재한다. 어떤 언론인들은 공직자들이 공중의 신뢰를 유지하고 있는가를 알아보기 위해 공직자들의 사생활을 침범해야 한다고 믿고 있다. 어떤 이들은 국회나 고위 공직에 있는 주정뱅이나 호색가들을 더 이상 언론이 보호해 주어서는 안 된다고 믿지만, 가족과 친척들에 대해서는 좀 문제가 다르다고 본다.10) 어쨌든 지금의 상황에서 유명 인사들은 영화 <트루먼 쇼>에서 주인공이 개인의 사생활이 낱낱이 침해당하면서 삶을 사는 것과 같이 이 부분에서 상당한 사생활을 침해당하면서 살아가고 있다고 할 수 있다.

나. 보통 사람들에 대한 사생활 침해와 프라이버시 보호

하지만 보통 사람들의 사생활 침해는 알권리 및 표현의 자유 등과 관계없이 법적으로 많은 제재를 받고 있는 상황이다. 예를 들면 '개똥녀' 사건을 들 수 있다. 지하철에서 흔히 볼 수 있는 20대의 평범

---

9) 유진 굿윈 지음, 우병동 옮김, 『언론윤리의 모색』(서울: 한나래, 1995), p.204.
10) Idid., p.207.

한 젊은 여성의 사생활이 노골적으로 침해된 점을 잘 보여준 이 사건에서 개똥녀는 우리 사회의 도덕적 상식을 깬 행동으로 말미암아 누리꾼들의 비난과 욕설의 표적이 되었다. 하지만 인터넷상에서 공개된 개똥녀의 사진은 사생활 침해의 대표적 피해자로 기억되었다. 개똥녀는 지하철에 함께 있었던 한 누리꾼이 디카로 찍은 사진을 인터넷에 올린 것이 계기가 되었다. 개똥녀가 애완견의 배설물을 가리키는 사진과 개똥녀 대신 배설물을 치우는 할아버지의 사진은 개똥녀에 대한 도덕적 비난과 사생활 침해가 함께 나타났다. 그러나 개똥녀가 공중도덕을 어겨 비난을 받는 것과 공인이 아닌 개인으로서 사생활을 보호받을 권리는 분명히 다르다. 개똥녀의 얼굴 사진이 여과 없이 인터넷에 떠돌아다닌 것은 명백한 사생활 침해다. 만약 개똥녀가 세상에 나와 사진을 올렸던 사람과 이를 퍼 나른 누리꾼을 상대로 소송을 낸다면 개똥녀는 재판에서 완전히 승리했을 것이다.

또한 한나라당 조전혁 의원이 2010년 4월 19일 오후 자신의 홈페이지를 통해 전국교직원노동조합(이하 전교조)를 포함해 5개 교원단체와 노조 소속 교원 명단을 공개한 적이 있었다. 전교조에 속한 교사들뿐만 아니라 교총에 속하는 교사들의 프라이버시를 침해했다고 할 수 있다. 교사들의 경우 유명인이 아니기에 사생활의 비밀을 공개당하지 않는 권리뿐 아니라 자신에 관한 정보를 관리하고 통제할 수 있는 개인정보관리통제권11)을 침해당하였다고 할 수 있다. 이렇게 교원 개개인의 프라이버시를 침해한 사건에 대해 조전혁 의원은

11) 법리적으로 개인정보와 관련된 프라이버시권은 자기정보관리통제권이라고 할 수 있다. 자기정보관리통제권은 "자신에 관한 정보를 보호받기 위해 자신에 관한 정보를 자율적으로 결정하고 관리할 수 있는 권리"라고 정의할 수 있다.

"국민의 알 권리"를 정당화의 근거로 내세웠다. 하지만 보통 사람들에 대해 국민의 알권리를 내세워 프라이버시권을 침해한 것은 정당화되기 어려운 주장이었다고 할 수 있다.

5. 국가에 대한 비판, 표현의 자유, 명예훼손의 문제[12]

우리나라의 경우 지난 몇 년간 가장 후퇴한 문제가 표현의 자유이다. 특별히 이명박 정권에 의해 국가 비판에 대해 명예훼손 거는 것이 많이 늘었다. 국민의 말과 공론장을 없애려고 혈안이 된 국가가 심해졌던 것이다.

예컨대 국가정보원이 김미화 씨를 상대로 명예훼손을 건 사건이 있었다. 국정원은 명예훼손의 피해를 당하였을 때는 국가도 일반 국민과 마찬가지로 얼마든지 소송 제기가 가능하다고 본 것이다. 지난번에는 해군이 김지윤 씨를 명예훼손으로 고소했는데, 김지윤 씨가 자신의 트위터에 제주 해군기지를 '해적기지'로 표현한 데 대해 해군이 서울중앙지검에 명예훼손과 모욕죄로 고소장을 제출한 것이었다.

이러 식의 비겁한 전략은 정부 정책에 대한 비판을 봉쇄하기 위한 국민 겁주기의 명예훼손 소송으로 공직이나 정치영역에서 명예훼손을 남발하는 사례는 한국에서만 볼 수 있는 사례이다. 특별히 법을 잘 아는 국회의원들은 자문을 받고 발언하는 경우가 많아 명예훼손을 피해가지만 일반 누리꾼들은 인터넷에 댓글이나 풍자만으로 명예훼손에 걸리는 경우가 너무 많고 공론장이 파괴되어 가는 측면도 있는 것이다. 한 조사에 의하면 전 세계적으로 명예훼손으로 투옥되

---

12) 부산대학교 효원광장 토론방, 2012년 4월 17일, 작성자 최용성.

는 사례의 28%가 한국에서 발생한 것이라고 한다. 이제 명예훼손법이 바꿔지고 모욕죄가 폐지되어야 할 것이다.

사실 이런 식의 명예훼손이 지속되면 공론장에서 국민들이 국정에 대해 비판적인 시각을 제시할 수 없다. 민주주의도 위험해진다. 국가는 업무처리가 정당하게 이뤄지고 있는지 늘 국민의 비판과 감시를 받아야 하므로 원칙적으로 명예훼손 피해자로서 소송을 제기할 자격이 없다. 그럼에도 국민이 낸 혈세로 재판비용을 쓰면서 국가기관이 돈 없는 개인을 상대로 소송을 진행하는 것은 정당하지 않다. 잘못된 주장이나 보도가 나오면 스스로 당당하게 사실을 밝히거나, 정정이나 반론보도를 청구하면 되는데, 이렇게 치졸하게 국민을 대하는 정부는 잘못한 것이다.

돌이켜보면 이명박 정권 때도 심각했지만 그 이전의 참여정부 때에도 표현의 자유는 문제가 있었다. 인터넷 실명제를 추진했던 것이 참여정부 때였고, 언론사를 상대로 명예훼손을 제기하곤 했던 것도 역대 가장 자유주의적이었다는 참여정부에서 벌어진 일이었다. 좌우를 막론하고 국가권력은 언제나 민초들의 목소리를 불편하게 생각할 수밖에 없다. 표현의 자유가 지닌 가치에 대한 사회·정치적 합의와 정치권력의 확고한 의지가 없다면 이 문제는 언제든 뒷걸음질 칠 수 있다는 것이다. 이런 점에서 표현의 자유는 결코 철 지난 문제가 아니다. 작금에 있어서 복지가 화두로 등장한 것은 좋은 일이지만, 복지정책이 수립되고 시행되는 과정에서 복지의 주인들이 소외되고 단순히 복지 서비스의 고객으로 전락한다면, 그 정책은 실패하거나 왜곡될 가능성이 높다. 일찍이 독일의 사회철학자 하버마스가 복지국가를 실현하는 과정에서 "자유 보장과 자유 박탈의 양면성"을 지적한 것이 바로 이 대목이다. 사회·경제적 약자들을 보호해 더 많은 자유를 주겠다면서, 그들의 '목소리'가 자유롭게 소통되고 사회·정치적 합의에 이르는 과정을 간과한다면 오히려 자유가 줄어드는 결과를 낳을 수 있다는 경고였다. 그래서 복지정책은 시혜적인 관점이 아니라 주체의 관점에서 사고해야 하며, 복지의 수혜자이자 주체인 사회·경제적 약자들이 자유롭게 '표현'할 수 있는 권리의 보장이야말로 복지정책의 중요한 선행조건이다. 즉, 복지의 구체적인 결과물도 중요하지만, 권리의 주체들이 자신의 절절한 목소리를 자유롭게 내고 그 과정을 통해 여론이 형성되고 의견이 집약되어 정책으로 구현되는 과정이 반드시 전제되어야 한다는 것이다.

예컨대 비정규직 노동자의 권리를 보장하는 것도 중요하지만, 비정규직 노동자가 자유롭게 표현할 수 있는 권리를 부차적인 문제로 취급해서는 안 된다. 반값등록금으로 학생들의 부담을 덜어주는 것도 중요하지만, 학생들이 대학 문제에 대해 자유롭게 말할 권리가 경시될 수는 없는 일이다.

복지가 절실한 사람들의 절절한 목소리에 귀를 틀어막고 있는 사람들이 말하는 복지의 실체가 무엇인지 궁금하다. 사회·경제적 약자들의 목소리를 외면한 채 국가가 선물 주듯이 제공하겠다는 식의 복지의 실체 말이다.

때문에 우리의 경우 더 많은 복지와 단호한 경제민주화도 좋지만, 그것을 주장할 민초들의 '입'을 틀어막는 것에 주의해야 한다. 먹고 살기가 어려워서 거리로 내몰린 사람들이 인터넷에서 자유롭게 떠들고 청와대 앞에 가서 자신의 불만을 마음껏 이야기할 수 있는 바로 그 '자유'가 필요한 것이다.

6. 영화 〈인터뷰〉와 해킹 및 표현의 자유

〈그림 61〉 영화 인터뷰

영화 소니 픽처스가 북한의 김정은을 풍자한 영화 '인터뷰(The interview)'를 개봉한 가운데 상영관을 찾는 관객들로 영화는 매진 사례를 기록하고 있다고 월스트리트저널(WSJ)이 2014년 12월 25일(현지시간) 보도했다. 소니사가 북한의 최고 존엄을 모욕하는 영화 〈인터뷰〉를 제작하자 곧바로 북한의 거센 반발이 있었고 소니사의 중요한 재산이 외부로 유출되는 정체불명의 응징이 있었다. 북한의 이러한 태도는 자유민주주의적 가치 안에서 합리적 비판이나 풍자를 수용하지 못하는 북한의 한계를 보여준 것이다. 북한이 영화 〈인터뷰〉의 제작사 소니에 대한 사이버테러를 감행한 것이나 대북 전단에 시비를 거는 것은 자유민주주의의 근본 가치인 표현의 자유와 언론자유에 대한 무지에서 나오는 것이라고도 할 수 있다. 미국의 경우 소니에 대한 사이버테러를 미국의 표현의 자유에 대한 북한의 모욕이라고 단정하였다.

하지만 북한 주민 역시 많은 사람들은 모욕감을 가질 수 있다. 즉 김정은에게 불만이 많겠지만 그래도 일종의 세뇌교육을 통해 김정은을 신성시하고 위대한 권위 있는 존재로 여겨온 북한 주민들에게 그 영화는 상당한 모욕감을 줄 수 있는 것이다. 다시 말해서 당과 수령에 대한 충성심과 배신자에 대한 응징의 도덕성이 강한 북한, 위계서열적 질서 속에서 수령의 권위가 절대화되는 사회 속에서 그런 영화는 많은 북한 주민들에게 존경과 두려움의 대상을 모욕하고 북한을 모욕했다는 느낌을 줄 수 있을 것이다. 물론 미국 정부는 영화사 소니 픽처스 해킹 사건에 대한 책임을 물어 북한에 제재조치를 취한 가운데 마이클 대니얼 미 백악관 사이버안보 조정관은 이번 사건이 표현의 자유라는 미국 핵심가치 중 하나에 대한 공격이었다고 지적했다.

7. 성희롱 문제의 공론화와 명예훼손의 문제[13]

P대학 성희롱 사건은 성희롱 가해자의 잘못이라기보다는 국내 대학에서 실효성 있는 규제가 이루어지지 못했기 때문에 그런 참혹한 결과가 이루어졌다고 할 수 있다. 또한 성희롱 문제를 해결해 나가는 데 있어서 얼마나 공론화 과정이 중요하며 설득의 과정이 중요하다는 것을 보여준 사건이었다. 사실은 그런 공론화과정을 통해 교수들의 제 식구 감싸기인 3개월 경징계가 철회되고 성희롱 가해자가 학과로부터 퇴출되기도 했던 것이다. 맥키넌이 강조했듯이 법·제도

---

13) 부산대학교 자유게시판, 2012년 4월 14일, 작성자 최용성.

개혁을 통해 성희롱 가해자에 대한 실효성 있는 제재도 중요하지만 그와 함께 하버마스(J. Habermas)가 강조하듯이 공론영역에서 사회 구성원이 상호이해의 폭을 넓혀나가는 방안 역시 빨리 고려되어야 했던 것이다. 공론화과정을 통해 모든 대학 내 구성원들이 성희롱에 대해 깨어 있고 학생과 여성들의 인권들에 대한 민감한 대학사회가 되도록 노력하는 것 역시 빨리 시도되어야 했던 것이다. 또한 진정한 학생과 여성의 인권, 공익을 추구하는 이런 사건을 단순히 명예훼손으로 걸어서 빠져나가려는 퇴영적 실천은 제발 대학사회에서 없어져야 할 사안인 것이다.

그러므로 국민의 알권리, 공적 관심사, 표현의 자유와 관련하여 성희롱 후속 조치와 관련해서 공론화한 것은 필요한 조치였다. 공인이 된 대학교수에 대한 징계심사가 적절하지 못했고, 올바른 징계가 필요하다는 부분에 대한 공론화는 올바른 결정이었다. '공익성'이라는 것이 반드시 국가나 사회전체의 이익에만 국한되지 아니하고 특정한 사회집단이나 그 구성원전체의 관심과 이익에 관한 것도 포함되는 것이었고, 그 범위 또한 피해자와 상관관계하에서 정하여지는 것이라면 대학교수의 제자 성희롱 사건에 대한 징계심사의 부당함 및 제2차 방지에 대한 조처를 요구하는 공론화는 공익성을 가진다고 할 수 있다. 특별히 권력관계에 의한 성희롱, 성폭력 행위에 대한 공론화는 당연히 공익성을 갖는다고 보아야 한다.[14] 따라서 공익을 위해서 한 일이기에 명예훼손의 위법성 조각사유에 해당된다고 할 수 있다. 학생 및 여성인권을 위해서 성희롱 징계를 다시 해 주고,

---

14) 박선영, "성폭력 사실의 공론화와 명예훼손", 『연구논문 法曹』, 2003, 7, (Vol.562), p.72.

2차 보호를 해 달라는 요구는 공익성 차원에서 충분히 입증될 수 있는 사안이라고 할 수 있다.

개인의 사생활보호가 제도적 언론의 표현의 자유보다 넓게 보장되는 미국에서도 직장과 학교에서의 성희롱과 가정폭력에 대한 공론화는 명예훼손의 대상이 되지 않고 있음을 유념해 보아야 하며,[15] 우리나라에서의 판례도 명예훼손이 되지 않는 것임을 유념해야 할 것이다.

명예훼손을 제기한 자는 대학교수로서 공인이었고, 또 관련 사안, 왜곡된 징계심사에 대한 사안과 관련된 사람이었다. 또 발언내용이 공적 관심사에 대한 것이었다. 또한 피해당사자가 계속 책임 있는 조치를 취하지 않고, 도피를 함으로써, 명예훼손적 표현의 위험을 자초한 사안이었다. 그래서 공공성과 사회성을 갖춘 알권리의 대상으로서 여론 형성에 기여하는 것이었다고 할 수 있다. 특별히 성희롱 가해자들이 명예훼손이나 무고죄로 고소하는 것은 법의 이름으로 피해자를 끊임없이 괴롭히고자 하는 악의적인 일인 동시에 타인의 재판받을 권리를 침해하는 행위로서 마땅히 억제되어야 할 것이다.[16] 또한 이것은 사이버 명예훼손이 아니다. 사이버명예훼손은 가상공간에서 벌어지는 사이버스토킹, 예컨대 인터넷상에 다른 사람의 피해자의 사진이나 이름을 게시하거나 인적사항을 도용해 타인의 이름으로 음란채팅을 하거나 피해자에게 직접적인 음란채팅을 하게 하는 사례 등을 막기 위하여 형법상의 명예훼손죄과는 별도로 2001.7.1.자로 정보통신망이용촉진 및 정보보호 등에 관한 법률(이

---

15) Ibid., p.76.
16) Ibid., p.86.

하 '망법'이라 함에 도입된 개념 127)로서 일반 명예훼손죄보다 가중처벌하고 있다. 하지만 일반 명예훼손과 마찬가지로 사이버 명예훼손도 '발언의 전체적인 내용과 발언동기·경위 시기 및 목적 등에 따라 종합적으로 공익성을 평가해야 한다.'17) 공개의 목적과 경위, 시기, 동기 등을 살펴볼 때, 이 사안은 사이버 명예훼손죄에 해당되는 것이 아닌 것이다. 또한 우리 대법원은 비방의 목적에 대해서 "인간의 행위와 동기가 복잡하므로 다소 피해자를 비방할 목적이나 사익을 위한 것이 숨어 있더라도 그 주요한 동기가 공공의 이익을 위한 것이면 명예훼손이 되지 않는다"18)고 판시하고 있다.

가상공간에 이러한 사실을 올린 것은 공익을 위해서 한일이기에 명예훼손의 위법성 조각사유에 해당된다고 할 수 있다. 물론 2001년 7월 1일자에 만들어진 정통망법의 명예훼손은 가중처벌이 되는 것으로 되어 있다. 하지만 그 사실은 타인의 인적사상을 도용해 비방할 목적으로 한 것이 아니다. 적어도 사이버 명예훼손을 판단하려면 내용과 발언동기, 경위, 시기, 모적 등에 따라 종합적으로 공익성을 평가해야 한다. 한마디로 말해서 적시한 사실이 공공의 이익을 위한 것일 때에는 특별한 사정이 없는 한 비방의 목적은 부인한다.

따라서 가상공간에서 여성의 성폭력 문제의 실상을 알리고 대책 마련을 위해 신상을 공개한 것은 그 자체가 명예훼손이 될 수 없다. 결국 한 마디로 말해서 적시한 사실이 공공의 이익에 관한 것일 때에는 특별한 사정이 없는 한 비방의 목적은 부인19)되어야 한다고 볼

---

17) Ibid., p.74.

18) 대판 1996.8.23. 94도3191; 1989.11.4. 89도 1744.

19) 대판 2000.2.25. 98도 2188.

때, 가상공간에서 대학에서 제2차 징계심사 요구 및 2차 피해자 방지 요구(기타 여러 사항)는 그 자체가 명예훼손이 될 수 없는 것이라고 할 수 있다.

XI. 전자민주주의의 현실과 타자에 대한 공감, 소통, 배려의 윤리

1. 전자민주주의의 현실과 이념 양극화된 인터넷 공간

인터넷 공간에서 또는 전자민주주의의 공간에서 이성적이고 합리적인 소통은 가능할까? 의사소통적 합리성을 강조하는 하버마스(J. Habermas)류의 통찰이 제공될까? 그렇지 않을까? 그렇지 않을 가능성이 크다. 도덕심리학자이나 사회적 직관주의자인 조너선 하이트(J. Haidt)는 도덕적 추론 이전에 도덕적 직관이 작용한다고 했다. 보수의 경우 배려/피해, 자유/압제, 공평성/부정, 충성심/배신, 권위/전복, 고귀함/추함의 6가지 경향을 고루 가지지만 진보는 배려/피해, 자유/압제, 공평성/부정의 직관적 경향성이 매우 강하다고 한다. 하이트 교수에 따르면 그 이유는 사람이 무엇에 대해 판단할 때 이성보다는 태어남과 동시에 가지고 있는 여섯 가지 본능적 직관 혹은 직감에 의해 바로 판단하기 때문이라고 한다. 이성은 직감이 먼저 판단한 것을 나중에 왜 그 판단이 옳았는지 밝혀내는 쪽에 주로 이용된단다. 그래서 의견이 다른 사람을 만나 이성적인 언어로 아무리 설득을 하려고 해도 설득이 되지 않는 이유가 여기에 있다고 한다.

이런 측면에서 우리는 보편성으로 가능한 합리성의 추구가 쉽지 않음을 알 수 있다. 하이트는 우리는 우리가 생각하는 것보다 훨씬 더 감정적인 존재라는 것을 강조했다고 할 수 있다. 우리가 합치를 추구하고 이성적 합의를 설득을 통해 이룩할 수 있다는 것은 환상일 수 있는 것이다. 왜냐하면 조너선 하이트는 사람은 모종의 유전자 조합으로 말미암아 미리부터 진보주의적 성향 또는 보수주의적 성향을 갖고 있다고 한다. 예컨대 진보주의자들은 신기감, 다양성 등에 특별한 만족을 느끼고 위협의 신호에는 덜 민감하게 만들어져 있고, 이들의 삶에서 발달하는 성격적 적응과 삶의 서사는 무의식적으로, 그리고 직관적으로 진보 정치 운동의 장대한 서사에 친숙하다고 한다.[20]

반면에 다른 유전자 조합으로 정반대 구성의 뇌를 가진 사람들은 보수의 장대한 서사를 잘 연상시키거나 친숙하게 된다고 한다. 이렇게 장대한 거대 서사가 다른 사람들이 정치적 쟁점에 대해, 특별히 우리나라의 보수와 진보가 인터넷에서 서로에 대해 공감하거나 개방성을 갖기가 서로 어려울 수 있다. 합리적 이성에 대한 일치 이전에 서로가 가지고 있는 거대서사가 다르고, 프레임과 도덕 매트릭스가 다른 것이다.

때문에 정치적 쟁점에서 자신은 보편성 합리성을 추구한다고 확신할지라도 사실은 어떤 서사, 프레임, 도덕 매트릭스의 영향 속에서 사람들은 자신의 도덕적 직관과 도덕 메릭스트와 함께 작용하는 장대한 서사가 옳다고 확신하게 된다. 이념적으로 양극화된 분열을

---

20) 조너선 하이트, 왕수민 역, 『바른마음』(서울: 웅진지식하우스, 2014), p.552.

상시적으로 겪고 있는 한국 사회에서 '나'의 직감과 '그들'의 직감은 공감받지 못한 채 서로의 정당성 주장과 논쟁을 통해 설득시키고자 하는 공론장은 합리적 의사소통이 이루어지는 공간이 아닐 수 있다.

하버마스와 같이 합리성, 의사소통적 합리성을 강조하는 이들은 우리들의 의견 불일치를 이상적 담론이나 설득의 상황을 만들지 못했기 때문이라고 가정하면서 의견수렴을 강조하겠지만 사실은 현실적으로 용이하지 않을 수 있다. 진보주의자와 보수주의자들은 서로 다른 서사와 도덕 매트릭스를 갖고 있기 때문이다. 진보주의자들의 경우 충성심, 권위, 고귀함 기반을 도덕성과 관련시켜 이해하기가 어렵다. 예컨대 이전의 나꼼수의 김용민이 표현의 자유를 누리되, 하늘 무서울 줄 모르는 듯한 권위파괴적 발언을 했을 때, 충성심과 권위 기반의 보수 우파들은 김 씨에게 분노하였고, 보수 우파는 결집하였다. 대통령에 대해선 미국인도 '시민종교의 최고성직자'로 여겨 함부로 하지 않는다고 버지니아대 조너선 하이트 교수는 지적했지만[21] 권위를 무시하는 듯한 진보적 발언들은 싸가지 없는 진보로 낙인찍히고 나꼼수를 격상시켰던 친노(친노무현) 세력은 표를 잃게 되었던 것이다.

만약 진보가 억압당하는 이들의 편에 서서 권위를 문제시할 때에도 겸허하고 겸손하게 다가서지 않는다면 보수의 민심을 얻기는 쉽지 않다. 이미 서로가 공감되지 않는 상황에서 자신의 입장을 보다 오만하게 개진한다면, 서로를 악마화하거나 자신의 잘못에 대해 눈 멀거나 자신의 서사를 통해 뭉치는 데 혈안이 되어 있다면, 인터넷

---

21) Ibid., p.306.

공간은 서로의 직관이 다른 공간에서 자신의 직관에 어긋나는 타자의 논리를 비판하고, 타자가 주장하는 논리에 대해서는 자신의 직관을 따라서 빠져나갈 구멍을 찾는 공간이 될 수밖에 없을 것이다.[22]

2. 영화 〈국제시장〉에 대한 보수와 진보, 일베와 오유의 공론장 반응

〈그림 62〉 영화 국제시장

영화 <국제시장>은 한국전쟁 당시 흥남부두 철수와 파독 광부, 월남 파병 등 한국 산업화 시대의 주요 사건을 통해 어려운 시대 속에서도 열심히 일했던 아버지 세대에 대한 추억과 나라를 위했던 충성과 애국심, 그들의 권위에 대한 인정, 가족의 가치 등을 담고 있

---

22) Ibid., p.110.

다. 이런 이야기에 대한 공감은 세대를 아우르지만 어느 정도 보수주의자들이 더욱 공감하는 듯하다. 그래서 현대사의 질곡을 온몸으로 받아내는 아버지의 이야기를 보수진영과 일베는 더욱 홍보하는 경향성을 보였다. 특히 보수언론들이 노골적으로 영화 홍보에 나서고 있는 것 같다. 한국 근현대사를 다루는 영화가 나올 때마다 '좌파 사관', '수정주의 사관'에 기댔다면서 항상 비판자 입장에만 섰던 보수진영이 이번에는 더할 나위 없는 '휴먼 드라마'라면서 극찬을 아끼지 않고 있는 것이다. 산업화시대의 의미 있는 소재들, 즉 흥남 철수와 부산 피난으로 대변되는 '한국 전쟁', 파독 광부와 월남전으로 상징화된 '산업화' 서사가 중심이 된 이 영화에 대해 인터넷 공간의 '일베'까지 가세하면서 '국제시장'이 특정 이념을 대변하는 영화로 알려져 갑론을박이 되었다.

일베의 경우 2014년 12월 26일 현재 영화 <국제시장>과 관련한 글이 1,500여 개나 올라와 있게 되었다. 진보적인 사이트인 오유의 경우 <국제시장>에 대해 적대적인 글을 거의 없었지만 그렇게 호의적으로 평가하지 않는 글도 제법 있었다. 대신에 일베의 경우 일베의 성향과 맞지 않는 이들을 비하할 의도로 사용되는 '좌빨', '좌좀' 등의 단어를 섞어 가며, 국제시장이 극우 성향에 제대로 부합한다는 내용으로 채워져 있었다. 보수언론들 역시 국제시장 홍보에 적극적으로 나서는 분위기다. 한 예로 조선일보 인터넷판(news.chosun.com)은 25일자 '鄕愁(향수) 섞인 건강한 보수 코드가 통했다'라는 제목의 기사에서 국제시장을 두고 '탈정치화, 보수화 경향을 보이는 사회 분위기와 만나 흥행 시너지를 일으킨 셈'이라고 적고 있다.

〈그림 63〉 아버지, 애국심을 강조한 보수주의적 영화 국제시장

관련하여 진영논리가 강화되었고, 국제시장과 대비되는 영화인 <변호인>, <부러진 화살>, <1985년 남영동> 등의 영화가 다시금 대조되었다. 이들 영화의 공통점은 정권을 부정하는 내용과 오욕으로 점철된 현대사를 영상에 담았다는 것이다. 이를 통해 진보적 서사, 즉 기존의 사회가 폭압적이고, 공평하지 못했으며, 억울한 사람들이 고통을 받았지만 그러한 폭압과 인권유린을 없애려는 의미 있는 투쟁과 노력이 있었다는 진보적 서사가 대비되기도 하였다. 영화 <변호인> 등의 경우도 <국제시장>처럼 우리가 잊고 있었던 과거의 기억을 현재로 끄집어냈는데, 산업화 시대보다 민주화 시대의 기억을 끄집어냈다고 할 수 있다.

〈그림 64〉 영화 변호인

　그런데 산업화 시대와 민주화 시대의 기억을 서사화하고 공감과 소통을 가져오는 것, 다소 진보적인 서사와 보수적인 서사 모두 우리가 가지고 있는 거대서사라고 생각해 볼 때, 너무 이념적 잣대로 보는 것은 문제가 있다고 할 수 있다.

3. 논리적 대화 이전에 인터넷상의 공감대화와 배려

　종종 일베나 보수를 보는 진보는 논리적인 설득이 통하지 않는 보수를 이해하기 어렵다. 그래서 야유하고 조롱하고 힐난하며, 분노와 증오의 언어로 공격하기도 한다. 하지만 이런 태도는 보수에게 진보는 잘난 체하는 지식인 정도로 여겨질 수도 있다. 예컨대 국가보안법과 관련된 진보지식인들의 인권 침해, 법규 남용 소지에 대한 주장들은 남북 대치 상황에서 국가안보나 애국주의에 반하는 또는 충성스럽지 못한 주장, 단결력을 해치는 배신의 주장으로 생각될 수 있는 것이다. 종교적 신념 등에 따른 병역 거부 역시 분단 상황에서 애국주의와 충성심에 반하는 시기상조의 주장처럼 느껴진다고 할 수 있다.

집회와 시위의 부분에 있어서도 보수주의자들은 권위를 중요시 여기기 때문에 질서유지와 혼란 방지를 심각하게 고려하며, 결사와 표현의 자유 보장을 위해 집회와 시위를 제한 없이 허용하는 것을 반대한다. 사회질서 유지를 위해 필요하다면 제한해야 한다는 이런 입장은 정치에서 진보보다는 보수에 의해 훨씬 손쉽게 이용될 수 있는 도덕성 기반이기도 하다. 진보의 경우 위계질서, 불평등, 권력에 맞서는 것을 자신들 본연의 특성으로 삼기 때문이다.[23]

또한 종종 진보에서는 순결이라는 덕을 시대에 뒤떨어진 성차별주의적 발상으로 치부하지만 종교적 우파에서는 이를 중요시한다. 뿐만 아니라 생명의료윤리의 문제나 낙태의 문제 등에 있어서 순결과 고귀함, 신성의 차원을 보수가 중요시함을 보여준다. 진보의 경우 성적 소수자(동성애자)의 문제에 있어서 권리를 인정하고 법적, 제도적 보장을 선호하나 보수의 경우 가족 및 사회 그리고 신성함의 근간을 흔드는 해악으로 본다는 것을 잘 살펴야 한다.

이런 차원에서는 진보와 보수는 선악의 이분법 구조나 흑백논리

---

23) Ibid., p.271.

에서 속히 벗어나야 한다고 볼 수 있다.[24] 또한 진보주의자들은 보수주의자들이 중시하는 순결이나 애국심, 권위 같은 덕목이 왜 덕목인지 이해할 필요가 있다. 비록 진보주의자들이 다른 사람에 대한 연민이나 동정심에서 보수주의자보다 강한 측면이 있지만 보수주의자들도 연민이나 동정심이 무엇인지는 안다. 하지만 진보주의자들이 보수주의자들보다 약한 사람들을 돌보는 데 더 관심이 많고 다른 세상과 다른 사람들을 생각하는 데 더 열린 마음을 가진 것은 사실이지만 자신과 다른 도덕적 가치를 가진 사람들에 대한 이해력은 더 떨어질 수도 있다. 이런 부분들을 개선해야 하는 것이다. 어쨌든 보수와 진보의 정치적 성향은 타고난 성격과 자라온 환경에 따라 결정되기 때문에 논리를 가지고 상대방을 설득하기가 어려울 수 있다. 하지만 민주주의는 의견 일치를 이루기 위한 제도가 아니며 완벽한 합의에 도달하는 것이 목표도 아니다. 민주주의는 서로 동의하지 못하는 사람들이 함께 사는 방식이다. 그러므로 보다 열린 개방성과 공감하려는 태도, 타협의 정신이 필요할 것이다.

---

24) 고재학, "보수의 언어, 진보의 언어", 『한국일보』, 2012년 12월 30일자 참조.

4. 레스트의 4구성요소 모형을 통한 정보윤리교육 프로그램의 개발과 평가

Ⅰ. 서론

1. 연구의 필요성 및 목적

오늘날의 시대를 정보화시대라고 한다. 하지만 아직까지도 정보화 시대에 걸맞은 윤리의식과 규범이 정착되어 있지 않는 문제점이 있으며, 정보윤리교육 프로그램의 개발과 적용에 있어서 보다 나은 체계성과 대안적 개발이 요청되고 있다. 때문에 본 연구는 정보윤리교육 프로그램에 대한 개발과 적용에 있어서 정보윤리교육 프로그램 평가라는 차원에서 보다 체계성을 갖고 접근을 시도하고자 한다.

본 연구는 정보윤리교육의 모형을 적용하고 평가함을 통해 이를 검증하려는 연구이다. 때문에 본 연구는 대학생을 대상으로 한 정보윤리교육의 측정과 평가를 시도하되 이를 도덕성 발달과 접맥시키고 있다. 다시 말해서 대학생을 대상으로 한 정보윤리교육을 시도해

보고 이를 레스트(J. R. Rest)의 도덕성의 4구성요소 모형에 근거하여 정보윤리의식 및 정보윤리행동의 심리적 과정을 분석하고, 정보윤리교육 프로그램의 네 가지 구성요소를 추출하였다. 네 가지 구성요소는 정보윤리 감수성, 정보윤리 추론능력, 정보윤리 동기화, 정보윤리 행동실천력이며, 이들은 정보윤리 행동 표출에 필요한 네 가지 심리적 과정이자 요소가 된다. 도덕성에 관한 가정에서 레스트의 DIT보다는 보다 중요한 이론의 발전을 보여준 4구성요소 모형을 활용한 이유는 레스트의 4구성요소 모형이 도덕성에 대한 다른 연구 전통들을 하나의 그림으로 통합시키고자 하는 노력으로 만들어진 것이라고 판단했기 때문이다.

본 연구자는 레스트의 도덕성의 4구성요소 모형에 입각하여 정보윤리교육을 다양하게 실시한 후 네 가지 요소들을 발달시키는 과정들을 적용 및 검증하는 과정을 거치고자 했다. 또한 이러한 네 가지 요소들을 발달시키는 것이 정보윤리교육의 교육목표라고 보았다. 이러한 정보윤리교육의 교육목표를 기준으로 하여 과연 대학생을 대상으로 하는 현재의 정보윤리교육의 효과성까지 측정하고자 하였다. 위와 같은 방향으로 진행될 본 연구가 가지는 의의는 다음과 같다.

첫째, 본 연구는 정보윤리성의 행동 표출의 심리적 과정에 기초를 둔 정보윤리교육 모형에 기초를 두고 프로그램을 개발한다는 점에서 의의가 있으며, 기존의 사회화 중심의 정보윤리교육 모형과는 차별화된다. 기존의 정보윤리교육 모형은 정보윤리성의 도덕성발달과의 관련성을 제대로 설명해 주지 못하고 있다.

둘째, 본 연구는 정보윤리성 표출에 관련되는 네 가지 심리적 과정을 모두 다루었다는 점에서 의의가 있으며, 기존의 연구와는 차별화되었다. 기존의 연구에서는 네 가지 구성요소 모두를 다룬 연구가 드물었고, 네 가지 구성요소 중에서 한두 가지 요소만을 다룬 경우가 대부분이었다.

셋째, 본 연구에서 사용한 교육방법은 4구성요소 중 두 번째 요소에 초점을 둔 행동선택의 이유 추론 중심의 딜레마 토론 수업이 아니라 행동선택의 이유 추론과 더불어 정보윤리성에 대한 감수성과 정보윤리성에 대한 동기화, 정보윤리성의 실천력이라는 네 가지 요소를 모두 자극하는 토론용 질문을 사용하는 딜레마 토론 수업을 한다는 점에서 기존의 딜레마 토론 수업과 차별화된다.

넷째, 본 연구는 심리학의 이론적 모형에 기초한 정보윤리성 프로그램 개발 연구라는 점에서 의의가 있다.

2. 연구목적

본 연구는 대학생들을 중심으로 해서 정보윤리성 프로그램을 개발하여 적용하고 프로그램의 효과의 타당성을 검증하는 데 목적이 있다. 본 연구의 연구문제를 보다 자세히 진술하면 다음과 같다.

첫째, 대학생 정보윤리교육을 위한 프로그램은 어떻게 구성되어야 하는가?

둘째, 정보윤리 프로그램의 효과의 타당성이 있는가? 과연 정보윤리성 프로그램 처치 후 정보윤리감수성 발달에서 실험집단은 비교집단에 유의미한 차이가 있는가?

셋째, 정보윤리성 프로그램 처치 후 정보윤리성 추론 능력의 발달에서 실험집단은 비교집단과 유의미한 차이가 있는가?

넷째, 정보윤리성 프로그램 처치 후 정보윤리성에 대한 동기화의 발달에서 실험집단은 비교집단과 유의미한 차이가 있는가?

다섯째, 정보윤리성 프로그램 처치 후 정보윤리 행동의 실천의 발달에서 실험집단은 비교집단과 유의미한 차이가 있는가?

Ⅱ. 이론적 고찰

정보윤리성과 도덕성과는 어떤 관계가 있다. 정보윤리성은 개인윤리적 관점, 즉 개인적인 특성으로서의 자아개념(Ego Strength)과 역할갈등(Role Conflict) 등의 요인을 중시할 필요가 있으며,[1] 개인적 도덕성을 강조하는 콜버그(L. Kohlberg)의 인지적 도덕발달이론(Cognitive Moral Development Theory)이나 레스트의 이론을 중시할 필요성도 있는 것이다. 물론 정보윤리에서 있어서의 개인적 측면만의 강조는 사회적이고 상황적인 특성을 간과할 수 있고, 사회제도적이고 조직적 측면만의 강조는 개인적 특성을 무시하는 한계를 가진다. 그러므로 개인적이고 사회적인 모든 측면을 고려하는 연구부정행위의 영향요인과 정보윤리성을 고려해야 하지만, 개인적인 측면의 연구 역시 필요한 것이다.[2]

따라서 작금에 대학에서 요구되어지는 정보윤리교육의 핵심적인 영역에 대한 보다 개인적인 도덕성발달의 측면을 살필 필요가 있다

---

1) E. Eisenberg, "Emotion, regualtion, and moral development", *Annual Review of Psychology*, 51(2000), pp.665-697.

2) L. K. Trevino, G. R. Weaver and S. J. Reynolds, "Behavioral ethics in organizations: A review", *Journal of Management*, 32, 6(2006), pp.951-990.

고 하겠다. 정보윤리성이 도덕성과 어떤 상관관계가 있는지를 분석하고 연구하기 위해 콜버그의 6단계 발달모형에 입각해 있는 레스트의 도덕판단측정도구인 DIT(The Defining Issues Test)를 활용하고자 하였다. 이를 위해 정보윤리교육과 전문직 윤리의 영역에 해당하는 과목의 수강자들에게 계열별로 도덕판단력검사(DIT)를 실시한 후 계열별 차이성을 검토해 보았다. 학생들의 도덕판단 발달과 정보윤리성과의 관련성을 살피기 위해 DIT의 P-점수(P-Score: Principled morality score)를 측정하고자 한다. 이를 통해 학부생의 평균적인 P-점수를 밝히되 정보윤리성과의 관련성을 살피고자 하였다.

본 연구에서 이론적 기초로 삼고 있는 피아제(J. Piaget)의 전통을 이어받은 인지발달론적 관점에서는 도덕성의 발달기제인 인지적 비평형화와 동년배 집단의 교류가 활성화되어야 한다고 본다. 그리고 이 두 가지 기제가 잘 작동하도록 설계된 수업이 바로 딜레마 토론수업이라고 본다. 레스트의 표현을 빌리면, 도덕성이란 바로 '사람들이 서로의 복지를 위해서 어떻게 행동해야 할지를 알려주는 원리이자 안내'이다. 도덕성에 대한 인지론적 개념화는 도덕성이란 덕목이나 가치의 내용이 아니라, 이들이 다루는 형식이며, 한 사람의 도덕적 수준은 그가 어떤 가치와 덕목을 신봉하고 있느냐가 아니라, 여러 가치와 덕목을 다루는 논의형식에 달려 있다. 궁극적으로 이 논의형식은 정의에 대한 논의 능력이라고 할 수 있다.

도덕교육에 대한 인지발달론적 접근을 체계화한 콜버그에 의하면 도덕교육의 목적은 도덕적 사고 및 판단능력을 향상시켜 원리화된 단계의 판단능력을 획득하도록 자극하고, 이 능력에 일치하는 행동 경향성을 촉진시키는 활동으로 규정된다. 따라서 그는 행동 자체보다는 행동 선택의 이유, 즉 판단과정에 초점을 둔다. 다시 말하면, 콜버그의 전통적 입장에서는 도덕적 사고가 도덕행동의 중요한 매개 변인이며, 그 매개과정의 핵심은 주어진 상황에 대한 해석이다.[3]

따라서 도덕적 사고만 제대로 되어 있다면 그에 합당한 행동은 자동적으로 예견된다고 할 수 있다. 이러한 전통적 입장의 특색은 도덕적 사고와 행동의 단선적 관련에 관심을 가졌기 때문에, 이 두 변인에 대한 고려 이외에 다른 변인에 대한 고려가 없었다. 레스트는 DIT를 사용한 연구들을 종합 평론한 연구에서 도덕적 사고와 행동의 유의미한 관련을 보고한 바 있으며, 블라시(A.Blasi)는 종합 평론에 의하면, 검토된 75개의 연구 중에서 57개(76%)의 연구가 도덕적 사고와 행동 간의 유의미한 상관관계를 보였지만 그 관련성의 정도는 고작해야 공변량으로 보아서 50%를 초과하지 못하는 것으로 나타났다.[4] 즉 이들이 판단과 행동의 관계를 직선적 관계로 보는 것은 지나친 단순화였다고 판명이 된 것이다.

이러한 연구결과를 토대로 1980년대 들어와서, 콜버그의 입장으로 대표되는 초기 인지발달이론의 전통적 견해와는 달리, 도덕적 행동을 설명하는 새로운 모형이 제안되었다. 레스트가 보기에 인지발달론자들은 도덕적 가상 딜레마에 대한 의사결정의 정당화에 대한 문제만으로 연구의 폭을 제한함으로써 다른 측면을 무시한 측면이 있으며 도덕적 과정의 다른 부분(도덕행위에 따르는 심리적 과정들 중 도덕판단 이외의 과정들)을 통합하지 못한 점이 있었다는 것이

---

3) 문미희, 『예비교사를 위한 인권교육 프로그램의 개발과 적용』(서울: 한국학술정보, 2005), p.44.
4) Ibid.에서 재인용, A. Blasi. "Bridging moral cognition and moral action: A critical review of the literature", *Psychological Bulletin, 88,* pp.1-45.

다.5) 때문에 도덕성에 관한 연구를 실제 삶의 맥락에서 행동으로 옮길 수 있기 위한 방법론을 필요로 하였고, 현상의 복잡성과 많은 변인들 간의 상호관련성 그리고 그와 동시에 이루어지는 과정 등을 포함하는 도덕성 연구가 필요하였다. 때문에 인지발달 접근뿐만 아니라 사회학습·행동주의·정신분석학·사회심리학적 접근까지 모두 고려하는 다양한 도덕성에 대한 접근을 포괄하면서 레스트는 연구했는데, 도덕성의 여러 측면에 대해 다음과 같이 도덕행동을 결정하는 네 가지 심리적 요소를 제시하였다.

〈표 1〉 도덕행동을 결정하는 네 가지 심리적 요소6)

요소별	내 용
도덕감수성 (제1요소)	상황의 해석
도덕판단력 (제2요소)	특정행동이 도덕적으로 옳은지 그른지에 대해 판단
도덕동기화 (제3요소)	도덕적 가치를 다른 가치보다 우선시하는 것
도덕적 품성(제4요소)	마음이 흐트러지지 않고 용기 있게 행동에 옮김

레스트의 4구성요소 모형은 도덕발달이나 행동이 특정한 단일과정의 결과임을 부인하는 관점이며, 네 가지 요소와 과정이 상호작용을 한다고 하더라도 구별되는 기능을 가지고 있다고 보는 관점이다. 한 과정에서 대단한 재능을 보이는 사람이 다른 과정에는 부적합할 수 있다. 매우 식견 있는 판단을 할 수 있으나, 어떠한 행동도 뒤따르지 않는 사람이 있을 수 있는 반면, 엄청난 집착력과 끈기를 가지고 있지만, 판단은 단순한 사람도 있을 수 있는데, 이처럼 레스트는

---

5) J. R. Rest 편저, 문용린, 유경재, 원현주, 이지혜 공역, 『도덕발달 이론과 연구―도덕판단력, 행동, 문화 그리고 교육』(서울: 학지사, 2008), p.44.

6) Ibid., p.58.

도덕심리를 하나의 변수나 과정으로 설명하지 않는 관점을 취한다.[7]

또한 그는 리코나(T. Lickona)의 인격교육론에서 시도된 것처럼 도덕성의 기본요소를 인지, 정서, 행동으로 환원해서 설명하지 않는 관점을 취하는데, 도덕성연구에서 인지발달이론가들은 사고를 연구하고, 정신분석 심리학자들은 정서를 연구하며, 사회학습이론가들은 행동을 연구한다고 진술하는 것은 진부한 사고방식이라는 것이다. 즉 인지, 정서, 행동이 각각 독립된 발달 경로를 가지고 기본적인 과정들과 구별된 요소들이라고 추정하는 것도 진부한 것이며, 인지와 정서와 분리된 도덕행위도 없다고 할 수 있다.[8] 이런 점에서 레스트는 도덕성을 사고, 정서, 행동 등의 세 가지 영역으로 분류하는 전통적인 연구는 이들 세 가지 심리적 과정이나 요소들 사이에는 불확실한 관계가 있다거나 인지와 정서, 사고와 행동 간의 관련성을 밝히는 연구가 필요하다는 식의 제언으로 끝맺는 등 불만스러운 연구라고 보고 있다.[9] 때문에 레스트의 4-구성요소과정은 각각은 단지 하나의 관련이 아닌, 다른 종류의 인지-정서적 상호관계를 포함한다. 또한 4-구성요소들은 사람의 일반적인 기질이 아니라 도덕행위산출에 포함되는 과정들을 나타낸다는 점에 유의하면서 4-구성요소가 도덕적으로 이상적인 인간들을 만드는 네 가지 덕목을 나타내는 것이 아니라, 특정행위과정이 특정 상황맥락에서 어떻게 행하여지는지를 찾아내는 데 주요한 분석단위가 된다고 본다. 결국 4-구성요소는 특별한 상황에서 도덕행위를 유발하는 과정들의 총체를 의미한다.[10]

---

7) J. R. Rest 편저, 문용린, 유경재, 원현주, 이지혜 공역, 『도덕발달 이론과 연구-도덕판단력, 행동, 문화 그리고 교육』(서울: 학지사, 2008), p.25.

8) Ibid.

9) 문미희, op. cit., p.49.

이런 점에서 인지·정의·행동적 영역의 삼분법적 목표 설정에 의해 통합적 접근을 추구하는 방식은 도덕교육의 궁극적인 목표인 도덕적 행동의 표출을 가능하게 하는 심리학적 설명과 검증 및 평가를 제대로 제시할 수 없다는 한계를 가진다고 할 수 있기에 대안적 시도로서 레스트의 모형이 훨씬 더 적절성을 갖고 있다고 보인다.11) 때문에 본 연구에서도 연구윤리교육의 모형을 연구윤리에 대한 지식(인지적 영역), 연구윤리에 대한 가치·태도의 형성(정의적 영역), 윤리를 위한 실천(행동적 영역)으로 설계하는 연구윤리교육방안을 제시하지 않고, 정보윤리성의 네 가지 요소를 골고루 자극할 수 있는 경험을 토론용 질문을 통하여 제공하였다. 본 연구에서 개발한 연구윤리성 프로그램에서는 토론 전반부의 전체집단 토론 시간에 교사가 관련 딜레마 내용을 제시하고 토론 촉진용 질문을 하고 토론 후반부의 소집단 또는 협동학습 토론 시간에 4구성요소 발달 촉진 질문을 통하여 정보윤리의식의 네 가지 요소들의 발달을 자극한다. 구체적으로 말하면 정보윤리성 감수성 촉진 질문은 정보윤리 관련 사태를 지각하고 해석하는 경험하는 경험을 제공해 주고, 정보윤리성 추론 능력 촉진 질문은 연구윤리 옹호 행동방안을 추론해 보는 경험을 제공해 주며, 정보윤리성에 대한 동기화 촉진 질문은 정보윤리가치와 경쟁하는 다른 가치들 간의 중요성에 대한 논의경험을 제공해주며, 정보윤리행동 실천력 촉진 질문은 정보윤리 행동 실천과 관련된 성격적 특성에 대한 논의 경험을 제공해 준다.

한편 피험자들에게서 이러한 정보윤리성의 4구성요소가 발달해

---

10) J. R. Rest, *op. cit.*, 2008, p.26.
11) 정창우, 『도덕교육의 해법』(서울: 교육과학사, 2004), p.123.

가는데 작용하는 심리적 기제는 피아제를 비롯한 인지발달론자들이 도덕성 발달의 기제로서 주장하는 인지적 비평형화이다. 즉 동년배 집단 교류가 일어나도록 딜레마를 제시하고 4구성요소를 촉진하는 경험을 제공하는 질문을 통하여 연구윤리성 딜레마에 대하 토론을 전개함으로써 평형 상태에 있던 인지구조에 비평형 상태를 유발하여 4구성요소가 발달하도록 하였다.

그런데 레스트의 도덕행동의 4구성요소 모형에 기초하여 개발된 국내외 연구를 살펴보면 다음과 같다. 레스트의 4구성요소 모형을 적용하여 교육과정을 개발하고 실행한 대표적인 예로는 미네소타 대학교 치과대학12)과 간호대학의 전문가윤리 교육과정13)이 있다. 특히 베뷰(M. J. Bebeau)는 그동안 레스트의 도덕성의 4구성요소 모형을 기초로 치과대학의 전문가 윤리교육과정을 설계하고 실행했던 경험으로부터 교직윤리 교육과정을 개발하는데 도움이 될 만한, 4구성요소들을 발달시키는 수업전략을 소개하고 있다.14) 이 프로그램에서 2년차부터는 학생들이 치과대학이나 치과 의료 실제에서 일어나는 콜버그식의 윤리적 딜레마에 대한 추론을 전개한다. 딜레마들은 전문가 의무에서의 다양한 갈등을 제시하기 때문에 강의에서 배운 개념을 적용하는 기회를 갖는다. 학생들은 딜레마에 대한 추론을 글로 적어내며, 프로그램 지도자는 준거 체크리스트를 사용하여 학생

---

12) M. J. Bebeau, "Influencing the moral dimensions of dental practice", In J. R. Rest & Narvaez(Ed.), *Moral develoment in the professions: psychology and applied ethics*(pp.121-146)(Hillsdale, N.J: Lawrence Erlbaum Associates, 1994).

13) L. J. Duckett & M. B. Reden. "Education for ethical nursing practice", In J. R. Rest & Narvaez(Eds.), *Moral development in the professions: Psychology and applied ethics*(pp.51-70)(Hillsdale, N.J.: Lawrence Erlbaum Associates, 1994).

14) 문미희, *op. cit.*, p.76.

들의 추론을 평가한 점수를 부여한다.

한편 국내에서 개발된 전문직 도덕성 프로그램으로는 홍성훈의 의료윤리 교육 프로그램[15]과 김헌수와 손충기의 교직윤리관 확립을 위한 프로그램[16]이 있다. 홍성훈의 연구는 인지발달이론과 Rest의 4구성요소 모형에 입각하여 의과대학생들이 의료현장에서 겪는 윤리적 딜레마들을 영상자료로 제작하여 보여준 후 딜레마 토론 수업을 통하여 도덕적 민감성과 도덕적 추론 능력의 발달 효과를 검증하였다. 연구결과 홍성훈의 의료윤리 교육 프로그램은 의과대학생들의 도덕적 추론 능력을 발달시키는 데는 효과가 있었으나, 도덕적 민감성을 발달시키는 데는 효과가 없는 것으로 밝혀졌다. 이러한 결과는 이유 추론 중심의 딜레마 토론 수업이 도덕적 추론 능력을 발달시키는 데는 효과적이지만 정서적 요소가 결부되어 있는 도덕적 민감성을 발달시키는 데는 한계가 있음을 지적하여, 도덕적 민감성의 정서적 요소를 촉발시킬 수 있는 방법이 강구되어야 할 것으로 제안하고 있다.[17] 한편 문미희는 도덕적 민감성과 도덕적 추론 능력뿐만 아니라 레스트의 4구성요소 모형을 모두 적용하여 인권교육 프로그램의 개발과 적용을 시도하였는데,[18] 본 연구는 이 연구에 많은 시사를 받았으며, 정보윤리교육 프로그램 개발과 검증에 이를 적용하였다. 이러한 레스트의 4-구성모형을 토대로 해서 정보윤리교육 프로그램의 구성요소별 과제특성을 제시하면 다음과 같다.

---

15) 홍성훈, "의료윤리 교육 프로그램 개발 연구", 서울대학교 대학원 박사학위논문, 2000.

16) 김헌수・손충기, "교직윤리관 확립을 위한 프로그램과 그 효과", 『교육학연구』, 40(1)(2002), pp.55-83.

17) 문미희, *op. cit.*, p.78.

18) Ibid.

구성요소	과제 특성
정보윤리 감수성	정보윤리 관련 상황의 지각 주인공의 행동이 미치는 결과 예측 문제해결에 대한 책임 지각
정보윤리 추론능력	가능한 행동방안의 모색 정보윤리적 행동방안의 선택 정보윤리적 행동 방안의 선택 이유 추론
정보윤리가치에 대한 동기화	정보윤리가치와 여타 가치들의 비교 정보윤리가치의 선택 정보윤리가치에 기초한 의사결정
정보윤리 행동실천력	정보윤리 실천을 강화하는 성격 특성의 모색 정보윤리 실천을 방해하는 성격 특성의 모색 정보윤리 실천을 방해하는 성격 특성 극복방안 모색

Ⅲ. 정보윤리교육 프로그램 개발

본 장에서는 대학생을 대상으로 한 정보윤리교육 프로그램을 개발하기 위하여 구안한 정보윤리교육의 모형에 대하여 기술하고, 그 모형을 기초로 정보윤리교육 프로그램을 개발한 과정과 그 내용에 대해 기술하고자 한다.

1. 정보윤리교육 프로그램의 모형

본 연구에서는 정보윤리의식의 네 가지 구성 요소를 발달시킬 수 있는 정보윤리교육 프로그램 모형을 개발하고자 한다. 그런데 그 모형은 현실정을 고려해서 전공과목이나 교양과목 등 기존 대학 교과목에 통합되는 정보윤리교육 프로그램을 개발하고자 하였다. 또한 정보윤리의식의 네 가지 구성요소를 발달시키기 위해 동영상 활용 교육, 프레젠테이션을 동반한 강의식 교육 이외에 딜레마토론 수업 과 협동학습방법을 활용하여 프로그램을 진행하였다.

특별히 본 연구에서는 실험집단 외 참고비교집단의 경우 각 회기 마다 딜레마토론 시간 또는 협동학습시간에 4구성요소발달에 관계하 여 정보윤리 딜레마 내용과 촉진 질문을 통하여 정보윤리의식의 네 가지 요소들(정보윤리 감수성, 정보윤리 추론능력, 정보윤리에 대한 동기화, 정보윤리 행동실천력)의 발달을 자극할 수 있도록 하였다. 또 한 토론이나 협동학습에서 토론 전반부의 전체집단 토론시간에 토론 촉진용 질문을 통하여, 그리고 토론 후반부의 소집단 또는 협동학습 토론 시간에 4구성요소 발달 촉진 질문을 통하여 정보윤리의식의 발 달을 자극하고자 하였다. 전 질문지와 토론 후 질문지는 프로그램 참 여자들의 매 회기 정보윤리 감수성, 정보윤리 추론 능력, 정보윤리 동기화, 정보윤리 행동실천력을 촉진시키기 위한 대표적 질문들이다. 1번 문항은 정보윤리 추론 능력을, 2, 3번 문항은 정보윤리 감수성을 측정한다. 여기서 2번 문항은 정보윤리 감수성의 하위 요소인 상황지 각을, 3번 문항은 결과 지각을 측정한다. 4번 문항은 정보윤리가치에 대한 동기화를 측정하며, 5번 문항은 정보윤리 행동실천화를 측정한 다. 또한 이에 대한 각 문항별 정답을 제시하였다.

2. 정보윤리교육 평가 도구의 개발

본 연구에서 사용된 측정도구는 4가지이다. 정보윤리 감수성, 정보윤리 동기화, 정보윤리 행동실천력을 측정하기 위해서는 연구자가 개발하였으며, 정보윤리 추론능력을 측정하기 위해서는 도덕판단력 검사 DIT간편형를 활용하였다. 국내에서는 문용린이 번안한 세 이야기 간편형과 여섯 이야기 종합형이 주로 사용되고 있는데, 본 연구에서는 간편형을 사용하였다.

정보윤리성 감수성을 측정하기 위해 문용린의 일반용 인권감수성 검사[19]와 레스트의 것과 함께 문미희의 교직용 인권감수성 검사[20]를 참조하였다. 선행 연구들은 인권에 대한 연구이지만 이를 참조해서 검사의 내용이 정보윤리와 관련된 위반 사례를 이야기로 만들어 구성하였다. 이 검사는 정보윤리 감수성의 하위요소가 상황지각 능력, 결과 지각 능력, 책임지각 능력으로 구성되어 있다. 검사의 구조를 보면, 먼저 정보윤리 문제를 포함하고 있는 딜레마를 제시하고, 상황을 정보윤리관련 상황으로 지각하는지(상황지각), 어떤 결정을 내릴 경우 관련된 당사자에게 미치는 결과가 무엇인지(결과 지각), 그 상황에서 개인이 행동할 책임을 느끼는지(책임지각)에 대하여 세 개의 질문이 뒤따른다.

즉 채점은 정보윤리성 감수성 문항에 반응한 중요도 평정이 비정보윤리성 문항에 반응한 중요도 평정보다 더 높을 경우에만 정보윤리성 문항에 대한 평정치를 합산하여 정보윤리감수성 점수를 계산

---

19) 문용린, 『인권감수성 지표 개발 연구: 2002년도 인권상황실태 보고서』(서울: 국가인권위원회, 2002).
20) 문미희, *op. cit.,* p.78.

한다. 비정보윤리성 문항에 대한 평정치가 높을 경우에는 0점을 준다. 각 문항에 대한 정답반응은 <부록 3>에 제시되어 있다. 따라서 문항당 최저 0점에서 최고 5점을 받을 수 있고, 각 이야기당 세 질문 문항이 있으므로 한 이야기당 최고 15점을 받을 수 있다. 이 검사는 10개의 이야기로 구성되어 있으므로 최저 0점에서 최고 150점을 받을 수 있다. 본 연구에서 사용한 검사지의 전체 신뢰도(Cronbach'α)는 .86이었다.

정보윤리동기화 검사는 레슬러(A. G. Rezler)와 동료들의 전문가 의사결정과 가치검사[21]와 문희미의 것을[22] 참고로 하여 개발하였다. 본 연구에서는 정보윤리적 가치와 비정보윤리적 가치가 대립되어 있는 딜레마 상황에서 정보윤리적 가치를 선택하는 경향성을 측정하였다. 정보윤리적 동기화 검사의 이야기는 총 12개로 되어 있으며, 각 이야기가 제시된 다음에는 질문에 대하여 5점 척도로 반응하도록 되어있다. 5점으로 갈수록 정보윤리적 가치에 대한 동기화가 높은 것이다. 따라서 점수의 범위는 각 이야기당 5점 척도이므로 최저 0점에서 최고 60점의 범위에 이른다. 각 문항별 검사지는 <부록 4>와 같다. 본 연구에서 사용한 검사지의 전체 신뢰도(Cronbach'α)는 .77이었다.

정보윤리 행동실천력 검사는 셀톤(C. M. Shelton)과 맥아담스(D. P. McAdams)의 도덕성 예견검사(Visions of Morality Scale: VMS)[23]

---

21) A. G. Rezler, R. L. Schwartz, S. S. Obenshain, P. Lambert, J. McInGison & D. A. Bennahum. "Assessment of ethical decisions and values", *Medical Education, 26*(1992), pp.7-16.

22) 문미희, 『예비교사를 위한 인권교육 프로그램의 개발과 적용』(서울: 한국학술정보, 2005).

23) C. M. Shelton & D. P. McAdams, "In search of an everyday morality: The development of a measure", *Adolescence,* 25(100)(1990), pp.925-943.

와 문미희의 것[24]을 참고하여 개발하였다. 정보윤리 행동실천력 검사지는 <부록 5>와 같다. 본 연구에서는 20문항을 선택하여 사용하였으며, 5점 척도로 반응하도록 하였기에, 점수의 범위는 최저 0점에서 최고 100점의 범위에 이르도록 하였다. 본 연구에서 사용한 검사지의 전체 신뢰도(Cronbach'α)는 .85이었다.

3. 교수전략의 선정

  교수전략의 선정에는 기존에 정보윤리교육에서 활용했던 멀티미디어, 영화, UCC, 파워포인트 프레젠테이션 자료 등을 통해 부분적인 교수전략을 추진했으나 주로 콜버그의 딜레마 토론 수업모형과 협동학습에 기초하였다. 딜레마토론 수업모형은 딜레마 확인, 잠정적 입장의 진술, 추리의 전개, 각자 입장의 정립 등 4단계로 이루어진다. 딜레마 토론 수업의 모형의 첫 번째 단계는 딜레마를 제시하고 그것을 확인하는 단계이다. 두 번째 단계는 학생들이 주어진 딜레마에 대하여 잠정적인 입장을 정리하여 동료들에게 진술하는 단계이다. 이 단계에서 학생들에게 이야기에 나와 있는 도덕적 쟁점들에 대하여 생각해 볼 수 있는 시간을 주고, 자신이 견지하는 입장과 그 이유를 정리하여 동료들에게 발표하게 한다. 이 단계에서 토론 진행자는 중심인물의 행위에 대해 찬반이 적절하게 갈라지는지 확인한다. 이때 연구자가 나누어준 <토론 전 질문지>를 작성하여 제출하도록 한다.
  세 번째 단계는 학생들이 딜레마 상황에 대하여 실제로 토론을 하

---

24) 문미희, 『예비교사를 위한 인권교육 프로그램의 개발과 적용』(서울: 한국학술정보, 2005).

는 단계이다. 먼저 연구자가 준비한 <토론 촉진용 질문>을 중심으로 연구자가 전체집단 학생들 간의 토론을 진행하고 촉진하였다. 후반부에서는 두 번째 단계에서 회수된 토론 전 질문지 1번 문항에 대한 반응을 기초로 하여 학생들 간에 활발한 토론이 일어날 수 있도록 찬성하는 입장에 있는 학생과 반대하는 입장에 있는 학생들을 골고루 분포시켜 6명씩 5개 소집단으로 나누어 <4구성요소 발달 촉진 질문>에 대하여 소집단 토론을 하도록 하였다.[25] 토론 종료시간 10분 전에 토론한 결과를 소집단별로 대표 한 사람을 정해 발표하도록 하였다.

마지막 단계에서는 연구자가 각 소집단별로 발표 내용을 요약하여 정리해주고, 학생들에게 각자의 최종적인 입장을 정리하여 연구자가 나누어준 토론 후 질문지를 작성하여 제출하도록 하였다.

마지막 단계는 학생들에게 소집단 토론에서 들은 토론 내용들을 요약하거나, 동료들이 제시한 견해를 모두 들은 후에 자신의 최종적 입장을 진술해 보도록 하였다.

4. 토론과 협동학습을 위한 질문의 제작

연구자는 딜레마토론과 협동학습을 통하여 연구윤리의 4구성요소를 발달시키기 위하여 토론촉진용 질문 4구성요소 발달 촉진 질문을 준비하였다. 토론촉진용 질문은 토론 전반부의 전체집단 토론에서 사용하며, 그다음 후반의 소집단 또는 협동학습 토론에서는 전반부 토론을 기초로 4구성요소 발달 촉진 질문에 대하여 토론한 후 각

---

25) 문미희, *op. cit.*, p.152.

질문에 대하여 소집단의 입장을 정리하여 전체 집단에서 발표하도록 하였다.

〈표 3〉 토론 촉진 질문의 예

구성요소	과제 특성
주제관련 질문	정보윤리 관련 상황의 지각 주인공의 행동이 미치는 결과 예측 문제해결에 대한 책임 지각
결과관련 질문	가능한 행동방안의 모색 정보윤리적 행동방안의 선택 정보윤리적 행동 방안의 선택 이유 추론
역할관련 질문	정보윤리가치와 여타 가치들의 비교 정보윤리가치의 선택 정보윤리가치에 기초한 의사결정

토론촉진용 질문은 주제관련 질문, 결과 관련 질문, 역할 관련 질문으로 구성되었다. 구체적인 질문내용의 예를 제시하면 다음 <표 3>과 같다.

〈표 4〉 4구성요소 발달 촉진 질문

구성요소	과제 특성
정보윤리감수성 발달 촉진질문	위 이야기에서 어떤 문제가 발생하고 있습니까? 그중에서도 가장 중요하고도 심각한 문제는 무엇입니까?
정보윤리 추론 능력 발달 촉진 질문	위에서 확인한 중요한 문제를 해결하기 위해서는 어떻게 해야 한다고 생각합니까? 그 구체적인 해결방안은 무엇입니까?
정보윤리성에 대한 동기화 촉진 질문	위에서 마련한 해결방안을 실천하는 것과 경쟁하는 다른 매력적인 가치들은 없습니까? 있다면 그것은 무엇이겠습니까? 그렇다면 어떤 가치를 더 우위에 두겠습니까?
정보윤리성 실천력 발달 촉진 질문	위에서 마련한 해결방안을 실천하지 못하도록 하는 자신의 성격상의 특성이 있습니까? 그것은 무엇입니까? 그러한 성격적 특징을 어떻게 극복할 수 있겠습니까?

다음으로 토론과 협동학습 후반부에서 사용할 4구성요소 발달 촉진질문은 기존의 추론 능력발달에 초점을 둔 딜레마 토론 수업에서 시도했던 것을 넘어서 정보윤리 감수성, 정보윤리 추론 능력, 정보윤리 동기화, 정보윤리 행동실천력 모두를 증진시키기 위해 개발된 질문들로 구성되어있는데, <표 4>에 잘 나타나 있다.

Ⅳ. 정보윤리교육 프로그램의 적용

1. 연구대상

본 정보윤리교육의 프로그램의 적용과 효과 검증을 위한 연구대상은 원래 부산에 소재하는 3개 대학의 학생을 대상으로 하였다. 그리고 총 3개반 학생 92명의 정보윤리론 능력의 사전 사후 검사를 실시하였다. 그러나 레스트의 4구성요소에 따라 정보윤리 감수성, 정보윤리 추론능력, 정보윤리 동기화, 정보윤리 실행 능력이라는 4가지 요소의 사전사후 검사를 실시하고 정보윤리교육을 실제적으로 수행한 학교는 P 대학의 2개 반과 J 대학의 1개 반을 주 연구대상으로 하였는데, A반 31명을 실험집단에, B반 29명을 비교집단 Ⅰ에, C반 32명을 비교집단 Ⅱ에 배정하였다.

본 연구에서는 기존 강의에 정보윤리교육을 통합적으로 다루고자 하였다. 하지만 이러한 통합 모형이 실질적으로 쉽지는 않았다. 실험집단이 아닌 비교집단 Ⅰ의 경우 직업윤리교육에서 정보윤리교육을 통합하는 방식으로 적용하였기 때문이다. 실제 비교집단 Ⅰ의 경우 실제 교육 내용은 시간상으로는 오리엔테이션 수업기간을 빼고는 약 4주차 정도에 교육내용이 투입되었다.

2. 연구설계

본 연구에서는 기존의 교양과목에 정보윤리 관련내용을 첨가하는 방식이나 전공교과목의 정보윤리관련 내용을 첨가함으로써 통합을 꾀하는 방식을 취함으로써 정보윤리교육의 효과성을 측정해 보고자 하였다. 비교집단 Ⅰ과 비교집단 Ⅱ의 경우 모두 따로 신설된 정보윤리 과목이 아니었으며, 정보윤리 관련 내용을 첨가하는 방식으로 진행된 수업이었으며, 연구설계 단계에서 이를 염두에 두고 정보윤리교육의 효과를 검증하는 방식을 취하였다.

물론 연구설계에서 실험집단은 본 연구에서 개발한 정보윤리교육 프로그램을 처치하였다. 반면에 비교집단 Ⅰ에는 첫째 시간과 둘째 시간 그리고 다섯째, 여섯 번째 총 8시간(오리엔테이션 시간을 제외하고는)에 정보윤리교육을 실시하였다. 비교집단 Ⅱ는 정보윤리교육을 따로 실시하지 않았다.

실험집단에 실시한 정보윤리교육은 딜레마 토론과 협동학습 등 토론식 수업을 주로 실시하였으며, 비교집단 Ⅰ에서는 상대적으로 제한된 내용을 교육하였다. 실험집단과 비교집단 Ⅰ, Ⅱ 모두에 실험처치를 하기 전에 모두 사건검사를 실시하였고, 실험처치를 마친 후 모두 사후 검사를 실시하였다. 본 연구의 실험설계를 표로 나타내면 다음과 같다.

집단	실험설계	비고
실험집단	O1, X1, O2	O1: 사건검사 O2: 사후 검사
비교집단 Ⅰ	O1, X2, O2	X1: 본 연구에서 개발한 정보윤리교육 프로그램 처치 X2: 첫 시간, 둘째회기, 중간의 다섯째, 여섯째 회기에 걸쳐 정보윤리교육에 실시
비교집단 Ⅱ	O1, X3, O2	X3: 정보윤리교육 실시하지 않음

3. 프로그램의 실행

사전 검사는 실험집단과 비교집단 Ⅰ, Ⅱ의 92명을 상대로 2011년 3월 중 수업시간을 활용하여 실시하였다. 프로그램의 처치 역시 수업시간을 이용하여 본 연구자가 실시하였다. 실험집단과 비교집단 Ⅰ, Ⅱ의 경우 화요일 5, 6교시, 화요일 7, 8교시 그리고 월요일 3, 4교시에 실시하였다. 프로그램의 처치 기간은 실험집단의 경우 첫 시간에 연구윤리와 표절예방교육을 실시하면서 정보윤리교육에 관한 내용을 소개하였고 3월 달 4째 주 첫 시간에서 5월 달 3째 주 첫 시간까지 총 8주에 걸쳐 실시하되 각 1시간씩 배분하였다.

비교집단 Ⅰ의 경우 정보윤리 동영상 활용 및 프레젠테이션 교육(연구윤리와 표절예방교육 다큐멘터리 함께 활용)을 첫째 시간에 실시한 후 둘째 시간의 첫 시간에 필요한 정보윤리교육을 실시하였다. 비교집단 Ⅱ의 경우 정보윤리교육을 실시하지 않았다.

프로그램을 처치한 후 실험집단과 비교집단 그리고 비교집단 모두에게 사전 검사 실시 때와 동일한 방식으로 사후 검사를 실시하였다. 사후 검사 실시는 6월 기말고사 이전에 실시하였다. 실험집단과 비교집단 Ⅰ, Ⅱ 그리고 참고비교집단에게 실행한 각 회기의 프로그램의 내용을 제시하면 다음 표와 같다.

〈표 6〉 프로그램 실행의 내용

실험절차	회기	집단		
		실험집단	비교집단 1	비교집단 2
사전 검사		1. 정보윤리성 감수성 검사 2. 도덕판단력 검사 DIT 3. 정보윤리성 동기화 검사 4. 정보윤리성 행동 예견 검사		
프로그램 처치		정보윤리 동영상, 프레젠테이션 교육 실시		정보윤리교육 실시하지 않음
	1	정보윤리교육 (딜레마토론) * UCC 콘텐츠, 프레젠테이션 병행 활용	정보윤리교육(딜레마토론) * UCC 콘텐츠, 프레젠테이션 병행 활용	
	2	정보윤리교육 (협동학습)	정보윤리교육 (협동학습)	
	3	정보윤리교육 (딜레마토론) * UCC 콘텐츠, 프레젠테이션 병행 활용		
	4	정보윤리교육 (협동학습)		
	5	정보윤리교육 (딜레마토론) * UCC 콘텐츠, 프레젠테이션 병행 활용	정보윤리교육(딜레마 토론) * UCC 콘텐츠, 프레젠테이션 병행 활용	
	6	정보윤리교육 (협동학습)	정보윤리교육(협동학습)	
	7	정보윤리교육 (딜레마토론) * UCC 콘텐츠, 프레젠테이션 병행 활용		
	8	정보윤리교육 (협동학습)		
사후 검사		사전 검사와 동일		

V. 정보윤리교육 프로그램의 효과 검증

1. 정보윤리성 감수성의 변화

프로그램 실시 전 정보윤리감수성 검사를 사용하여 측정한 실험집단과 비교집단 I, II의 정보윤리 감수성의 사전 검사점수의 평균과 표준편차는 다음 <표 7>과 같다.

가. 사전 검사 결과

프로그램 실시 전, 정보윤리 감수성 검사를 사용하여 측정한 실험집단과 비교집단 I, II의 정보윤리감수성 사전 검사 점수의 평균과 표준편차는 다음 표와 같다.

<표 7> 정보윤리성 감수성 사전 검사 점수의 평균과 표준편차

집단	사례 수	평균	표준편차
실험집단	31	105.48	23.22
비교집단 1	29	100.86	24.99
비교집단 2	32	97.50	22.65
전체	92	101.25	23.57

전체 평균 점수가 M=101.25인데, 같은 학년일지라도 실험집단의 학생들이 평균 점수가 M=105.48로 제일 높았다. 비교집단 2의 평균 점수는 M=97.50으로 상대적으로 낮았다.

나. 사후 검사 결과

프로그램 실시 후 실험집단과 비교집단 Ⅰ, Ⅱ의 정보윤리 감수성 사후 검사의 평균과 표준편차를 제시하면 다음 표와 같다.

〈표 8〉 정보윤리성 감수성 사후 검사 점수의 평균과 표준편차

집단	사례 수	평균	표준편차
실험집단	31	113.39	22.62
비교집단 1	29	113.41	26.25
비교집단 2	32	99.63	25.15
전체	92	108.61	25.29

세 집단의 정보윤리 감수성 사후 검사를 비교한 결과 실험집단의 점수(M=113.39)가 비교집단 Ⅰ(M=103.41)보다 약간 낮으나 비교집단 Ⅱ(M=99.63)보다 상대적으로 많이 높은 것으로 나타났다. 또한 비교집단 Ⅰ의 점수도 비교집단 Ⅱ에 비해서 거의 유사함을 알 수 있다. 이러한 사후 검사의 점수를 사전 검사와 비교한 결과 실험집단의 평균 점수(M=113.39)가 사전 검사의 평균 점수(M=105.48)에 비해 7.91 통계적으로 유의미하게 상승하였음을 알 수 있다. 사전 점수와 사후 점수의 평균 차이를 분석한 결과 t값이 -10.562, 유의확률(p)이 .000이므로 p<.05이다. 따라서 두 변수 간 평균차이는 유의수준 .05에서 유의미한 차이가 있다고 할 수 있다. 그러므로 실험집단의 정보윤리교육 프로그램은 정보윤리 감수성 성취도 향상에 효과가 있다는 결론을 내릴 수 있다.

비교집단 Ⅰ의 경우도 사후 검사 평균 점수가 113.41로 사전 검사의 평균 점수(M=100.86)에 비해 12.55가 통계적으로 대폭 상승하였

음을 알 수 있다. 자유도 28에 t값이 -4.440, 유의확률이 .000이므로 p<.05이므로 정보윤리 감수성 성취도 향상에 효과가 있음을 알 수 있다. 비교집단 Ⅱ의 경우 사후 검사의 평균 점수가 109.00으로 사전 검사의 평균 점수(M=109.75)보다 0.75 낮아졌으나 통계적으로 유의미한 하락은 아니었다. 따라서 연구윤리 감수성 점수는 실험집단에서 유의미한 상승을 보였고, 비교집단 Ⅰ에서 소폭 상승하였으며 비교집단 Ⅱ에서는 유의미한 차이가 없음을 알 수 있다.

비교집단 2의 경우 정보윤리 감수성 사후 검사 평균 점수 (M=99.63)로 사전 검사의 평균 점수(M=97.50)에 비해 2.13의 상승이 있었으나 실험집단의 상승폭인 7.91이나 비교집단 1의 상승폭인 12.55에 비해서는 훨씬 낮았다. 비교집단 2의 사전 점수와 사후 점수의 평균 차이를 분석한 결과 자유도 31에서 t값이 -.967, 유의확률 (p)이 .341이므로 p>.05이다. 따라서 두 변수 간 평균차이는 유의수준 .05에서 유의미한 차이가 없다고 할 수 있다. 그러므로 비교집단 Ⅱ는 정보윤리감수성의 성취가 일어나지 않았다.

2. 정보윤리성 추론능력의 변화

정보윤리성 추론능력의 변화분석에서는 집단별로 나누어 변화 추세를 분석하였다. 프로그램 실시 전 도덕판단력 검사 DIT 종합형을 사용하여 측정한 세집단의 연구윤리성 추론 능력의 사전 검사의 평균과 표준편차는 다음 표와 같다.

가. 사전 검사 결과

프로그램 실시 전 정보윤리 추론 검사를 사용하여 측정한 실험집 단과 비교집단 Ⅰ, Ⅱ의 정보윤리 추론검사의 사전 검사점수의 평균 과 표준편차는 다음 <표 9>와 같다.

〈표 9〉 정보윤리 추론 능력 사전 검사 점수의 평균과 표준편차

집단	사례 수	평균	표준편차
실험집단	31	46.29	14.86
비교집단 1	29	40.41	13.57
비교집단 2	32	49.81	12.20
전체	92	45.66	13.97

이상에서 제시한 평균 점수를 선행연구와 문용린(1994)의 DIT 간 편형 표준화 연구에서 대학생의 평균 점수가 44.97, 표준편차가 16.35였으므로, 본 연구에서의 점수 평균은 대학생의 일반적인 규준 점수보다 비슷하다고 할 수 있다. 상대적으로 비교집단 2가 49.81로 높음을 알 수 있다.

나. 사후 검사 결과

프로그램 실시 후, DIT 간편형을 사용하여 측정된 정보윤리 추론 능력 사후 검사 점수의 세집단간 평균과 표준 편차는 다음과 같다.

<표 10> 정보윤리 추론 능력 사후 검사 점수의 평균과 표준편차

집단	사례 수	평균	표준편차
실험집단	31	54.65	13.07
비교집단 1	29	46.66	15.970
비교집단 2	32	48.34	17.46
전체	92	49.93	15.83

세 집단의 정보윤리 추론 능력 사후 검사 점수를 비교할 결과, 실험집단의 점수(M=54.65)가 비교집단 Ⅰ(M=46.66)이 비교집단 Ⅱ(M=48.34)보다 비교적 높은 것으로 나타났다. 이러한 사후 검사의 점수를 사전 검사와 비교한 결과 실험집단의 평균 점수(M=54.65)가 사전 검사의 평균 점수(M=46.29)에 비해 8.36이 상승하였음을 알 수 있다. 사전 점수와 사후 점수의 평균 차이를 분석한 결과 자유도 30에서 t값이 -4.695, 유의확률(p)이 .000이므로 p<.05이다. 따라서 두 변수 간 평균차이는 유의수준 .05에서 유의미한 차이가 있다고 할 수 있다. 그러므로 실험집단의 정보윤리교육 프로그램은 정보윤리 추론 능력 성취도 향상에 효과가 있다는 결론을 내릴 수 있다.

비교집단 Ⅰ의 경우도 사후 검사 평균 점수가 46.66으로 사전 검사의 평균 점수(M= 40.41)에 비해 6.25가 통계적으로 높이 상승하였음을 알 수 있다. t값이 -2.134, 유의확률이 .042이므로 p<.05이므로 정보윤리추론 능력의 성취도 향상에 효과가 있다는 결론을 내릴 수 있다. 비교집단 Ⅱ의 경우 사후 검사의 평균 점수가 48.34로 사전 검사의 평균 점수(M= 49.81)보다 오히려 하락하였다. t값이 .572, 유의확률(p)이 .572이므로 p>.05이다. 따라서 두 변수 간 평균차이는 유의수준 .05에서 유의미한 차이가 있다고 할 수 없다. 그러므로 비교집단 Ⅱ의 정보윤리 프로그램은 정보윤리 추론 능력 성취도 향상에 효과가 있다는 결론을 내릴 수 없다. 전체적으로는 정보윤리 추론 점수는 실험집단이나 비교집단 1에서 모두에서 유의미한 상승을 보였다고 할 수 있다.

3. 정보윤리성 동기화의 변화

가. 사전 검사 결과

〈표 11〉 정보윤리 동기화 사전 검사 점수의 평균과 표준편차

집단	사례 수	평균	표준편차
실험집단	31	45.71	4.84
비교집단 1	29	47.21	4.78
비교집단 2	32	46.41	6.40
전체	92	46.42	5.39

정보윤리 동기화 전체 평균 점수는 M=46.42인데, 같은 학년일지라도 실험집단의 학생들이 평균 점수가 M=45.71로 제일 낮았다. 그러나 평균 점수의 차이는 그렇게 크지 않았다.

비교집단 1의 정보윤리 동기화 전체 평균 점수는 M=47.21인데, 실험 및 비교집단의 전체평균 점수인 M=46.42보다도 높았다.

나. 사후 검사 결과

프로그램 실시 후 실험집단과 비교집단 Ⅰ, Ⅱ의 정보윤리 동기화 사후 검사의 평균과 표준편차를 제시하면 다음 표와 같다.

<表 12> 정보동기화 사후 검사 점수의 평균과 표준편차

집단	사례 수	평균	표준편차
실험집단	31	51.00	5.50
비교집단 1	29	49.76	5.10
비교집단 2	32	46.88	5.97
전체	92	49.17	6.43

세 집단의 정보윤리 동기화 사후 검사를 비교한 결과 실험집단의 점수(M=51.00)가 비교집단 Ⅰ(M=49.76)이나 비교집단 Ⅱ(M=46.88) 보다 훨씬 높게 나타나고 있음을 보여준다. 또한 비교집단 Ⅰ의 점수도 비교집단 Ⅱ보다 높은 평균 점수를 보여주고 있다. 하지만 이러한 사후 검사의 점수를 사전 검사와 비교한 결과 실험집단의 평균 점수(M=51.00)가 사전 검사의 평균 점수(M=45.71)에 비해 5.29가 통계적으로 유의미하게 상승하였음을 알 수 있다. 사전 점수와 사후 점수의 평균 차이를 분석한 결과 자유도 30에서 t값이 -10.9583, 유의확률(p)이 .000이므로 p<.05이다. 따라서 두 변수 간 평균차이는 유의수준 .05에서 유의미한 차이가 있다고 할 수 있다. 그러므로 실험집단의 정보윤리교육 프로그램은 정보윤리 동기화 성취도 향상에 효과가 있다는 결론을 내릴 수 있다.

비교집단 Ⅰ의 경우도 사후 검사 평균 점수가 49.76로 사전 검사의 평균 점수(M=47.21)에 비해 2.55 상승했으나 t값이 -3.535, 유의확률이 .001이므로 정보윤리 동기화 성취도 향상에 효과가 있다는 결론을 내릴 수 있다. 비교집단 Ⅱ의 경우 사후 검사의 평균 점수가 46.88으로 사전 검사의 평균 점수(M=46.41)보다 0.47 높아졌으나 통계적으로 유의미한 상승은 아니었다. 따라서 동기윤리 동기화 점수는 실험집단에서 유의미한 상승을 보였고, 비교집단 Ⅰ에서도 상승하였다. 비교집단 2에서 사전 점수와 사후 점수의 평균 차이를 분석한 결과 자유도 31에서 t값이 -.785, 유의확률(p)이 .439이므로 p>.05이므로 정보윤리 동기화의 성취도의 향상이 없었음을 알 수 있다.

4. 정보윤리성 행동 실천력의 변화

가. 사전 검사 결과

〈표 13〉 정보윤리 행동실천력 사전 검사 점수의 평균과 표준편차

집단	사례 수	평균	표준편차
실험집단	31	81.52	8.37
비교집단 1	29	86.59	9.60
비교집단 2	32	83.81	9.98
전체	92	83.91	9.47

전체 평균 점수가 M=83.91인데, 실험집단의 학생들이 평균 점수가 M=86.590으로 높은 편이었다.

나. 사후 검사 결과
프로그램 실시 후 실험집단과 비교집단 Ⅰ, Ⅱ의 정보윤리 행동실천력 사후 검사의 평균과 표준편차를 제시하면 다음 표와 같다.

<표 14> 정보윤리 행동실천력 사후 검사 점수의 평균과 표준편차

집단	사례 수	평균	표준편차
실험집단	31	87.26	9.90
비교집단 1	29	89.34	14.40
비교집단 2	32	83.31	9.72
전체	92	86.54	10.21

세 집단의 정보윤리 행동 실천력 사후 검사를 비교한 결과 실험집 단의 점수(M=87.26)가 비교집단 Ⅰ(M=89.34)보다는 낮으나 비교 집단 Ⅱ(M=83.31)보다 상대적으로 많이 높은 것으로 나타났다. 비 교집단 Ⅰ의 점수도 비교집단 Ⅱ에 비해서 많이 높게 나타났다. 이 러한 사후 검사의 점수를 사전 검사와 비교한 결과 실험집단의 평균 점수(M=87.26)가 사전 검사의 평균 점수(M=81.52)에 비해 5.74가 통계적으로 유의미하게 상승하였음을 알 수 있다. 사전 점수와 사후 점수의 평균 차이를 분석한 결과 자유도 30에서 t값이 -5.251, 유의 확률(p)이 .000이므로 p<.05이다. 따라서 두 변수 간 평균차이는 유 의수준 .05에서 유의미한 차이가 있다고 할 수 있다. 그러므로 실험 집단의 연구윤리교육 프로그램은 정보윤리 행동화 성취도 향상에 효과가 있다는 결론을 내릴 수 있다.

비교집단 Ⅰ의 경우는 사후 검사 평균 점수가 89.34로 사전 검사 의 평균 점수(M=86.59)에 비해 2.75가 통계적으로 소폭 높아졌음을 알 수 있다. 자유도 28에서 t값이 -2.103, 유의확률(p)이 .045이므로 p<.05이다. 따라서 두 변수 간 평균차이는 유의수준 .05에서 유의미 한 차이가 있다고 할 수 있다. 그러므로 비교집단의 정보윤리교육 프로그램은 정보윤리 행동화 성취도 향상에 효과가 있다는 결론을

내릴 수 있다.

비교집단 Ⅱ의 경우 사후 검사의 평균 점수가 83.31로 사전 검사의 평균 점수(M= 83.81)보다 0.50 하락했으나 통계적으로 유의미한 하락은 아니었다. t값이 .431, 유의확률(p)이 .669이므로 p>.05이다. 따라서 정보윤리 행동화의 성취가 없었다.

5. 4구성요소 간의 관계

레스트의 이론체계에 의하면 4구성요소들은 연구윤리 행동의 표출에 관하여 서로 다른 변인들이다. 이러한 변인들 간에 어떠한 관계가 있는지를 확인하기 위해, 실험집단과 비교집단에 대하여 4구성요소 사전 검사 및 사후 검사를 통하여 점수들 간의 Pearson 상관계수를 산출하였다. 정보윤리감수성, 정보윤리 추론 능력, 정보윤리 동기화, 정보윤리 행동실천 간의 관계는 어떠하며, 이들 네 가지 요소들의 변화량 간에는 어떠한 관계가 있는가를 사전, 사후 검사와 두 점수의 변화량을 토대로 분석한 결과는 다음과 같다.

(1) 실험집단의 4구성요소 간의 관계 분석

〈표 15〉 실험집단의 4구성요소 사전 검사 점수 간의 상관관계

변수	정보윤리추론능력	정보윤리감수성	정보윤리동기화	정보윤리행동실천력
정보윤리추론능력	1			
정보윤리감수성	.040	1		
정보윤리동기화	-.015	.433**	1	
정보윤리행동실천력	-.047	.481**	.612**	1

* $p<0.05$ **$p<0.01$

위 <표 15>에서 보는 바와 같이 사전 검사를 기준으로 실험집단
의 4구성요소 간의 상관관계를 분석한 결과 정보윤리감수성과 정보
윤리동기화(r=.433), 정보윤리감수성과 정보윤리행동실천력(r=.481)
간에는 통계적으로 의미 있는 상관이 있었고 특별히 정보윤리동기
화와 정보윤리 행동 실천력 사이에는 상관이 제법 크게 나타났다.
하지만 다른 요소들 간에는 4구성요소 간의 상관관계 수치는 낮으
며, 나머지 구성들 간에는 의미 있는 상관이 없었다. 이러한 결과는
네 가지 심리적 변인이 서로 독립적인 변인임을 상정한 레스트
(1983)의 모형을 지지해 준다.

〈표 16〉 실험집단의 4구성요소 사후 검사 점수 간의 상관관계

변수	정보윤리추론능력	정보윤리감수성	정보윤리동기화	정보윤리행동실천력
정보윤리추론능력	1			
정보윤리감수성	.194	1		
정보윤리동기화	.180	.480**	1	
정보윤리행동실천력	.028	.544**	.537**	1

* $p<0.05$ 　　**$p<0.01$

위 <표 16>에서 보는 바와 같이 실험집단의 사후 검사를 통해
4구성요소들 간에 상관관계를 분석한 결과 4구성요소들 간의 상관
관계를 분석한 결과 프로그램 처치 전보다 4구성요소들 간의 상관
관계가 대략적으로 상승하였지만 하락한 경우도 있다. 상관계수의
크기가 정보윤리감수성과 정보윤리동기화 간(r=.480), 정보윤리감수
성과 정보윤리 행동실천력 간(r=.544), 정보윤리동기화와 정보윤리
행동실천력(r=.537)의 상관을 제외하면 나머지 구성요소들 간에 상

관은 크게 높지 않음을 알 수 있다.

(2) 비교집단 I의 4구성요소 간의 관계 분석

〈표 17〉 비교집단 I의 4구성요소 사전 검사 점수 간의 상관관계

변수	정보윤리추론능력	정보윤리감수성	정보윤리동기화	정보윤리행동실천력
정보윤리추론능력	1			
정보윤리감수성	.004	1		
정보윤리동기화	-.130	.290	1	
정보윤리행동실천력	-.122	.503**	.534**	1

* $p<0.05$ ** $p<0.01$

위 <표 17>에서 보는 바와 같이 비교집단 I의 사전 검사를 통해 4구성요소들 간에 상관관계를 분석한 결과 정보윤리감수성과 정보윤리행동실천력($r=.503$) 간에, 정보윤리동기화와 정보윤리행동실천력($r=.534$)은 통계적으로 의미 있는 상관이 있었지만 거의 대부분 상관관계 수치는 낮으며, 이는 네 가지 심리적 변인이 서로 독립적인 변인임을 상정한 레스트(1983)의 모형을 지지해 준다.

〈표 18〉 비교집단 I의 4구성요소 사후 검사 점수 간의 상관관계

변수	정보윤리추론능력	정보윤리감수성	정보윤리동기화	정보윤리행동실천력
정보윤리추론능력	1			
정보윤리감수성	.243	1		
정보윤리동기화	.139	.494**	1	
정보윤리행동실천력	.165	.727**	.595**	1

* $p<0.05$ ** $p<0.01$

위 <표 18>에서 보는 바와 같이 비교집단 I의 사후검사를 통해 4구성요소들 간에 상관관계를 분석한 결과 4구성요소들 간의 상관관계를 분석한 결과 상관관계가 있는 것 외에 없는 것도 산재해 있음을 알 수 있다.

(3) 비교집단 II의 4구성요소 간의 관계 분석

<표 19> 비교집단 II의 4구성요소 사전 검사 점수 간의 상관관계

변수	정보윤리추론능력	정보윤리감수성	정보윤리동기화	정보윤리행동실천력
정보윤리추론능력	1			
정보윤리감수성	-.201	1		
정보윤리동기화	.118	.421*	1	
정보윤리행동실천력	-.195	.421*	.613**	1

* $p<0.05$ ** $p<0.01$

위 <표 19>에서 보는 바와 같이 비교집단 II의 사후검사를 통해 4구성요소들 간에 상관관계를 분석한 결과 정보윤리감수성과 정보윤리동기화($r=.421$) 그리고 정보윤리행동실천화($r=.421$) 간에, 정보윤리동기화와 정보윤리행동실천력 간($r=.613$)에는 통계적으로 의미 있는 상관이 있었지만 상대적으로 상관관계 수치도 많음을 보여주며, 이는 네 가지 심리적 변인이 서로 독립적인 변인임을 상정한 레스트의 모형을 지지해 준다.

<표 20> 비교집단 II의 4구성요소 사후 검사 점수 간의 상관관계

변수	정보윤리추론능력	정보윤리감수성	정보윤리동기화	정보윤리행동실천력
정보윤리추론능력	1			
정보윤리감수성	.029	1		
정보윤리동기화	.065	.227	1	
정보윤리행동실천력	-.204	.327	.377*	1

* $p<0.05$ **$p<0.01$

위 <표 20>에서 보는 바와 같이 비교집단 II의 사후검사를 통해 4구성요소들 간에 상관관계를 분석한 결과 프로그램 처치 전보다 4구성요소들 간의 상관관계가 하락하였다. 상관계수의 크기도 정보윤리동기화와 정보윤리행동실천력(r=.377) 간에 상관관계를 보여준다. 하지만 그 외의 경우 나머지 구성요소들 간에 상관은 크게 높지 않음을 알 수 있다.

VI. 논의 및 결론

1. 요약 및 논의

본 연구에서는 대학생을 대상으로 한 정보윤리교육의 효과성을 검증하고자 하였다. 이를 위해 도덕성 발달과 교육에서 통합적 접근 모형을 제시하고 있는 레스트의 4-구성요소 모형에 근거하여 연구윤리의식의 심리적 과정을 분석하였다. 네 가지 구성요소는 정보윤리 감수성, 정보윤리 추론 능력, 정보윤리 동기화, 정보윤리 행동실천력이며, 이러한 네 가지 요소들을 발달시킴으로써 궁극적으로 정보윤리 행동 잠재력을 발달시키는 것이 본 연구에서 정보윤리교육의 궁극적 목표라고 가정하였다.

본 연구에서는 대학생의 정보윤리교육의 효과를 검증하기 위하여 92명을 실험에 참여시켰으며, 이 중 31명은 실험집단, 29명은 비교집단 Ⅰ에 배정하였고, 나머지 320명은 비교집단 Ⅱ로 배정하였다.

본 연구에서 대학생의 정보윤리교육이 정보윤리성의 4구성요소에 유의미한 영향을 미치는지의 효과를 검증하였는데, 그 내용을 요약하여 제시하고 논의하면 다음과 같다.

첫째, 실험집단에서는 정보윤리 감수성이 유의미하게 향상되었다. 비교집단 Ⅰ에서도 유미하게 상승되었으나 실험집단보다는 그 상승폭이 적었다. 비교집단 Ⅱ의 경우는 정보윤리 감수성이 증가하지 않았다. 이상의 결과는 정보윤리 감수성을 증진시키기 위해서는 기존 과목에 정보윤리 내용을 통합하여 가르칠 때, 정보윤리 감수성이 증가함을 보여준다. 하지만 비교집단 Ⅰ과 같이 실험집단의 1/2에 해당하는 정보윤리교육을 실시하였을 때, 나름대로의 효과성을 보여주었다.

둘째, 실험집단에서는 프로그램 처치 후에 정보윤리 추론능력이 향상되었으며, 비교집단 Ⅰ에서도 유의미한 상승을 보여주었지만 비교집단 Ⅱ에서는 유의미한 상승을 보여주지 않았다. 위와 같은 결과로 볼 때, 실험집단이나 비교집단의 프로그램과 같이 토론수업이나 협동학습을 통해 정보윤리교육을 실시할 때, 피험자들의 정보윤리 추론 능력을 향상시키는 데 효과가 있음을 보여준다. 그러나 비교집단 Ⅰ과 같이 제한적으로 정보윤리교육을 실시하거나 비교집단 Ⅱ와 같이 정보윤리교육을 실시하지 않았을 때, 그 효과성이 상쇄됨을 알 수 있다.

셋째, 정보윤리 동기화에 대한 발달은 실험집단에서 의미 있게 상승되었음을 보여준다. 그러나 비교집단 Ⅱ에서는 의미 있는 상승이 이루어지지 않았다. 이상의 결과에 비추어볼 때, 정보윤리에 대한 동기화를 증진시키는 데는 본 연구에서 제시한 실험집단의 프로그램이 가장 효과가 있음을 알 수 있다.

넷째, 정보윤리 행동실천력의 발달은 실험집단에서만 유의미한 상승을 보였고, 비교집단 Ⅰ에서는 제한적으로 비교집단 Ⅱ에서는 유의미한 상승을 보이지 않았다. 이상의 결과에 비추어볼 때, 정보윤리 행동실천력을 증진시키는 데는 보다 꾸준한 정보윤리교육이 기존 과목에 통합될 때, 효과성이 검증됨을 알 수 있었다.

다섯째, 4구성요소 간의 관계는 상관관계를 분석한 결과 대체로 상관이 낮았으며, 이는 4구성요소들이 각각 독립적인 요소라는 Rest 나 문미희의 연구를 확인해 주었다.[26]

여섯째, 정보윤리교육에서 기존 과목과의 통합적 접근은 실험집단에서 나타나는바 정보윤리 감수성, 정보윤리 추론, 정보윤리 동기화 및 정보윤리 실천행동의 4-구성요소를 모두 발달시키는 데 효과가 있었으나 비교집단 Ⅰ처럼 제한적인 정보윤리교육은 그 효과성이 감소되는 것을 알 수 있었다.

---

26) 문미희, *op. cit.*, p.245.

2. 결론 및 제언

본 연구는 대학생을 위한 정보윤리성을 연구하였다. 연구문제별로 본 본 연구의 결론을 제시하면 다음과 같다.

첫째, 대학생의 정보윤리 교육의 효과성을 경험적으로 검증하기 위하여 레스트의 4-구성요소 모형을 기초로 본 연구에서 기존 과목과의 정보윤리교육과의 통합적 접근은 그 통합성이 체계적으로 이루어질 때, 효과적으로 이루어졌음을 볼 수 있다. 일시적인 교육이나 체계성이 떨어지는 정보윤리교육의 통합은 그 효과성이 떨어짐을 알 수 있었다.

둘째, 정보윤리의 4구성요소를 모두 발달시키는 것은 용이한 것이 아니었다. 왜냐하면 4구성요소는 독립적으로 발달하는 능력이므로 그 발달의 정도가 상이하였다. 본 연구의 결과에서도 비교집단 Ⅰ에서 각각 그러한 현상이 나타났고, 실험집단에서도 특정 요소의 발달이 상대적으로 제대로 이루어지지 않는 것을 확인할 수 있었다. 따라서 정보윤리교육에서 보다 발달이 지체되는 부분을 보다 강화할 수 있는 교육적 대안이 필요한 것으로 나타났다. 한편 이상의 결론에 더하여 본 연구에서 향후 진행되어야 할 연구과제를 생각해 볼 수 있다.

첫째, 정보윤리교육방법과 관련해서 본 연구에서 개발한 딜레마토론이나 협동학습 외에 어떤 방법이 효과성을 가질 수 있는지 보다 고민을 해 볼 필요가 있다.

둘째, 전통적인 강의식 방법을 지속적으로 시도하였을 때의 효과성 여부를 향후 측정할 필요가 있다.

셋째, 본 연구에서 실험집단의 경우 8주간 8회기에 걸쳐 실험처치를 하되 각각 1시간씩 시간을 부여하였으나 2시간씩 시간을 부여할 경우 또는 교육내용에 보다 정보윤리 관련 항목을 포함하여 실험회기를 더 늘릴 필요성이 있다고 본다. 따라서 향후 12주 분량 또는 12주 이상의 장기 프로그램을 고려할 필요가 있을 것이다.

넷째, 본 연구에서는 전공과목에 정보윤리교육의 내용을 통합적으로 부가하였으나 교양과정에서 정보윤리교육의 내용을 통합하는 방식을 시도해 볼 수 있을 것이다.

다섯째, 서로 다른 구성요소들에 특별한 교육적 개입들에 의한 영향을 보다 세심하게 연구할 필요가 있다. 교육을 통해 일어난 내적인 과정의 변화가 얼마나 많은 행동변화를 가져오는지 확인하는 연구가 필요하며, 교육에 의해 시작된 도덕판단의 발달이 실제 행동에서의 변화를 야기하는지를 확인하기 위한 연구가 필요한 것이다.

여섯째, 대학생의 정보윤리교육에서 독자적인 정보윤리교육의 효과성을 4구성요소 모형을 통해 검증할 필요가 있으며, 향후 연구에서는 보다 정보윤리 동기화와 정보윤리 행동실천력을 촉진하는 교육 프로그램의 개발에 초점을 맞출 필요가 있다.

〈참고문헌〉

김헌수·손충기, "교직윤리관 확립을 위한 프로그램과 그 효과", 『교육학연구』, 40(1)(2002), 55-83.

문미희, 『예비교사를 위한 인권교육 프로그램의 개발과 적용』(서울: 한국학술정보, 2005).

강슬기, "프로그램 중심의 정보통신 윤리교육", 성균관대학교 교육대학원 석사학위논문, 2004.

교육부, 『초·중등학교 정보통신기술교육 운영지침 - 해설서 - 』(서울: 대한교과서주식회사, 2000).

이건용, "정보통신 윤리에 대학 초·중교사들의 인식수준에 관한 연구", 배재대학교 정보통신대학원 석사학위논문, 2004.

임상수, "디지털 정보사회의 정보윤리에 관한 연구 - 진화론적 체계 윤리와 카오스 이론을 중심으로 - ", 서울대학교 대학원 박사학위논문, 2001.

주영주·이광희, 『교사를 위한 인터넷』(서울: 남두도서, 2001).

초등정보통신 윤리교육연구회, 『Web기반 PBL(문제중심학습)모형을 적용한 정보통신윤리 교육 프로그램 개발』, 초등정보통신 윤리교육연구회, 2004, 1-60.

추병완, 『정보윤리 교육론』(서울: 울력출판사, 2001).

한국교육학술정보원, 『학부모를 위한 정보통신윤리』(서울: 한국경제신문, 2002).

한국정보문화진흥원, 『정보보호 가이드북』(서울: 한국정보문화진흥원, 2003).

한국인터넷진흥원, 『2006년 상반기 정보화실태조사』(서울: 한국정보문화진흥원, 2007).

Bebeau, M, J., "Influencing the moral dimensions of dental practice". In J. R. Rest & Narvaez(Ed.), *Moral development in the professions: psychology and applied ethics*(pp.121-146)(Hillsdale, NJ: Lawrence Erlbaum Associates, 1994).

Blasi. A. "Bridging moral cognition and moral action: A critical review of the literature", *Psychological Bulletin*, 88, 1-45.

Colby, A., Kohlberg, L., Speicher, B., Hewer, A., Candee, D., Gibbs, J. & Power, C. *The measurement of moral judgment Vol 1.*(Cambridge University Press: New York, 1987).

Curzer, H. J., *Ethical Theory and Moral Problems*(Belmont: Wadsworth Publishing Company, 1999).

Duckett. L. J. & Reden, M. B., "Education for ethical nursing practice", In J. R. Rest & Narvaez(Eds.), *Moral development in the professions: Psychology and applied ethics*(pp.51-70)(Hillsdale, N. J. Lawrence Erlbaum Associates, 1994).

Eisenberg, E., "Emotion, regualtion, and moral development", *Annual Review of Psychology*, 51(2000), 665-697.

Flannery, B. L. and May, D. R., "Environmental Ethical Decision Making in the U.S. Metal-Finishing Industry", *Academy of Management Journal*, 43, 4(2000), 642-662.

Galles, G., Graves, P. E., Sexton, R. L. and Walton, S., "Monitoring Costs and Tolerance Level in Classroom Cheating", *American Journal of Economics and Sociology*, 62, 4(2003), 713-719.

Giligan, C., *In a different voice, Cambridge*(MA: Harvard University Press, 1982).

Habermas, J., *Communication and the evolution of society*(London: Heineman, 1979).

Jackson, P., "Conceptions of curriculum and curriculum specialists", In P. Jackson(Ed.), Handbook of research on curriculum. Upper Saddle River(NJ: Prentice Hall, 1992).

Kohlberg, L., *The philosophy of moral development(Vol.1)*(San Francisco: Harper & Row, 1981).

Kohlberg, L., *The philosophy of moral development(Vol.2)*(San Francisco: Harper & Row, 1984).

Kurtines, W. M. & Gewirtz, J. L., 문용린 역, 「도덕성의 발달과 심리」(서울: 학지사, 2004).

Martinson, B. C., Anderson, M. S. and de Vries, R. "Scientists behaving badly", *Nature*, 435(2005): 737-738.

Rest, J. R., "The hierarchical nature of moral judgment", *Journal of Personality*, 41(1974), 86-109.

Rest, J. R., "Morality" in P. H. Mussen, ed. *Handbook of child psychology*(New York: John Wiley & Sons, 1983).

Rest, J. R., "The major components of morality", In W. Kurtines & J. Gerwirtz (Eds.), *Morality, Moral behavior, and moral development*(pp.24-40)(New York: Wiley, 1984).

Rest, J. R., *Moral development: Advances in research and theory*(New York: Praeger Press, 1986).

Rest, J. R., "Why does college promote development in moral judgment?", *Journal of Moral Education*, 17(3)(1988), 183-194.

Rest, J. R., Narvaez, D., Bebeau, M., Thoma, S., *Postconventional moral thinking: A New-Kohlbergian approach*(Lawrence Erlbaum: London, 1999).

Rest, J. R. · Narvaez, D. 편저, 문용린, 홍성훈, 이승미, 김민강 공역, 『전문직 업인의 윤리발달과 교육』(서울: 학지사, 2006).

Rest, J. R. 편저, 문용린, 유경재, 원현주, 이지혜 공역, 『도덕발달 이론과 연구－도덕판단력, 행동, 문화 그리고 교육』(서울: 학지사, 2008).

Rezler, A. G., Schwartz, R. L. Obenshain, S. S., Lambert, P., McInGison, J., & Bennahum, D. A., "Assessment of ethical decisions and values", *Medical Education*, 26(1992), 7-16.

Shade, D. D., & Davis, B. C., "The role of computer thchnology in early childhood education", In Isenberg, J. & Jalongo, M(Eds), *Major trends and issues in early childhool education: Challenges, controversies, and insights*(pp.90-103)(New York: Teachers College Press, 1997).

Shade, D. D. & Watson, J. A., *Microcomputers in preschool environments: Answers to question*(Eric Document Reproduction Service No. ED 299060, 1998).

Shelton, C. M. & McAdams, D. P., "In search of an everyday morality: The development of a measure", *Adolescence*, 25(100)(1990), 925-943.

Trevino, L. K., Weaver, G. R., and Reynolds, S, J., "Behavioral ethics in organizations: A review", *Journal of Management*, 32, 6(2006), 951-990.

Yidong, G., "China Science Foundation Takes Action Against 60 Grantees", *Science*, 16(sep. 2005): 1798a-1799a.

5. 사이버 공간에서의 도덕심리와 도덕성의 4구성요소에 따른 정보윤리교육적 교수전략에 관한 연구*

Ⅰ. 들어가면서

어떤 행위자가 사이버 공간으로 들어갈 때, 그 행위자의 도덕심리와 행동은 어떤 방식으로 영향을 받으며, 그런 영향을 극복해 나갈 수 있을까? 아마도 사이버 공간이 인간의 도덕심리와 행동에 주는 영향을 모두 분석하는 것은 불가능할 것이다. 하지만 사이버 공간이 인간의 도덕성에 어떤 측면에서 영향을 미치고, 이런 영향 요소들 때문에 도덕심리와 행동이 어떻게 왜곡되는지를 최대한으로 분석하고 기술해 볼 수는 있을 것이다. 또한 이에 대처해서 보다 나은 방식으로 도덕심리와 행동을 발달시켜나갈 수 있는 방안을 모색해 볼 수 있을 것이다.

---

* 이 글의 출처는 최용성, "사이버공간에서의 도덕심리와 레스트의 4구성요소에 따른 정보윤리교육적 교수전략에 관한 연구", 『윤리연구』제94호(2014.03.)임.

일반적으로 온라인 환경이 도덕적 이탈을 가져오고 도덕성에 있어서 현실 공간에 비해 더욱 부정적인 영향을 미친다고 판단된다. 예컨대 추병완과 루빈(R. Rubin)과 같은 이는 정보기술, 또는 정보사회 자체가 우리의 비도덕적 행동을 부추기는 유혹 요인이 되고 있다고 말한다. 루빈은 정보기술의 역기능적 측면에 초점을 맞추면서 정보사회에서 새로운 유형의 비도덕적 행위들이 증가할 수 있음을 강조한다.[1) 루빈은 행위자가 타인에게 갖고 있는 도덕적 의무감의 정도라고 할 수 있는 '도덕적 거리(moral distance)'가 정보통신기술의 속성으로 인해서 발생한다고 본다. 속도, 프라이버시, 익명성, 매체의 본질, 심미적 매료, 최소 투자에 의한 최대 효과, 국제적 범위, 파괴력 등의 정보통신기술이 도덕적 이탈을 가져오는 도덕적 거리감을 가져온다는 것이다.[2) 도덕적 거리와 유사한 개념으로 '사회적 거리(social distancte)' 또는 '심리적 거리(psychological distance)'가 이러한 영향과 효과를 가져 올 수도 있다.

　　이런 점에 근거해 볼 때, 사이버 공간이 주는 도덕적·사회적·심리적 거리감이 구체적으로 도덕성에 어떤 부정적인 영향을 미치는지를 확인하고, 이런 부정적인 요소를 극복할 수 있는 방안을 모색해 볼 필요가 있다. 이와 관련된 대표적인 선행연구로 크로웰(C. R. Crowell)은 인터넷의 기술적인 측면이 '심리적 거리(psychological distance)'를 발생시켜 레스트(J. R. Rest)가 말하는 도덕성의 4가지 요소—도덕적 민감성, 도덕적 판단력, 동기화 및 행동력—를 침해하고 도덕적 행동

---

1) 추병완, 『도덕교육의 이해』(서울: 백의, 2004), p.315.
2) 추병완, "온라인에서의 도덕적 이탈과 인터넷 윤리교육의 과제", 『윤리연구』, 제87호 (서울: 한국윤리학회, 2012), p.123.

을 저하시킴을 강조한다.[3] 이런 크로웰의 주장은 구체적으로 도덕성에 영향을 주는 사이버 공간의 환경적 요인들을 분석하고, 도덕적 주체인 개인이 어떻게 이런 부분들을 이겨나갈 수 있을까를 모색하는 데에는 큰 장점이 있는 접근이라고 할 수 있다.

물론 '도덕적 거리', '사회적 거리' 그리고 '심리적 거리'와 달리 온라인에서의 도덕적 이탈 기제를 설명하는 또 다른 이론으로 '탈억제(disinhibition)' 이론을 들 수도 있다. 슐러(J. Suler)는 온라인에서의 탈억제현상이 긍정적 기능과 부정적 기능을 모두 갖고 있다고 보는데, 전통적인 의사소통보다 자기조절을 약화시키고, 정상적인 사회적 기준과 경계로부터 개방적이고 탈억제가 이루어진다는 것이다. 이러한 탈구속적인 컴퓨터 매개의 의사소통은 화자와 청자 사이의 심리적 거리감을 만들고[4] 사회적인 억제를 더욱 약화시키면서 칼 로저스의 심리치료에서 보이는 듯한 친밀성의 표현, 자기 노출의 개방성 및 정직한 반응 등 긍정적 영향도 발생시킨다는 것이다.[5] 그런데 사회적 억제의 감소는 윤리적으로 바람직한 속성으로부터 떨어진 행동을 가능케 하기도 한다. 예컨대 빈정거림, 사이버 스토킹, 사이버 욕설도 가능하게 하는 것이다.[6] 이처럼 사이버 공간은 부정적, 긍정적 가능성을 가지는데, 루빈과는 달리 슐러의 '온라인 탈억제효

---

3) J. Suler, "The Online Disinhibition Effect", *CyberPsychology & Behavior*, Vol.7-3(2004), p.318, 338 참조.

4) M. Sumner, M. & D. Hostetler, "A comparative study of computer conferencing and face to-face communications in systems design", *Journal of Interactive Learning Research*, Vol.13-3(2002), pp.277-291.

5) S. Keisler & L. Sproull, "Response effects in the electronic survey", *Public Opinion Quarterly*, Vol.50(1986), pp.402-413.

6) C. R. Crowell, D. Narvaez & A.Gomberg, "Moral psychology and information ethics: psychological distance and the component of moral action in a digital world", In L. Freeman & A. Graham Peace(Eds.), *Information ethics: Privacy and intellectual property*(Hershey; Information Science Publishing, 2005), p.29.

과(online disinhibition effect)' 이론에서는 친절함과 관용이 증대하는 '온화한 탈억제(benign disinhibition)'의 방향과 실제 현실세계에서는 볼 수 없는 거친 말과 비판, 분노와 화, 심지어 범죄와 폭력까지 드러내는 '유독한 탈억제(toxic disinhibition)'의 방향이 함께 작용한다고 한다.[7] 그러나 슐러의 탈억제이론에서의 이러한 분석은 온화한 그리고 유독한 탈억제 효과의 구별을 무색케 하는 복잡성과 애매성[8]을 보여줌으로써 추병완이 지적했듯이 분석도구로서는 한계를 갖는다. 즉 루빈이나 크로웰 등이 기술적 속성이 영향을 주면서 도덕적 이탈을 초래하는 과정을 구체적이고 상세하게 설명하는 부분에서 약점을 가진다고 볼 수 있다.[9] 예컨대 슐러는 채팅에서의 증오스러운 말들이 어떤 사람에게는 치명적인 상처가 되지만 치료상의 돌파구가 될 수 있다고 말한다. 또는 이메일상의 친밀한 관계는 온화한 탈억제 효과이지만 동시에 사적인 빠른 자아노출은 후회와 함께 관계의 파괴와 실망을 가져오는 역설적인 애매한 상황을 가져온다고 설명한다. 이런 접근은 온라인공간이 제공하는 긍정적·부정적 영향의 단순한 대조가 아니라 심리적 역동의 복잡성을 설명하는 데에는 도움이 되지만,[10] 온라인 공간이 어떻게 도덕성의 이탈을 체계적으로 가져오는지를 설명하는 측면에서는 적절하지 못하다고 판단할 수 있다.

그러므로 본 연구에서는 첫째, 온라인에서 도덕적 이탈을 가져오

---

7) J. Suler(2004), p.321.
8) J. Suler(2004), pp.321-322.
9) 추병완(2012), p.129.
10) J. Suler(2004), p.322.

는 환경적 영향 요소들을 '도덕적 거리'와 '심리적 거리'의 이론에서 살펴보고자 한다. 둘째, 크로웰의 주장처럼 디지털 기술과 환경이 도덕성을 훼손하는 영향력을 가진다면 사이버 공간의 영향력을 분석하고 이러한 요소에도 불구하고, 이를 극복할 수 있는 방안을 모색해 보고자 한다. 왜냐하면 레스트의 4구성요소를 적용하여 정보윤리교육 프로그램을 개발하고 적용하려는 연구자의 사전 연구11)에서 사이버 공간의 특성에 대한 성찰이 부족하여, 레스트의 4구성요소를 다소 기계적으로 적용하려고 하였기 때문이다. 셋째, 크로웰의 경우 전자적 커뮤니케이션과 지적재산권의 문제에만 한정해서 정보윤리 도덕성을 제약하는 환경적 요소들을 천착하고 이를 극복할 수 있는 요소들이 무엇이 있는지를 살피지만 연구자는 정보윤리와 관련된 다양한 영향요소들을 가능한한 모두 분석하고 기술해 보고자 하였다. 넷째, 레스트의 4구성요소를 활용한 정보윤리교육적 교수전략의 모색에는 레스트의 4구성요소를 보다 보완 및 발전시키는 데 기여한 전통적인 연구성과들과 최근의 연구성과들을 반영하고자 하였다. 전통적인 연구성과로는 레스트의 관점을 발전시키는 데 기여한 비보(M. J. Bebeau) 등의 통찰을 반영하였고, 최근의 연구성과로는 사회적 직관주의자이자 도덕심리학자인 하이트(J. Haidt)의 통찰, 블라지(A. Blasi)와 반두라(A. Bandura)의 연구성과, 전문성 훈련교육의 맥락으로 발전시켜 단계적 윤리적 기술로 구조화한 나바에즈(D. Narvaez)와 랩슬리(D. K. Lapsley) 등의 통찰을 부분적으로 반영하고자 하였다.12)

---

11) 이에 대해서는 졸저, 『정보윤리교육 프로그램의 개발과 적용』(부산: 제일출판, 2013) 참조.

12) D. Navaez & D. K. Lapsley, 일상의 도덕성과 도덕적 전문성의 심리학적 기초, D. K. Lapsley & F. C. Power(eds,). 정창우 역, 『도덕심리학과 도덕교육』(일산: 인간사랑, 2008), pp.273-278 참조.

다섯째, 사회적 맥락이나 환경의 영향에도 불구하고 정보윤리의 도덕성을 구현할 수 있는 방안, 정보윤리교육을 통해 레스트의 4구성요소 모형을 촉진할 수 있는 방향성과 핵심적 교수전략을 천착해 보고자 하였다. 정보윤리교육을 위한 교수전략이나 방법은 다양할 수 있으나 레스트의 4구성요소를 발전시킬 수 있는 핵심적인 교수전략을 모색하고 제시해 보려고 하였다. 이러한 요소는 사전연구인 정보윤리프로그램의 개발과 적용에서 핵심적인 사안으로 등장했기 때문이다. 때문에 정보윤리교육 프로그램의 개발이나 교수전략의 효과성 검증에서 이론적 근거가 있는 핵심적인 교수전략을 제시해 보고자 한다.

II. 도덕성의 4구성요소 모형이론과 다른 영향 요소의 검토

레스트는 1980년대 들어와서, 콜버그(L. Kohlberg)의 입장으로 대표되는 초기 인지발달이론의 전통적 견해와는 달리, 도덕적 행동을 설명하는 새로운 모형을 제안하였다. 레스트가 보기에 인지발달론자들은 도덕적 가상 딜레마에 대한 의사결정의 정당화에 대한 문제만으로 연구의 폭을 제한함으로써 다른 측면을 무시한 측면이 있으며 도덕적 과정의 다른 부분(도덕행위에 따르는 심리적 과정들 중 도덕판단 이외의 과정들)을 통합하지 못한 점이 있었다는 것이다.[13] 때

---

13) J. R. Rest 편저, 문용린·유경재·원현주·이지혜 옮김, 『도덕발달 이론과 연구−도덕판단력, 행동, 문화 그리고 교육』(서울: 학지사, 2008), p.44.

문에 도덕성에 관한 연구를 실제 삶의 맥락에서 행동으로 옮길 수 있기 위한 방법론을 필요로 하였고, 현상의 복잡성과 많은 변인들 간의 상호관련성 그리고 그와 동시에 이루어지는 과정 등을 포함하는 도덕성 연구가 필요하였다. 때문에 인지발달 접근뿐만 아니라 사회학습·행동주의·정신분석학·사회심리학적 접근까지 모두 고려하는 다양한 도덕성에 대한 접근을 포괄하면서 레스트는 연구했는데, 도덕성의 여러 측면에 대해 <표 1>과 같은 도덕행동을 결정하는 네 가지 심리적 '구성요소들(components)'을 제시하였다.[14] 이러한 구성요소들은 '성격 특성들(personality traits)'이나 '덕들(virtues)'이 아니라 한 개인이 특별한 사회적 상황에서 어떻게 반응하는지를 찾는 중요한 '분석단위들(units of analysis)'이다.

도덕성의 4구성요소들은 <표 1>에서 보듯이 '도덕적 감수성(moral sensitivity)', '도덕적 판단력(moral judgment)', '도덕적 동기화(moral motivation)', '도덕적 품성(moral character)' 내지 '도덕적 행동화(moral action)'로 나누어진다. 도덕적 감수성은 어떤 상황을 도덕적 상황으로 파악하고, 그 상황에서 어떤 행위들이 가능하고 또 그 행동이 어떤 사람들에게 어떤 영향을 미치는지를 고려하는 것과 관련된다. 도덕적 판단력은 무엇이 가장 도덕적인지를 판단하는 것과 관련된다. 도덕적 동기화는 다른 가치들보다 도덕적 가치에 우선권을 부여하고 그 가치를 실행하고자 하는 것을 의미한다. 도덕적 행동화는 도덕적 행동을 이룰 수 있게 하는 인내, 자아강도 및 사회

---

14) J. R. Rest, "Background: Theory and Research" Rest, J. R. & Narvaez, D. (eds.), *Moral Development in the Professions:Psychology an Applied Ethics*(Hillsdale: Lawrence Erlbaum Associates Inc., 1994). pp.1-26 참조.

적·심리적 기술 등을 의미한다. 도덕행동을 결정하는 네 가지 심리적 요소를 도표로 제시해 보았다.

〈표 1〉 도덕행동을 결정하는 네 가지 심리적 요소

도덕성의 4요소	도덕적 감수성(1요소)	도덕적 판단력(2요소)	도덕적 동기화(3요소)	도덕적 품성(4요소)
내용	상황의 해석	도덕적으로 옳음에 대한 판단	도덕적 가치를 다른 가치보다 우선시하는 것	용기 있게 행동에 옮기는 것
요구되는 반응	이것은 도덕적 상황인가?	나는 무엇을 해야 하는가?	나는 책임이 있는가?	나는 어떻게 이것을 해야 하는가?
예시	공정, 배려, 충성, 권위, 신성에 대한 반응	이것은 공정하지 않다. 이것은 룰을 위반하는 것이다.	나는 도덕적 목표와 가치를 우선할 것이다. 나는 합리화를 하지 않는다.	어떤 종류의 의지와 기술을 가지고 실행을 해야 할까.
4구성요소의 분석을 위해 이 연구의 분석에서의 활용된 주요학자의 관점	볼커(J. M. Volker), 비보(MJ. Bebeau), 하이트(J. Haidt)	콜버그 (L. Kohlberg)와 레스트(J. R. Rest)	블라지(A. Blasi), 나바에츠(D. Narvaez), 반두라 (A. Bandura)	나바에츠

레스트의 4구성요소 모형은 도덕발달이나 행동이 특정한 단일과정의 결과임을 부인하는 관점이며, 네 가지 요소와 과정이 상호작용을 한다고 하더라도 구별되는 기능을 가지고 있다고 보는 관점이다. 때문에 한 과정에서 대단한 재능을 보이는 사람이 다른 과정에는 부적합할 수 있다. 매우 식견 있는 판단을 할 수 있으나, 어떠한 행동도 뒤따르지 않는 사람이 있을 수 있는 반면, 엄청난 집착력과 끈기를 가지고 있지만, 판단은 단순한 사람도 있을 수 있는데, 이처럼 레스트는 도덕심리를 하나의 변수나 과정으로 설명하지 않는 관점을 취한다.[15]

또한 그는 리코나(T. Lickona)의 인격교육론에서 시도된 것처럼 도덕성의 기본요소를 인지, 정서, 행동으로 환원해서 설명하지 않는 관점을 취하는데, 도덕성연구에서 인지발달이론가들은 사고를 연구하고, 정신분석 심리학자들은 정서를 연구하며, 사회학습이론가들은 행동을 연구한다고 진술하는 것은 진부한 사고방식이라는 것이다. 즉 인지, 정서, 행동이 각각 독립된 발달 경로를 가지고 기본적인 과정들과 구별된 요소들이라고 추정하는 것도 진부한 것이며, 인지와 정서와 분리된 도덕행위도 없다고 할 수 있다.16) 이런 점에서 레스트는 도덕성을 사고, 정서, 행동 등의 세 가지 영역으로 분류하는 전통적인 연구는 이들 세 가지 심리적 과정이나 요소들 사이에는 불확실한 관계가 있다거나 인지와 정서, 사고와 행동 간의 관련성을 밝히는 연구가 필요하다는 식의 제언으로 끝맺는 등 불만스러운 연구라고 보고 있다.17) 때문에 레스트의 4-구성요소과정에서 각각의 구성요소는 단지 하나의 관련이 아닌, 다른 종류의 인지·정의·행동적 상호관계를 포함한다. 각각의 과정은 도덕적 행위를 이루기 위해 함께 기능하는 인지·정의·행동적 양상을 포함하는 것이다. 결국 4-구성요소는 특별한 상황에서 도덕행위를 유발하는 과정들의 총체를 의미한다.18) 이런 점에서 인지·정의·행동적 영역의 삼분법적 목표 설정에 의해 통합적 접근을 추구하는 방식은 도덕교육의 궁극적인 목표인 도덕적 행동의 표출을 가능하게 하는 심리학적 설명과

---

15) J. R. Rest(2008), p.25.

16) J. R. Rest(2008), p.25.

17) 문미희, 『예비교사를 위한 인권교육 프로그램의 개발과 적용』(서울: 한국학술정보, 2005), p.49.

18) J. R. Rest(2008), p.26.

검증 및 평가를 제대로 제시할 수 없다는 한계를 가진다고 할 수 있기에 대안적 시도로서 레스트의 모형이 훨씬 더 적절성을 갖고 있다고 보인다.[19] 때문에 본 연구에서도 정보윤리교육의 모형을 정보윤리에 대한 지식(인지적 영역), 정보윤리에 대한 가치·태도의 형성(정의적 영역), 정보윤리를 위한 실천(행동적 영역)으로 설계하는 정보윤리교육모형을 제시하지 않고, 레스트의 도덕행동의 4구성요소 모형에 근거한 정보윤리교육의 모형을 수용하였다.

그런데 레스트의 도덕행동의 4구성요소 모형에 기초하여 개발된 국내외 연구를 살펴보면 다음과 같다. 레스트의 4구성요소 모형을 적용하여 교육과정을 개발하고 실행한 대표적인 예로는 미네소타대학교 치과대학[20]과 간호대학의 전문가윤리 교육과정[21]이 있다. 특히 비보(M. J. Bebeau)는 그동안 레스트의 도덕성의 4구성 요소 모형을 기초로 치과대학의 전문가 윤리교육과정을 설계하고 실행했던 경험으로부터 교직윤리 교육과정을 개발하는데 도움이 될 만한, 4구성요소들을 발달시키는 수업전략을 소개하고 있다.[22] 그런데 레스트의 도덕성의 4구성요소 모형을 정보윤리교육에 적용할 때, 이 4개요소만이 정보윤리 관련 행동에 영향을 미친다고 볼 수 없는 측면이 있다. 마치 콜버그가 강조하는 도덕추론만이 도덕행동에 영향을 미친다고 할 수 없는 것처럼 말이다. 도덕행동에 영향을 미치는 변

---

19) 정창우, 『도덕교육의 해법』(서울: 교육과학사, 2004), p.123.

20) M. J. Bebeau, "Influencing the moral dimensions of dental practice," In J. R. Rest & Narvaez(Ed.), *Moral develoment in the professions: psychology and applied ethics*(pp.121-146)(Hillsdale, NJ: Lawrence Erlbaum Associates, 1994).

21) L. J. Duckett. & M. B., Reden, "Education for ethical nursing practice", In J. R. Rest & Narvaez(Eds.), *Moral development in the professions: Psychology and applied ethics*(pp.51-70)(Hillsdale, N. J. Lawrence Erlbaum Associates, 1994).

22) 문미희(2005), p.76.

인에는 다른 환경적 요인과 개인적 요인이 있을 수 있는 것이다. 이러한 두 가지 영향변인들은 4구성요소와 영향을 미치거나 영향을 받을 수 있다. 또한 최종의 도덕적 행동에 영향을 미치는 것이다.

그렇기 때문에 4-구성요소의 처리과정에서 다른 영향변인 및 제약 요소도 검토할 필요가 있다. 도덕행동에 영향을 미치는 또 다른 변인이 있다면 그것은 무엇이 될 수 있을까? 연구자는 두 가지 중요 영향변인을 사회적 맥락 및 환경의 영향 요인과 개인적인 차원으로 나누어보았다. 사회적 맥락 및 환경은 도덕적 행동에 복잡하지만 많은 영향을 준다. 예컨대 디지털 기술의 환경과 그 환경에서의 도덕적 분위기 등은 사회적 맥락 및 환경적 요인으로 도덕성에 영향을 줄 수 있는 것이다. 개인적 차원은 도덕성의 4-구성요소 모형의 개인적 차원과 연결될 수도 있을 것이다. 이런 차원은 또한 레스트의 4구성요소 모형의 관련된 정보윤리교육적 교수전략의 설계와도 연결성을 가진다.

Ⅲ. 디지털 기술과 환경이 행위자의 도덕심리에 끼치는 영향

사회맥락 및 환경의 영향검토에서 우선 고려될 수 있는 이론은 앞서 언급한 크로웰의 연구이다. 크로웰과 그의 동료들은 디지털 기술이 심리적 거리를 만들어 냄으로써 도덕적 감수성, 도덕적 판단력, 도덕적 동기화, 도덕적 행동화란 도덕성의 4구성요소 모두에 해로운 영향을 끼친다고 보았다.[23] 심리적 거리의 개념은 루빈이 언급한 도덕적 거리 개념과 상당히 중첩되는데, 결국 기술적 속성의 환경이 우리의 도덕성에 영향을 줌을 강조하고 있다. 특별히 크로웰과 그 동료들은 주로 전자적 커뮤니케이션과 지적재산권의 문제와 관련하여 디지털 기술이 만들어내는 심리적 거리가 도덕성의 4구성요소 모두에 해로운 영향을 준다고 보았다.[24] 하지만 보다 다층적인 요소들이 도덕성의 4구성요소에 영향을 줌을 살펴볼 필요가 있다.

1. 도덕적 감수성에 미치는 영향

정보화 사회의 영향은 정보윤리와 관련된 도덕적 행동을 하는데 핵심적 역할을 할 수 있음을 상정해 볼 수 있다. 크로웰과 그의 동료들은 컴퓨터 기술이 매개된 의사소통은 심리적 거리감을 동반하는데, 이것이 변경된 정보윤리 감수성의 형태로 나타난다고 하였다.[25] 전통적인 상호주관적인 의사소통이나 면대면(face to face)의 의사소통과 컴퓨터 기술이 매개된 의사소통에는 중요한 차이가 있다. 예컨대 컴퓨터 기술이 매개된 의사소통의 대표적인 방식인 이메일(email)의 경우 다른 의사소통방식과 차이점이 있다.[26] 이메일은 여러 수신자들에게 빨리 도달할 수 있지만 면대면 상호작용이 동반하는 비언어적 단서들이 부족하고, 목소리의 고저나 억양이 전달되지 않으며, 송신자들이 현재에 부재하거나 청중으로서 떠나거나 송신자에 의해 상상

23) C. R. Crowell, D. Narvaez & A. Gomberg(2005), p.30.

24) 추병완(2012), p.125.

25) C. R. Crowell, D. Narvaez & A. Gomberg(2005), p.26.

26) S. Kiesler, J. Siegel & T. W. McGuire, *Social psychological aspects of computer-mediated communication.* American Psychologist, 39(1984), pp.1123-1134.

된 청중이 될 수 있는 것이다. 그러므로 면대면에서 발생하는 공감이나 상호주관적 감수성의 정상적인 계기들이 간과될 수 있다.[27] 또한 일반적으로 받아들여지는 의사소통의 의례나 에티켓들을 축소시키거나 폐지시키는 경향이 있으며 이메일에 반응하는 시간 역시 축소시키는 경향성이 있다. 이에 연구자는 여러 자료들을 통해 사이버 공간이 도덕적 감수성에 끼치는 영향을 <표 2>를 통해 제시해 보고자 한다.

〈표 2〉 사이버 공간이 도덕적 감수성에 끼치는 영향 분석

영향받는 영역들	영향받는 내용	영향받는 영역들	영향받는 내용
컴퓨터 기술이 매개된 의사소통 (이메일)	공감이나 상호주관적 감수성이 계기 약화, 정상적인 사회기준으로부터의 탈억제	사이버 불링 (Cyber Bullying)	고통받는 타자의 얼굴에 대한 실제감 약화 및 공감능력 약화
컴퓨터 기술이 매개된 저작권	변화된 지각의 제공, 사적 소유권의 불인정, 훔침이라는 의식약화와 역할채택과 공감 역화	온라인 환경의 도덕적 분위기	공감능력 및 정보윤리 감수성의 약화
프라이버시권	상대적 실제감의 차이 및 변화된 지각	인터넷 속의 종교, 민족주의 지향성	공감능력 및 정보윤리 감수성의 약화
인터넷 표절	상대적 실제감의 차이 및 변화된 지각	인터넷 속의 이념 지향성	공감능력 및 정보윤리 감수성의 약화

키슬러(S. Kiesler)와 그의 동료들은 참여자들의 지위성을 부각시키지만 유사한 이유에서 영향요소를 분석한다. 컴퓨터가 매개된 의사소통은 중요한 세 가지 특징을 가지는데, 첫째, 나중에 피드백이 가능한 '비동시성(asynchronicity)'이 있다는 것이다. 둘째, 참여자들의 지위성이 감소되어 의사소통이 비형식적이 되고, 동료와의 상호작용처럼 된다는 것이다. 셋째, 전통적인 의사소통보다 자기조절을

---

27) C. R. Crowell, D. Narvaez & A. Gomberg(2005), p.27.

약화시키고, 정상적인 사회적 기준과 경계로부터 개방적인 탈억제가 이루어진다는 것이다.[28] 이러한 탈구속적 컴퓨터 매개의 의사소통은 화자와 청자 사이의 심리적 거리감을 만들고[29] 사회적인 억제를 더욱 약화시키면서 도덕성에 부정적인 영향을 미친다고 보았다. 예컨대 빈정거림, 사이버 스토킹, 사이버 욕설 등을 촉진시킬 수 있다.[30] 이것은 '면대면(face to face)'의 상호주관적 의사소통을 위한 상호작용의 규칙들이 사이버 세계에서는 쉽게 적용되지 않아서 발생한다고 할 수 있다.

또한 컴퓨터기술이 매개된 의사소통뿐만 아니라 컴퓨터 기술이 매개된 대상과 그렇지 않은 대상과 관련된 저작권 부분에서도 도덕적 감수성의 차이가 발생한다. 도덕적 감수성에 영향을 끼치는 기술의 속성은 재산권을 구성하는 것에 대해 변화된 지각을 만들어내고, 소프트웨어나 컴퓨터 파일 등의 사적인 소유를 잘 인정하지 않는 도덕적 감수성의 둔화를 가져온다고 볼 수 있다.[31] 저작권에서 심리적 거리감이 발생되는 온라인 상황의 경우 저작권 침해가 일종의 훔침이라는 심각한 의식이 발생하지 않고 역할채택과 공감 역시 약화되는 요소로 작용할 수 있다.

인터넷 기술이 매개된 곳에서는 화자와 청자의 심리적 거리감이 있듯이, 사용자와 저작권 사용자의 심리적 거리감이 있는데, 도덕적 감수성이 있다면 이러한 거리도 보다 가까워질 수 있겠지만 사이버

---

28) S. Kiesler, J. Siegel & T. W. McGuire(1984), pp.1123-1134.

29) M. Sumner & D. Hostetler(2002), pp.277-291.

30) C. R. Crowell, D. Narvaez & A. Gomberg(2005), p.29.

31) C. R. Crowell, D. Narvaez & A. Gomberg(2005), p.30.

공간의 영향은 부정적 영향을 끼친다고 볼 수 있다.[32] 일찍이 프리드맨(B. Friedman) 역시 성인의 도덕적 감수성은 저작권 침해와 같은 컴퓨터 프로그램의 불법적인 복제가 저작권 보호를 침해할 뿐만 아니라 컴퓨터 파일을 해킹함으로써 개인의 프라이버시권을 침해하는 것을 받아들이는 것에 대해 비판적임을 보여주었다. 다만 온라인에서 저작권 침해나 프라이버시권 침해를 허용할 만하다고 보았던 성인들은 일반적으로 재산권이나 프라이버시권에 대한 존중감이 떨어지는 것이 아니라 컴퓨터 재산권과 프라이버시권을 다른 종류의 재산권과 프라이버시권과는 다른 것으로 판단했기 때문이었다.[33] 그리고 여기서는 도덕적 판단력보다는 도덕적 감수성이 보다 이슈가 된다고 보았다. 문제가 되는 차이는 자전거와 자동차와 같은 물리적 재산권은 디지털의 다큐멘터리와 노래와 같은 사례의 컴퓨터 재산권과 관련해서 상대적인 실재감에서 차이가 난다는 것이다.[34]

유사한 사례는 인터넷 표절에서도 일어날 수 있다. 긴급한 상황에 속에서 직접적으로 논문이나 리포트를 표절하는 것보다 손쉽게 자료를 복사할 수 있는 인터넷 표절은 역시 훔친다는 실재감 및 의식을 약화시키고, 표절과 관련된 속성들에 대해서 변화된 지각을 일으키면서 도덕적 감수성의 둔화를 가져올 수 있다.

SNS, 카카오톡과 같은 모바일메신저 등 사이버공간상에서 이뤄지는 언어폭력과 왕따를 말하는 '사이버 불링(Cyber Bullying)'의 경우

---

32) C. R. Crowell, D. Narvaez & A. Gomberg(2005), p.36.

33) B. Friedman, "Social judgments and technological innovation: Adolescents' understanding of property, privacy, and electronic information", *Computers in Human Behavior*, 13(3), 1997, pp.327-351.

34) C. R. Crowell, D. Narvaez & A. Gomberg(2005), pp.24-25.

도 온라인상의 특성 때문에 도덕적 감수성의 약화와 관련되면서 영향을 준다. 오프라인 상에서의 언어폭력과 왕따는 괴롭히는 친구의 모습을 보게 되어 주춤할 수도 있지만 온라인상에서는 얼굴을 보지 못하기 때문에, 도덕적 감수성의 약화를 이끌게 되고, 도덕적 감수성과 관련된 공감능력의 약화를 보여주면서 과격한 언어폭력을 가할 수 있는 환경을 만들어 주는 것이다. 도덕적 감수성과 관련 깊은 공감능력에 대한 2,070명에 대한 룩셈부르크 학생들에 대한 연구에 의하면 사이버 불링에 가담하지 않는 학생보다 가담하는 학생들이 희생당하는 타자에 대한 공감능력이 매우 부족했다($F = 1,2,065) = 31.97$; $p < .001$) 오프라인 상에서의 언어폭력 및 왕따도 비참여자에 비해 매우 부족한 공감능력을 보여주지만($F = 1,2.063) = 20.17$; $p < .001$) 전통적인 폭력 및 왕따가 온라인상에서의 사이버 불링보다 공감능력이 더 있음을 보여주는 것이다.[35]

2013년 대한민국의 경우도 여중생의 경우 39.2%가 사이버 괴롭힘을 당한 적이 있는 것으로 조사되고 있으며, 신체적 폭력보다 사이버폭력으로 인한 정서적인 고통이 더 심각한 것으로 조사되고 있는데, IT의 발달로 가상공간을 통해 죄책감 없이 이뤄지는 게 문제라고 할 수 있다.[36] 한국인터넷진흥원의 조사에 따르면 휴대폰이나 인터넷을 통해 반복적으로 심리적 공격을 가하는 '사이버 불링'의 경우 우리나라 초·중·고교생 20% 이상이 경험한 적이 있는 것으로 나타났으며, 사이버 불링의 피해 확률은 남학생(23%)보다 여학생

---

35) G. Sreffgen & A. Konig, Cyber Bullying: The role of traditional bullying and empathy, 1-7. Retrieved from(2009) 참조.
http://icbtt.arizona.edu/sites/default/files/COST298-Template-Cyberbullying_Steffgen.pdf

36) 정병묵 기자, "'사이버 왕따' 여학생들이 더 많이 시킨다", 『이데일리』, 2013년 6월 20일자 참조.
http://www.edaily.co.kr/news/NewsRead.edy?SCD=JE41&newsid=02558406602843688&DCD=A00504&OutLnkChk=Y

(36%)이 더 높은 것으로 조사되고 있다.

여기서 온라인 환경의 '도덕적 분위기(moral atmosphere)'도 중요하다고도 할 수 있다. 사이버 환경의 도덕적 분위기가 친사회적이지 않고, 공격적이라면 그리고 경쟁적이라면 사이버 명예훼손, 사이버 폭력 등에 대해 둔감하고 도덕적 감수성이 둔감하게 작동할 수 있다. 현실은 청소년 10명 중 3명이 사이버 불링은 폭력이 아니라 학교 일상 문화로 인식한다는 데 심각성이 있다. 개인 홈페이지 등에 욕설이나 악성댓글을 다는 것을 폭력으로 여기지 않는 등 폭력 자체에 둔감해지며 일상화되게 만들고 있어서 온라인 환경의 도덕적 분위기가 좋지 않기에 더욱 문제를 야기시키면서 도덕적 감수성을 감소시키고 있다고 할 수 있다.37)

또한 오프라인 공간보다 온라인 공간 속에서 이념과 같은 요소들이 작동할 때, '내집단(in-group)'에 대해서는 충성심과 민감성을 가지지만 외집단에 대해서는 이념적 진영논리가 심각하게 작용하면서 도덕적 감수성이 떨어지는 경향을 많이 보여준다. 특별히 옳음이나 선이 자신이 속해 있는 집단의 행위와 자동적으로 연결되어 있다고 믿을 때, 이런 양상은 더욱 심해질 것이다.38) 사실 아직도 온라인 공론장의 양상을 보면 진보와 보수 등 이념적 성향이 다른 사람에게는 타인의 관점이나 주장에 대한 도덕적 감수성이 떨어지는 경향성을 목도한다. 사회적 직관주의자 또는 도덕적 토대이론으로 최근에 알려진 도덕심리학자 하이트(J. Haidt)가 강조하듯이 흔히 진보주의자들은 도덕판단의 근원이 되는 자신의 '자동적 직관(automatic intuition)'

---

37) 박록삼 기자, "'사이버 불링'에 피멍드는 청소년－인터넷·SNS서 악성 댓글, 금품요구 등 학교폭력 진화", 『서울신문』 2012년 4월 10일자 참조. http://www.seoul.co.kr/news/newsView.php?id=20120410011011

38) 추병완(2004), p.303.

을 통해 보수주의자들이 중요하게 여기는 도덕적 직관을 무시해 버릴 수 있다. 예컨대 충성심, 애국심, 순결과 같은 가치들을 진보주의자들은 중시하지 않는다. 반면에 보수주의자들은 내집단과 외집단간에 경계에 대한 관심으로 특히 내집단에 대한 헌신으로서의 '내집단충성(in-group)', 존경 혹은 경의를 표해야 할 사람에게 적절히 처신하지 못한 것에 대한 분노로서의 '권위존중(authority)', 신성과 순결을 찬양하는 반면 음탕과 불결을 천시하는 '순결성(purity)'에 대한 감각에 직관적인 본능적 선호를 갖고 있다는 것이다. 하이트는 <표 3>에서 제시된 것처럼 모든 사회에서 위해/배려, 공정/호혜, 권위/존경, 순수/신성, 내집단/충성의 도덕적 5가지의 직관의 토대가 발견된다고 보았다.

〈표 3〉 다섯 가지 직관의 기초와 관련된 직관적 경향성[39]

직관의 기초	위해/배려	공정/호혜	내집단/충성	권위/존경	순수/신성
특유의 감정	연민	분노, 감사, 죄의식	집단 자부심, 귀속감	존경, 두려움	혐오
직관적 편향성	서구의 진보적 자유주의자들에게 편향적으로 나타나는 직관		한편 하이트는 성적, 육체적, 영적인 영역에서 순결에 반하는 것에 대한 '혐오 감수성(disgust sensitivity)'이 있는 이들은 정치적 보수성향을 가진다고 주장한다. 도덕적 직관에 있어서는 사회적 불평등과 권위주의에 대해서는 더욱 관용적인 성향이 있고, 동성애 등과 관련된 성적인 태도에서는 보다 보수적인 경향성을 가진다고 말한다.		
	전통사회나 서구의 보수주의적 이념이나 가치를 가진 곳에서는 5가지 직관의 기초가 모두 나타남				

---

39) J. Graham, J. Haidt & B. A. Nosek, "Liberals and Conservatives Rely on Different Stages of Moral foundations", Journal of Personality and Social Psychology. 96-5(2009)와 Y.Inbar, D. Pizarro, R. Lyer & J. Haidt, "Disgust sensitivity, Politcal Conservatism, and Voting", Social Psychological and Personality Science 000-00(2001) 참조.

하지만 하이트의 '교차문화연구(cross-cultural reseaech)'에 따르면 교육받은 서구인들의 도덕 영역은 '배려의 윤리(caring of ethics)'와 관련된 위해/배려, 투리엘(E. Turiel)이나 콜버그(L. Kohlberg) 등이 강조한 공정/호혜라는 좁은 영역에 한정되는 직관적 편향성이 있다는 것이다.40) 반면에 내집단/충성, 권위/존경, 순수/신성이라는 도덕적 영역까지 포괄하는 도덕적 직관이 나타나는 것은 전통사회뿐만 아니라 서구사회에서도 종교·문화적으로 보수적인 가치나 이념을 가진 곳에서는 나타난다고 본다. 이런 점에서 오히려 진보적인 자유주의적 가치는 위해/배려, 공정/호혜라는 직관에 핵심적인 편향성을 가진다고도 볼 수 있는 것이다.41)

'의식적 숙고(conscious deliberation)'가 도덕판단에서 매우 미미한 역할을 할 수 있다는 이런 '사회적 직관주의 모형(social intuitionist model)'의 성찰은 정보윤리교육에서 이성에 의한 숙고에 이전에 직관에 의한 도덕적 자동성에 관심을 기울이게 만든다. 물론 자동적인 도덕적 직관이 도덕판단에서 대부분이며, 의식적인 숙고와는 관련성이 떨어진다는 하이트의 주장은 자동적인 직관 역시 이전의 의식적인 숙고와 이성에 의해 형성될 수 있다는 비판을 받을 수 있다.42) 하지만 진영논리와 이념적 대립이 심한 사이버상의 온라인 공론장에는 '도덕적 이성(moral reason)' 또는 숙고 이전에 무의식적이고 빠른 자동적인 직관이 개입된 '판단(judgment)'이 편향적으로 많은 영향을 끼칠 수 있다는 점은 심각하게 고려될 수 있을 것이다. 예컨대

---

40) J. Haidt, "The New Synthesis in Moral Psychology", *Science,* 316(2007), p.1001.

41) J. Haidt(2007), p.1001.

42) D. A, Pizarro & P. Bloom, "The Intelligence of the Moral Intuitions: Comment on Haidt(2001)", *Psychological Review,* 110-1(2003), p.193 참조.

진보적인 자유주의적 성향을 가진 사람은 오히려 '위해/배려'와 '공정/호혜'의 치우치는 직관적 편향성이 있다면 보수주의적 성향의 사람들은 후자의 다른 세 가지 직관적 기초에 더 경향성을 갖는다. 때문에 자신만의 '도덕적 안락 범위(moral comfort zone)' 또는 '도덕적 편견(moral prejudice)'이 작동하여 모든 측면의 도덕영역에 감수성을 가지고 반응할 수 있는 가능성을 저해할 수 있는 것이다. 관련하여 이념적으로 편향된 네티즌과 시민들이 감성적이고 자극적인 이슈에만 몰두하고 장기적인 관점에서 정책이나 정치를 생각하지 않는다면[43] 이념적 편견에 함몰되면서 사이버 공간에서 도덕적·정치적 판단과 관련해서 도덕적 감수성이 결여될 수 있는 것이다.

2. 도덕적 판단력에 미치는 영향

크로웰과 그의 동료들은 변경된 도덕적 감수성이 도덕적 판단력에도 영향을 미친다고 본다. 예컨대 자전거나 자동차와 같은 것들과 비교하여 문서나 음악은 재산권에 대한 존중감을 상실하지 않으면서도, 침해되는 경향이 있는데, 이것은 재산권의 또다른 유형이라기보다는 다른 방식으로 재산권이 판단된다고 할 수 있는 것이다.[44] 우리가 손으로 만질 수 있는 대상이나 물건에 대해 도덕적으로 그릇된 것이라고 판단하는 것과 디지털 대상이나 자료에 대해 도덕적으로 그릇된 것이라고 판단하는 것 사이에 큰 차이를 가진다는 것이

---

43) 이상우, 「참여민주주의의 재성찰: '현실의 시민'을 중심으로」, 영남대학교 대학원 박사학위논문, 2009, p.120.

44) C. R. Crowell, D. Narvaez & A. Gomberg(2005), p.24.

다. 디지털 자료나 대상이 사적인 소유가 아니라고 인식하는 한, 디지털 자료나 대상과 연루된 행동에 대해서는 더욱 관대한 도덕적 추론의 허용성을 보여준다는 것이다.[45]

실제로 1,988명의 고등학생에 대한 사례연구에서 프리드맨(B. Friedman)은 자전거와 같은 타인의 물리적 재산권을 범하는 것은 올바르다고 생각하는 학생들이 전혀 없었지만 77%의 학생들이 다른 사람의 컴퓨터 프로그램을 복사하는 것은 옳다고 생각하며, 47%의 학생들이 다른 사람에게 주기 위해 프로그램의 저작권 침해가 올바르다고 보았다.[46] 결국 컴퓨터가 매개된 대상이나 자료들은 심리적인 거리감을 가져와서 정보윤리적 판단력에도 영향을 준다고 할 수 있다.

또한 신속하고 경쟁적인 분위기 속에서 저작권이 함부로 다루어지는 '도덕적 분위기(moral atmosphere)'가 사이버 공간을 지배한다면 도덕적 판단력은 영향을 받을 수 있다. 저작권 위반에 대한 처벌이 제대로 이루어지지 않은 경우 1단계의 복종과 처벌지향단계에서는 쉽게 저작권 위반을 올바르다고 판단할 수 있으며, 자기 자신에게 이익이 되는 행위가 옳다고 보는 2단계의 개인적주의적 단계에서도 저작권 위반을 정당화할 개연성이 크다고 할 수 있다. 인터넷에서 정보가 수집되고 전달하는 속도는 엄청나게 빠르고 쉽게 부정한 방식으로 정보가 처리된다면 개인 간의 상호기대 및 조화를 추구하는 3단계나 사회제도와 질서를 따르는 4단계의 정보윤리판단력역시 저작권 위반을 정당화할 개연성이 크다고 할 수 있다. 반대로 저작권 침해에 대한 타자의 시선이 비판적이거나 사회제도적 제제

---

45) 추병완(2012), p.125.
46) B. Friedman(1997), pp.327-351.

나 법률적 판단이 부정적일 때, 저작권 위반을 정당화하기는 어려울 것이다.

또한 인터넷을 통한 여론 형성이 부분적이고 단기적이며 정제되지 않는 여론형성이 이루어지는 분위기라면 인터넷을 통한 토론에서도 딜레마 갈등에 따른 도덕적 숙고가 심화되지 않는 경향이 있다. 인터넷을 통한 토론이 심의과정에 이를 수 있는 정도의 논의가 이루어지지 못하고 즉흥적이기에 정보윤리적 판단력의 고양이나 이와 연관된 의사결정의 질을 떨어뜨릴 수도 있는 것이다. 하버마스(J. Habermas)의 탈인습적 도덕판단이론에 따르면 인터넷의 가상공간은 자유롭게 자신들의 의사를 개진하고 상호 경청하면서 서로가 동의할 수 있는 합의를 형성하는 기능을 할 수 있다. 그러나 전자적 공론장에 참여하는 네티즌이 인터넷에 접속하여 의견을 제시하는 건수는 증가하지만 실제적으로 구체적인 이슈나 정책에 토론하기보다는 자신의 불만 사항을 일방적으로 제시하고 자신의 선입견을 고집하는 것을 볼 수 있으며, 때문에 도덕적 판단력의 고양을 방해할 수 있는 것이다. 많은 경우 인터넷 공론장은 정치 경향성이나 당파성에 매몰되어 있기에, 심도 깊은 논의를 통해 대안적 정치, 도덕적 담론을 형성하거나 도덕적 판단력을 고양하는 데 도움이 되지 못할 수 있다.

익명성 역시 사회적 압력으로부터 개인을 자유롭게 하면서 정보윤리적 판단력의 제고를 촉진시킬 수 있지만 다른 한편으로 허위정보의 유포, 비방, 욕설 등의 일탈적 행위로 흐를 가능성이 있는 것이다. 자신의 신원을 공개하는 글이 그렇지 않는 글에 비해서 욕설이나 비방적 표현을 상대적으로 적게 쓰고 있다는 점에서 익명성이 계속 보장되는 한 온라인 토론을 통해 도덕적 판단력을 고양하는 것이 어려운 점이 있다고도 볼 수 있는 가능성이 있다. 또한 많은 경우 차분한 글보다는 비방과 흑색선전이 난무하고 이성보다는 감성에 호소하는 글들이 많아서 심도 깊은 토론과 도덕적 판단력으로 이어질 가능성을 축소시킬 수 있는 것이다. 토론에 참여하는 사람들이 다양한 목소리를 표출하고 상호이해를 추구하기보다 근거 없는 추측, 논리성과 객관성이 결여된 글들이 난무하기에 토론과 도덕적 판단력의 제고에 문제가 있는 것이다.

3. 도덕적 동기화에 미치는 영향

정보윤리 동기화는 사이버 공간에서 도덕적 가치를 다른 어떤 가치들보다 더 우위에 두고, 그것을 추구, 수행하려는 동기를 말한다. 나바에츠(D. Narvaez)는 도덕적 동기화 또는 정보윤리 동기화에 환경적 영향력, 상황적·사회적 압력, 분위기나 에너지 등 다양한 환경적·맥락적 요소들에 의해 영향을 받기 때문에 연구의 어려움이 있다고 보는데, 크로웰과 그의 동료들은 컴퓨터 매개 커뮤니케이션 기술이 발생시키는 심리적 거리가 정보윤리 동기화에도 영향을 미친다고 본다. 자전거는 그 자전거의 소유자를 내포하지만, 소프트웨어는 그렇지 못하기에 소프트웨어에 대해서는 재산권에 대한 일상적인 규칙들이 제대로 활용되지 않는다. 매체가 행위자로부터 한쪽 끝에 있는 사람, 즉 개발자나 메시지의 수신자들과의 심리적 거리를 크게 만들 때에는 일상적인 도덕적 규칙이나 행동 기준에 의거하는 경향성이 감소된다는 것이다. 다시 말해서 심리적 거리는 타인에 대한 결과나 해로움에 대한 지각을 변경시키기 때문에, 도덕적 가치보다 개인적 이익에 대한 동기적 중요성이 상대적으로 증가하게 된다는 것이다.[47) 사이버 공간의 심리적 거리는 잠재적으로 해가 되는 사람, 그리고 타인에 대한 관심보다는 개인적인 목표를 보다 촉발시키게 되고 직접적인 제재의 부재는 사이버 공간을 더욱 법으로부터 자유로운 공간으로 만들게 되는 것이다.[48)

〈표 4〉 정보윤리동기화에 영향을 끼치는 과정 분석

예시 1: 컴퓨터 매개 커뮤니케이션 기술 → 심리적 거리감 → 타인에 대한 결과와 해
로움에 대한 지각 변경 → 개인적 이익에 의한 동기 증가 → 도덕적 가치의
동기화를 억누름
예시 2: 인터넷 표절 → 심리적 거리감 → 도덕적 정체성에 대한 심각한 갈등을 야기
하지 않음 → 정보윤리 동기화를 약화시킴
예시 3: 사이버 공간의 기술적 요인 → 정체성 변화의 용이함 → 다양한 정체성 표출
과 함께 정체성에 대한 혼란 야기시킴 → 도덕적 중심 및 도덕적 정체성의 약
화 → 자신의 욕구 충족에 몰입 → 사이버상의 도덕적 이탈로 나아감
예시 4: 사이버 불링과 사이버 공간 → 자아일치의 욕구를 제약 → 도덕적 행동을 위
한 동기적 원천을 방해

유사한 이유에서 인터넷 표절의 경우도 오프라인 상의 표절보다 죄책감이나 도덕적 자기정체성에 대해 심각한 갈등을 야기하지 않기에 정보윤리 동기화에 영향을 끼친다고 볼 수 있다. 물론 도덕적 기준은 자아 또는 자아정체성 속에 핵심적으로 갖고 있는 사람은 지위, 권력, 즐거움, 흥미 등과 같은 내적인 충동 등의 다른 것의 동기화로 말미암은 표절을 하지 않을 것이다.[49)

---

47) B. Friedman(1997), pp.30-32. 추병완(2012), p.125에서 재인용.
48) C. R. Crowell, D. Narvaez & A. Gomberg(2005), p.24.
49) C. R. Crowell, D. Narvaez & A. Gomberg(2005), p.25.

자아정체성, 도덕적 정체성과 관련하여 종종 사이버 공간은 익명성 또는 자신의 정체성을 사이버 기술 뒤로 숨길 수 있다는 측면에서 사이버 폭력이나 성폭력 그리고 사이버 불링을 증대시키기도 한다. 사이버 공간의 기술적 요인으로 말미암아 정체성의 변화의 용이함은 자신의 정체성을 다양하게 표출할 수 있는 가능성을 표출시킬 뿐만 아니라 정체성에 대한 혼란을 유발시키기도 한다.[50] 만약 정체성의 실험이 임의적인 해체와 반복으로 본질적인 자아상을 상실한 채 상황마다 임의적으로 나타나는 부분적인 정체성인 본질적인 정체성을 덮어버리는 역전현상이 벌어질 경우, 자아 정체성의 상실과 함께, 도덕적 중심 및 도덕적 정체성을 잃어버린 채, 자신의 욕구와 충족에만 집중함으로써, 사이버 일탈로 나아가게 된다고 할 수 있다.[51]

상대가 나를 인지하지 못한다는 사실과 그때그때 변화하는 'ID'는 순간의 정체성을 의미할 뿐, 현실공간의 '이름'처럼 총체적인 정체성을 구성하지 못하기에 새로운 정체성을 시험할 수 있는 계기를 넘어 도덕성과 자아 간의 분리와 부조화를 촉진할 수 있다. 개인은 통합이 깨어진 자아 속에서 순간적인 욕망이나 욕구에 충실할 뿐, 종합적인 자신의 이미지나 상을 구현하지 못할 수 있다. 인터넷 시대에 종종 나타나는 정체성 상실이란 바로 이와 같은 자아정체성과 타자성의 상실에서 오는 것으로 도덕적 정체성 및 도덕적 동기화에 부정적인 방향으로 작동할 수 있다.[52] 177명의 캐나다 학생들의 연

50) 김은수, "사이버 공간에 있어서 청소년의 도덕적 자아 형성을 위한 도덕교육적 접근", 서울대학교 국민윤리학과 박사학위논문, 2003, p.24
51) 김은수(2003), p.212.
52) 최용성 외, 『정보통신윤리 교육교재』(서울: 부산체신청, 2006), pp.25-26 참조.

구에 따르면 40%의 사이버 불링 피해자들이 온라인 가해자들의 정체성을 몰랐으며, 가해자 역시 피해자들의 반응이나 가해행동의 결과를 관찰할 수 없었다고 한다.[53] 블라지(A. Blasi)에 의하면 도덕적 정체성은 자신의 정체성 또는 자아개념과 도덕성의 통합의 결과인데, 자신의 자아개념을 분열시키고, '자아일치(self-consistency)'에 장애를 가져오기도 하는 사이버 공간은 자아일치의 요구를 제약하면서 도덕적 행동을 위한 동기적 원천을 방해하는 역할을 할 수 있는 것이다.[54] 블라지는 도덕적 고려가 본질적인 자아에 핵심적으로 작용하며, 이런 자아에 대한 진실성은 행위에 있어서의 일관성을 가져오는 것이라고 보았는데,[55]이런 측면을 온라인 공간은 장애요소로 작용할 수 있는 것이다.

특별히 정보사회에서의 온라인 공간은 프라이버시와 익명성의 공간이라는 환경을 제공한다. 가정이나 사회에서 사용되고 있는 컴퓨터 기술들은 비도덕적인 행위들이 거의 절대적인 프라이버시 속에서, 즉 전혀 다른 사람에게 들키지 않는 가운데 일어날 수 있게 만들어준다. '초자아(superego)' 때문에 욕망을 억누르고 살아왔던 온라인 공간을 넘어서 억압되어 온 '이드(id)'를 분출할 수 있는 공간이 될 수 있는 것이다. 또한 컴퓨터 앞에 앉아 있으면 추상화된 형태로서의 나의 ID만 노출될 뿐 상대방이 전혀 나의 '자아(ego or self)'를

---

53) Q. Li, *Cyberbullying in schools: Nature and extent of Canaidan adolescents experience, 2005,* Retrieved from, http://www.eric.ed.gov/PDFS/ED490641.pdf 참조.

54) A. Blasi, "The Moral Cognition and Moral Action: A Theoretical Perspective", *Developmental Review,* 3, 1983, pp.178-210 참조.

55) A. Blasi, "Moral Character: A Psychological Approach, Lapsley", D. K. & Power, F. C. (eds.). *Character Psychology and Character Education*(Notre dame: University of Notre dame Press, 2005), pp.67-100 참조.

알아볼 수 없다는 익명성으로 인한 정보윤리적 동기화의 약화가 발생할 수 있다.[56] 도덕적 원칙을 사용하고 도덕적 결정을 하고 행동을 하는 것과 자아가 분리됨으로써 도덕적 동기화로 작용하는 도덕적 정체성 역시 중요한 역할을 할 수 없다고 볼 수 있다.

4. 도덕적 품성화(실천행동화)에 미치는 영향

크로웰과 그의 동료들은 심리적 거리는 정보윤리 행동화에도 영향을 미친다고 본다. 심리적 거리는 직접적인 해로움이 없다면 문제될 것이 거의 없다는 식의 정신 상태를 유발하여 여러 가지 유형의 비도덕적 행위들에 관여하게 만든다. MP3 파일의 비합법적 다운로드, 사이버 폭력, 다른 작품들의 표절, 도촬, 개인용 컴퓨터 파일의 해킹 등에 이르기까지 디지털 기술은 심리적 거리에 의해 도덕적으로 관련된 정보의 처리에 해로운 행동의 영향을 주는 것이다.

심리적 거리와 관련하여 인터넷 중독이나 게임 중독 및 채팅 중독의 경우 다른 오프라인 상의 중독보다 비도덕적 행위들에 관여하게 할 개연성이 크다. 인터넷에 몰두하면 뇌에서 행복과 만족을 느끼게 하는 물질인 도파민이 계속 분비된다. 도파민은 뇌의 전두엽을 자극하는데, 이 자극이 계속되면 충동을 자제하는 전두엽 기능이 떨어져 인터넷에 중독되는 것이다. 전두엽 기능이 떨어질 경우, 분노, 공격성, 관능적 욕구, 탐욕에 관련된 충동, 강박 등을 통제하기가 어려워진다고 한다. 또한 행동 억제 능력을 떨어뜨려 충동적, 강박적, 공격적, 폭력적 행동을 더 많이 유발시킬 수 있다고 한다.[57] 레스트의 4

---

56) 추병완(2004), p.314.

구성요소와 관련하여 도덕기능과 관련된 여러 가지 신경과학적 연구결과들을 검토한 나바에츠에 의하면 인간의 도덕성을 구성하는 도덕 기능은 뇌의 기능에 의존하기에 도덕적 감수성, 추론, 동기화뿐만 아니라 도덕적 행동도 뇌의 영역과 연관된다고 할 수 있다. 결국 사이버 공간에서의 오랜 노출과 몰두는 게임 및 중독의 위험에 대해서 또 유혹에 대해서 자기 조절과 개선보다는 방치하는 경향성을 제공한다. 자신의 감정이나 욕구를 통제하고 행동을 적절하게 조절하는 것이 사이버 공간에서는 더욱 어렵게 되어 정보윤리 행동화에 해로운 영향을 줄 수 있다.

또한 익명성, 각성, 감각적 과부하, 기분 전환용 약물, 자기초점에서의 감소 등이 탈개성화를 유발하여 탈억제적이며 공격적인 행동을 야기하는 것처럼 사이버 공간이 제공하는 현실의 규제로부터 풀려나는 탈억제(disinhibition) 효과가 정보윤리행동화에 저해요소가 될 수 있다.[58]

탈억제와 관련하여 사회적 실재감이론은 미디어를 이용할 때에 그 미디어가 사용자와 의사소통하고 있는 상대방의 존재를 어느 정도 인식할 수 있게 해주느냐의 문제와 관련된 이론인데, 컴퓨터 매개 커뮤니케이션이 상당히 낮은 사회적 실재감을 보여주기에 정보윤리 행동화에 저해 요소가 된다고 본다.[59]

특별히 슐러(J. Suler)는 탈억제 효과가 긍정적, 부정적 기능을 동시에 작용하면서 정보윤리 행동화에 영향을 준다고 본다. 다시 말해

---

57) M. Gazzaniga, 박인규 옮김, 『뇌로부터의 자유: 무엇이 우리의 생각, 감정, 행동을 조종하는가?』 (서울: 추수밭, 2012), p.81 참조.
58) 추병완(2012), p.127.
59) 추병완(2012), p.128.

서 억제의 상실로서의 탈억제가 보다 정서적이며, 타인에 대한 열린 자세, 정서에 대한 방어막을 풀어놓는 것 등을 가져오면서 일종의 정서적 카타르시스(catharsis) 역할을 하게 하는데, 이러한 긍정적 성격의 탈억제 현상 슐러(J. Suler)는 '온화한 탈억제(benign disinhibition)'라고 부른다.60) 하지만 사이버 공간에서 타인에게 무례한 언어를 거침없이 사용하거나 가혹한 비판, 노여움, 증오, 위협을 가하도록 만들기도 하면서 유독한 탈억제(toxic disinhibition)의 행동을 통해 정보윤리 행동화에 부정적으로 역할할 수도 있다. 사이버 범죄의 경우 익명성과 탈억제효과에 의해 정보윤리 행동화에 상당히 저해되는 범죄적인 행동을 촉발시킬 수 있다. 사이버상의 익명이 허위이름이나 코드 혹은 번호를 사용하는 등의 허위신분의 이용, 허위 이름이라도 밝히지 않는 추적불가능의 신분, 타인과의 연락을 위해 허위주소를 사용하는 익명 등 다양한 방법을 허용하기에 사이버 범죄를 확장시키면서 정보윤리 행동화에 부적인 영향을 줄 수 있다.

또한 창조적 선용이 아닌 과도한 소비적 활용, 소비중독, 게임 중독 등의 문제와 관련하여 도덕적 품성화에 부정적인 영향을 줄 수 있다. 제임슨(F. Jameson)은 『포스트모더니즘, 후기 자본주의의 문화적 논리』에서 이 시대의 문화가 모사문화이며, '상품 물신주의'가 최종 형태를 취하는 정신적 문화활동의 상품화 및 소비숭상 단계에 이르는 '문화 상업화'시대라고 말한다.61) 실제 한국의 사이버 공간은 상업주의적 욕망과 소비자본주의의 폐해가 넘쳐나는 공간인데,

---

60) J. Suler(2004), pp.321-326 참조.

61) F. Jameson, *Postmodernism, or, The Cultural Logic of Late Capitalism*(Durham: Duke University, 1992), p.18.

양질의 콘텐츠보다 쉽게 만들어 바로 돈이 될 수 있는 자극적인 콘텐츠가 양산되는 경향이 있다. 국내 유수의 포털 사이트는 성인물 콘텐츠를 강화시키기도 하는데, 인터넷을 자극적이고 충동적인 콘텐츠로 오염시키는 악순환이 많이 발생되는 것이다.62) 이런 시대 상황 속의 사이버 공간은 소비 자본주의의 유혹을 표출하는 이상한 해방구의 역할을 하며,63) 감각과 욕망의 숭배, 절제와 인내가 감소하면서 사이버 공간의 도덕적 품성화의 감소에 영향을 끼칠 수 있다.

Ⅳ. 도덕성의 4구성요소에 따른 정보윤리교육적 교수전략

앞서 살핀 대로 디지털 기술이나 환경이 사이버 공간상의 도덕심리와 도덕적 행동에 영향을 줄 수 있으나 개인의 도덕적 단위요소가 이를 극복하거나 영향을 주는 변수로 작용할 수 있다. 또한 개인의 연령이나 발달정도 그리고 교육정도가 영향을 준다고 할 수 있다. 인간은 끊임없이 변화한다. 발달은 정규교육연관과 관련되고, 교육과 발전에 대한 지속적인 격려를 받을 때, 개인적인 도덕성과 관련된 정보윤리성의 4구성요소는 발달한다고 볼 수 있다. 정보윤리교육의 영역 내에서 4구성요소의 각각의 과정을 높일 수 있는 방향을 제시한다면, 특별히 정보윤리교육은 도덕성의 4구성요소의 발달에 직접적으로 도움을 줄 수 있다고 할 수 있다.64) 때문에 개인의 도덕성

---

62) 최용성외(2006), p.84.
63) 최용성외(2006), p.81.

의 영향과 이를 촉진할 수 있는 방안 및 정보윤리교육의 교수전략을 레스트의 4구성요소와 관련하여 살펴보고 제시하고자 한다.

1. 도덕적 감수성의 발달과 정보윤리교육적 교수전략

우선 사람들 사이에는 도덕적 감수성에 있어서 현저한 개인차가 있으며 도덕적 감수성이 있는 사람이나 정보윤리교육을 등을 통해 도덕적 감수성이 발달된 사람이 디지털 기술이 매개된 정보환경에서 도덕적 행동을 할 가능성이 높다고 할 수 있다. 예컨대 어떤 사람은 피가 흐르는 것을 봐야만 도덕적 문제가 포함된 상황으로 간주하지만 다른 사람은 초감각적인 모든 행동, 일 또는 찡그린 얼굴을 통해 순간적으로 도덕적 함의를 인식할 수 있다. 정보윤리 영역의 다양한 맥락 속에서 도덕적 양상을 민감하게 지각하고 창조적으로 반응하기 위해서는 도덕적 감수성의 촉진이 필요하다. 때문에 볼커(J. M. Volker)와 비보(MJ. Bebeau)의 도덕적 감수성에 대한 관점을 받아들여 정보윤리와 관련된 도덕적 감수성의 하위요소를 아래와 같이 구성해 보면서 다음과 같은 교수전략을 제시해 볼 수 있다.

〈표 5〉 사이버 공간에서의 도덕적 감수성의 하위요소와 교수전략[65]

요소별	내용
정보윤리 상황·지각 감수성	정보윤리와 관련된 특정상황이 문제가 되는지 해석/지각할 수 있는 능력

---

64) C. R. Crowell, D. Narvaez & A. Gomberg(2005), p.35.

65) J. M. Voker, "Counseling experience, moral judgement, awareness of consequences and moral sensitivity in counseling practice", *Unpublished doctoral dissertation*(Minneapolis: University of Minnesota, 1984) 참조.

정보윤리 결과지각 감수성	정보윤리와 관련된 결과가 관련 당사자들에게 미치는 영향(결과)을 예측할 수 있는 능력
정보윤리 책임지각 감수성	정보윤리와 관련된 상황에서 개인이 행동할 책임을 스스로 느낄 수 있는 능력
교수전략에 필요한 주요 심리적 기제	공감(empathy), 관점채택(perspective taking) 또는 역할채택(role taking) 및 도덕적 상상력(moral imagination)을 불러일으키기

앞에서도 살펴본바 심리적 거리가 작용하는 디지털기술이 매개된 의사소통과 저작권 문제에 대해서 상황지각의 도덕적 감수성을 갖기 위해서는 기술적 사용과 관련된 사람들에 대한 공감기술을 가르칠 필요가 있다. 또한 도덕적 결과에 대한 감수성을 촉발시킨다면 자신의 디지털 기술의 사용으로 영향받을 결과에 대한 지각이 상승할 수 있다. 실제로 슈바르츠(Shwartz)의 연구는 '결과에 대한 자각'이라는 변수를 고려하는데 개인차가 있음을 증명하였다.[66] 이메일의 사용이나 디지털이 매개된 저작물의 사용에 있어서 일반적으로 연령이 증가하고 발달할수록 도덕적 감수성이 증가한다고 할 수 있다. 왜냐하면 사이버상의 도덕적 감수성은 타인의 관점을 취하는 '역할채택(role taking)'과 상대방과 연결되어 있다고 느끼는 '공감(empathy)' 및 어떤 결과를 야기하고 누가 영향을 받는지를 '상상(imagining)'하는 것에 근거한 '상황해석(interpreting a situation)'을 포함하는데,[67] 이런 능력은 연령 및 발달에 함께 증가하기 때문이다.

때문에 일반적으로 연령이 증가하거나 교육의 경험이 제공되거나

---

66) J. R. Rest(2008), p.27.

67) C. R. Crowell, D. Narvaez & A. Gomberg(2005), p.23.

아니면 시간을 들여서 정보윤리와 관련된 문제들을 해석해 보고 상상해 볼 수 있도록 조장되고 또한 이해관계자들에 대한 공감과 역할채택의 기회가 교수전략을 통해 제공된다면 사이버 공간에서의 도덕적 감수성은 증가할 수 있다. 예컨대 역할채택은 도덕적 감수성과 직접적으로 관련되며, 연령, 발달뿐만 아니라 사이버 공간에서의 의미 있는 경험들, 예컨대 좋은 작품을 감상하거나 교육적(정보윤리교육을 포함해서) 경험을 통해 증가한다고 가정할 수 있다. 온라인 게임 역시 잘 활용한다면 게임 도중 상황을 처리하고 다른 관점을 취할 수 있는 복잡한 조정능력과 관련하여 역할채택과 관점채택(perspective-taking) 기술을 발달시킬 수 있지만[68] 게임 중독이나 인터넷 중독과 같은 왜곡된 사용은 타인의 관점을 정확하게 채택하는 능력을 손실을 가져올 수도 있다.

실제적으로 저작권의 경우 도덕적 감수성을 가진 이들은 저작권과 관련된 상황, 결과, 관련된 사람들에 대해 민감하다고 할 수 있다. 그것은 저작권과 관련된 것을 다운로드할 때, 이와 관련된 사람의 복지나 반응, 영향, 결과들을 고려하고 민감한 것을 의미하는데, 타인의 관점을 취하는 '역할채택'과 함께 느끼는 '공감'를 포함한다. 높은 공감 능력과 관점채택능력을 가진 이들은 이런바 '친사회적(pro-social)'이라고 말해지는 매너를 가지고 타인의 선(good)을 위해 행동하려고 할 것이다.[69] 때문에 매우 높은 도덕적 감수성을 가진 사람이라면 저작권을 생산하는 사람의 입장을 역할 채택할 수 있고, 그들의 복지에 대해 공감을 갖고 저작권을 훼손되었을 때, 영향받은

---

68) S. L. Selman, *The growth of interpersonal understanding*(New York: Academic Press, 1980) 참조.
69) C. R. Crowell, D. Narvaez & A. Gomberg(2005), p.23.

사람들과 야기되는 복잡한 여러 결과들을 고려할 것이다.[70] 때문에 공감과 관점채택 또는 역할채택을 촉진할 수 있는 교수전략을 사용하는 것은 정보윤리교육의 중요한 교수전략이 될 수 있을 것이다. 또한 도덕적 사태에 대한 책임감에 결여는 일종의 '도덕적 무관심(moral indifference)'으로 나타나지만 도덕적 감수성을 촉발시키기 위해 타인의 이해관계에 대한 관심과 책임을 유지할 수 있도록 도덕적 상상력을 보다 고양해 줄 수 있는 방안 역시 고려해야 할 것이다.[71]

또한 이념적 편견을 넘어서기 위해서 하이트(J. Heidt)의 5가지 '직관적 윤리학(Intuion Ethics)'의 개념을 정보윤리에서의 도덕적 감수성 교육과 연결시켜 볼 수 있다. 도덕적 판단력에 대한 도덕적 직관의 우선성을 강조하는 하이트는 하인츠 딜레마와 같은 도덕적 딜레마 속에서 숙고하는 콜버그류의 도덕적 판단력의 강조나 도덕교육적 관점이 정서와 직관을 강조하는 사회심리학자들이나 도덕심리학자들에 의해 의문시되어왔음을 강조한다.[72] 따라서 어떤 도덕적·정치적 이념성향을 가지든지 5가지 직관적 가치의 개념을 제시한 후 상황 속에서 직관적으로 살펴보도록 해야 할 것이다. 왜냐하면 진보적 태도를 보이는 사람은 '손상(harm)'과 '공정성(fairness)'이라는 개인적 영역의 도덕적 가치를 편향적으로 집중적으로 중시하는 경향이 있고, 보수적인 태도의 사람은 진보보다 사회질서 유지영역의 '권위존중(authority)', '내집단충성(ingroup)', '순결성(purity)'과 관련된 판단에 더 직관적으로 몰입하는 경향성이 있기 때문이다. 이것

---

70) C. R. Crowell, D. Narvaez & A. Gomberg(2005), p.23.

71) 콜즈, 정홍섭 옮김, 『도덕지능(MQ)』(서울: 해냄, 1997), p.19와 M. Johnson, *Moral Imagination: Implication of Cognitive Science for Ethics*(Chicago: The University of Chicago Press, 1993) 참조.

72) J. Haidt(2007), p.999.

은 시간적 선후관계를 볼 때, 정치경제 사회 등의 정책에 관한 입장이 개인의 이념성향을 결정한다고 보기보다는 오히려 개인의 직관적 도덕가치 또는 이념성향에 의해 정책에 대한 입장이 결정된다고 보는 것이 더 타당하다. 따라서 이념성향을 구성하는 도덕적 본성은 경험에 앞서 인간의 뇌 속에 구조화되어 있는 것이며 이는 향후 경험을 통해 수정된다고 보는 것이 옳을 것이다.73) 이런 차원에서 상황과 연결된 직관적 가치들이 무엇인지 성찰할 수 있는 기회를 제공할 필요가 있다. 또한 도덕적 상황에서 보다 높게 고려되어야 할 직관적 가치를 질문할 수 있어야 할 것이다. 이를 보다 구체적으로 제시하면 다음과 같다.

〈표 6〉 사이버 공간에서의 정치·이념적 편견을 넘어서는 도덕적 감수성의 교수전략74)

● 문제를 확인하기 ☞ 개인의 정보보호보다는 범죄예방을 위해서 CCTV를 확대 설치해야 하는가? ☞ 하이트의 직관주의 윤리학적 입장에서 볼 때, 이 상황에서 두드러진 도덕적 이슈나 가치는 무엇입니까? 배려/위해의 문제? 정보권리의 훼손은 공정하지 못함? 공동체에 대한 충성? 권위의 문제?	J. Haidt의 5가지 직관적 윤리학
	① 배려/위해
	② 공정/부정
	③ 충성/배신
	④ 권위/전복
	⑤ 신성/타락

● 상황을 진술하기
☞ 도덕적 이슈나 가치가 문제가 되었다면, 어떤 점에서 문제가 되는지 명료화해 보세요?
● 이해 당사자를 말하기
☞ 이런 도덕적 이슈와 가치에 대해 누가 관련되는가? 영향받는 사람들은 누구인가? 어떤 의사결정으로 누가 고려되어야 하는가?
● 가능한 결과들을 저울질하기
☞ 관련된 이들에게 가능한 결과들은 무엇인가? 나와 나의 가정, 친구들, 공동체, 그리고 지금과 미래에 그들은 무엇인가?
● 가능한 모든 옵션들을 열거하기
☞ 어떤 문제해결들이 가능할 수 있나?

---

73) J. Graham, J. Haidt & B. A. Nosek(2009), p.1031와 윤성이·이민규, "한국사회이념측정의재구성", 『의정연구』, 제17(3)호(한국정당학회, 2011), pp.63-84 참조.

74) http://ethicsed.org/academic-integrity 참조.

2. 도덕적 판단력의 발달과 정보윤리교육적 교수전략

도덕적 판단력 역시 정보윤리교육의 적절한 교수전략을 통해 발달할 수 있다. 흔히 딜레마토론 방법이 도덕적 판단력의 향상에 기여하는 것이 확실한 것처럼 정보윤리와 관련된 딜레마토론 방법은 도덕적 판단력의 향상에 기여할 것이다. 도덕적 판단력을 가지고 있다면 저작권의 경우 저작권 침해 방지에 도움이 된다. 도덕적 판단 능력의 수준에 따라 차이가 난다. 우리는 2단계에서 나타나는 것처럼 자기 이익을 위해서 저작권을 위반하고 다운로드 할 수 있지만 3단계의 도덕적 판단력을 가진 사람이라면, 저작권이 존중되는 사이버 환경 속에서 타인의 시각을 의식하면서 타인에게 착한 소년, 소녀 또는 아들이 되기 위해 저작권을 위반하지 않을 것이다. 4단계의 추론능력을 가지고 있다면 사회법과 질서를 존중하기 때문에 저작권을 해치지 않을 것이다.[75] 크로웰과 그의 동료들은 탈인습적 추론을 통해서, 예컨대 칸트식의 정언명법이나 최대다수의 최대행복을 추구하는 공리주의적 추론을 통해 다운로드하는 것을 철회할 수 있다고 본다.[76] 예컨대 저작권의 존중이 문화나 과학발전 등 모두에게 유익을 가져온다는 공리주의적 5단계의 추론을 할 수 있다면 저작권을 지켜야 한다고 추론할 것이다.

사이버 폭력의 경우, 2단계나 4단계의 추론을 하는 이들은 사이버 폭력과 정적인 상관관계를 가질 수 있다. 2단계의 자아중심적이고 도구적인 추론 능력은 보복적이고 도구적인 공격을 정당화하기 쉬

---

75) C. R. Crowell, D. Narvaez & A. Gomberg(2005), p.24.
76) C. R. Crowell, D. Narvaez & A. Gomberg(2005), p.24.

울 것이다. 또한 개똥녀 사건과 같이 누구나 보기에 도덕적으로 잘못된 행동을 하는 여성에 대한 인터넷상의 비판과 공격이 오히려 정상적이라고 생각하는 4단계 관점의 판단능력을 가진 이들은 사이버상의 공격을 정당한 것으로 볼 가능성이 있다. 반면에 3단계 내지 인습 이후의 추론능력을 가진 이들은 사이버 폭력과 부적인 상관관계를 가질 것이다. 친사회적이고 타인지향적인 성격의 3단계 추론은 공격성과 일치하지 않기 때문이다. 5, 6단계의 사람들도 개똥녀의 도덕적 잘못에도 불구하고 그의 프라이버시권을 훼손하는 것은 잘못이라고 추론할 것이기 때문에, 사이버상의 공격성과는 부적 상관관계를 가질 것이다.[77]

〈표 7〉 도덕적 판단능력이 저작권이나 사이버 폭력에 영향을 주는
사례 분석과 탈인습적 교수전략

도덕적 판단능력	저작권에 주는 영향 예시	사이버 폭력에 주는 영향 예시
1단계	처벌 유무에 따라 저작권을 위반할 수 있다.	처벌 유무에 따라 사이버 폭력을 행사할 수 있다.
2단계	자기 이익을 위해 저작권을 위반할 수 있다.	자아중심적이고 도구인 추론능력은 보복적이고 도구적인 공격을 정당화할 수 있다.
3단계	타인에게 착한 소년, 소녀 또는 아들이 되기 위해 저작권을 위반하지 않을 수 있다(착한 소년 소녀이 되는 데에 문제가 없으면 저작권을 위반할 수 있다).	3단계 내지 인습 이후의 추론능력을 가진 이들은 사이버 폭력과 부적인 상관관계를 가질 것이다. 친사회적이고 타인지향적인 성격의 3단계 추론은 공격성과 일치하지 않기 때문이다.

---

77) 연구자의 이런 추론은 도덕추론과 스포츠와의 관계를 다룬 사전 연구의 통찰에 의지하고 있다. 즉 스포츠에서 공격성과 도덕판단에 대한 선행연구를 따르고 있으며, 정보윤리상에서도 유사한 상황이 벌어질 것이라고 생각하였다. J. R. Rest. & D. Narvaez(2006), pp.316-317 참조.

4단계	4단계의 추론능력을 가지고 있다면 사회 법과 질서를 존중하기 때문에 저작권을 해치지 않는다(관련 실증법이 저작권을 문제시하지 않으면 저작권을 해칠 수 있다).	누구나 보기에 도덕적으로 잘못된 행동을 하는 여성에 대한 인터넷상의 비판과 공격이 오히려 정상적이라고 생각하는 4단계 관점의 추론능력을 가진 이들은 사이버상의 공격을 정당화할 수 있다.
☞ 정보윤리교육의 교육 목표로 탈인습적 도덕판단력 추구 → 후기 산업사회, 정보화사회 에서 안정적으로 정보권리나 정보윤리를 지킬 수 있으려면 탈인습적 도덕판단력이 요구됨		
탈인습적추론단계 (5,6단계)	사회계약론 또는 권리론의 입장에서 저작권자의 권리를 진지하게 고려할 수 있게 공리주의 논리를 통해 저작권이 주는 사회적 공리를 더욱 생각하거나 칸트식의 정언명법 논리를 통해 저작권을 해치지 않을 수 있다.	5, 6단계의 사람들도 타인의 도덕적 잘못에도 불구하고 그의 프라이버시권을 훼손하는 것은 잘못이라고 추론할 것이기 때문에, 사이버상의 공격성과는 부적 상관관계를 가질 것이다.

전체적으로는 성숙한 탈인습적 수준의 도덕적 판단력의 능력만이 사이버 폭력에 부적인 상관관계를 가질 것이다. 이것은 저작권의 경우에도 마찬가지라고 할 수 있다. 그러므로 사이버 공간 속에서 정보인권이나 정보윤리를 온전히 실현할 수 있는 시민을 정보윤리교육의 목표로 삼는다면 탈인습적 도덕판단력을 가질 수 있도록 교육해야 할 것이다. 그런데 도덕판단능력은 특정한 도덕교육의 경험(예를 들면, 도덕교육 프로그램, 도덕적 지도자, 위기, 도덕적 이슈에 대한 사고)뿐만 아니라 정보화사회 속에서의 자기 자신에 대한 인식의 성장, 잘 배우려는 태도, 새로운 도전의 추구, 지적인 자극 환경의 수용, 반성적 사고경험, 계획 수립, 목표 설정, 넓은 사회적 맥락의 인식, 환경에 대해 책임감을 갖는 사람일 때 증가할 수 있다.[78] 또한 자신의 교육과 발전에 대한 지속적인 격려, 일에 대한 지원과 관심, 수행에 대한 보상을 지원받는 환경 속에서, 지역사회에 적극적으로

---

78) J. R. Rest(2008), p.89.

참여하고, 사회문제에 관심을 많이 가지는 이들에게 보다 도덕적 판단력의 상승을 제공할 수 있는 것이다.[79]

물론 막연한 교육 프로그램, 고전 철학이나 강의와 독서로 이루어지는 인문학과 사회학에 관한 학문과정들 보다 딜레마토론을 강조하는 도덕적 판단력의 교육 프로그램이 정보윤리적 상황에서의 도덕적 판단력의 향상에 효과성을 가진다고 볼 수 있다.[80]

3. 도덕적 동기화의 함양과 정보윤리교육적 교수전략

사이버 공간에서도의 도덕적 동기화의 함양을 위해서는 윤리적 인간으로서의 자아개념을 형성하도록 격려되어져야 할 것이다.[81] 도덕적으로 아는 것과 행동하는 것 사이의 간격을 채움에 있어서 도덕적 자아, 도덕적 정체성의 형성은 정보윤리동기화에 긍정적 요소로 작용할 수 있다.[82] 사이버 공간은 자아의 다양성을 제공해 줄 여지가 있으나 다중 인격장애 혹은 정체성의 분열을 야기할 수도 있다. 때문에 자신의 정체성과 함께 도덕의 관점에서 열정과 의지를 지닌 도덕적 정체성의 형성이 사이버 공간에서의 도덕적 동기화에 중요한 요인이 될 수 있다.[83] 데이먼(W. Damon)에 의하면 청소년기가

---

79) J. R. Rest(2008), p.89.

80) J. R. Rest(2008), pp.120-123.

81) J. Grusec, & E. Redler, "Attribution, reinforcement, and altruism: A devanalysis", *Developmental Psychology*, 16(1980), pp.525-534.

82) W. Damon, "Self-understanding and moral development from childhood to adolescence", In W. M. Kurtines & J. Gewirtz(Eds.), *Morality, Moral behavior, and moral developmnet*(pp.109-127)(New York: Wiley, 1984)와 A. Blasi, "The intergration of morality in personality". In I .E. Bilbao(ed.), *Perspectivas acerca de cambio moral: Posibles intervenciones educativas, San Sebastian*(Spain: Servicio Editorial Universidad del Pais Vasco, 1989) 참조.

83) 추병완(2012), p.135.

도덕 정체성이 형성되는 중요한 시기라고 한다. 아동기로부터 청소년기로의 이행은 도덕성과 자아 간의 분리와 부조화로부터 통합으로의 진행이 이루어지는 기간이므로, 청소년기 동안 자아를 보다 도덕적인 측면에서 바라보면서 정보윤리와 관련된 도덕성 또는 일반적인 도덕성이 자아 혹은 자아정체성과 점차 통합될 수 있도록 정보윤리교육에서 지도되어야 할 것이다. 사실 도덕적 동기화를 먼저 우선시할 수 있는 사람은 자아의 핵심에 지속적으로 도덕적 기준을 유지하고 있는 사람으로 이런 사람은 이런 기준들을 가지고 상황을 해석하기 쉽고, 일관성 있는 기준으로 반응할 수 있는 사람이다.[84] 이런 측면에서 볼 때, 도덕적 자아란 자신을 정의하는 데 사용되는 개인의 핵심적인 자아정체성과 특수한 도덕적 특성에 대한 기술에서 도덕적인 고려가 얼마나 두드러지느냐를 일컫는다. 동기적 지향과 함께 도덕적 자아는 정보윤리 동기에 영향을 미치는 개인적인 능력이라고 할 수 있다. 콜버그(L. Kohlnerg)의 주장과는 달리, 블라지(A. Blasi)는 도덕적 행동은 도덕적 추론으로부터 직접적으로 이루어지지 않고, 자아에 대한 '진실성(intergrity)'으로부터 연루된 특성으로부터 여과된다는 것을 중요시한다.[85] 이것을 교수전략까지 포함하면서 도표로 표시하면 다음과 같다.

---

84) D. Narvaez & J. R. Rest, "The four components of acting morally", In W. Kurtines & J. Gewirtz(Eds.), *Moral behavior and moral development: An introduction* (pp.385-400)(New York: McGraw-Hill, 1995).

85) A. Blasi(1983), pp.178-210 참조.

<표 8> 도덕적 동기화 함양을 위한 블라지의 도덕적 자아의 개념과 관련 교수(발문)전략[86]

● 블라지의 관점: 도덕적 판단 → 도덕적 자아 → 도덕적 행동

☞ 만약 내가 존경하는 A(공자, 예수, 부처, 아버지, 간디, 루터 킹)이라면 그는 사이버 공간의 이 상황에서 실제 어떻게 할까?
☞ 나는 어떻게 행동하는 것이 나다울까?
☞ 어떻게 행동하는 것이 나 자신에게 진정성 있고 책임 있는 행동일까?
☞ 만약 다른 방식으로 행동한다면 나는 어떤 점에서 나 자신에게 부끄러울까?

물론 여기에는 도덕적 정체성뿐만 아니라 자아 정체성이 형성이 함께 병행되어야 할 것이다. 실제로 에릭슨(E. Erikson)이 말하는 '자아 정체성(self-identity)'과 사이버 이탈은 부적 상관관계를 보여준다고 한다. 즉 자아정체감을 성취하지 못할수록, 사이버 일탈은 증가하는 것으로 나타나는데,[87] 올바른 도덕적 정체성과 함께 자아 정체성이 형성될 수 있도록 해야 할 것이다.

또한 정보윤리적 동기화를 소유하고 있는 사람은 '동기적 지향(motivational orientation)'에 있어서 다른 목표나 이익적 충동이라는 동기화 요구를 조정할 수 있다. 지적 재산권과 관련해서 불법 다운로드를 하고자 하는 원래적인 충동적 목표를 가진 이도 '도덕적 진실성(moral integrity)'의 감각을 가지고 있는 사람은 그러한 충동적 동기로부터 자신을 분리하고 도덕적 동기를 우선시할 수 있다.[88] <표 9>의 ①에서 보는 것처럼 도덕지향성을 추구하는 것은 도덕적

---

86) A. Blasi, "The Moral Cognition and Moral Action: A Theoretical Perspective", Developmental Review, 3(1983), 178-210와 A. Blasi, "The intergration of morality in personality", In I.E. Bilbao(ed.), Perspectivas acerca de cambio moral: Posibles intervenciones educativas, San Sebastian(Spain: Servicio Editorial Universidad del Pais Vasco, 1989) 참조.

87) 이정원, "대학생의 분리-개별화와 인터넷 중독: 자아정체감의 매개효과를 중심으로", 이화여자 대학교 대학원 석사학위논문, 2009와 노승현, "대학생의 도덕적 이탈 및 자아정체감이 사이버 일탈에 미치는 영향", 명지대학교 대학원 석사학위논문, 2011 참조.

88) C. R. Crowell, D. Narvaez & A. Gomberg(2005), p.25.

가치를 우선하는 것이어야 한다.

〈표 9〉 도덕적 가치를 우선하는 교수전략의 초점

핵심 초점	설명(대표문항)
① 도덕지향성 (도덕적 가치를 우선하는 것)	● 경제적, 사회적, 종교적 가치 등 일상 생활 장면에서 서로 충돌하는 여러 가치들 중에서 도덕적 가치를 우선시할 수 있는 능력(나는 정당하지 않은 이익보다는 공정한 평가를 받는 것이 더 중요하다고 생각한다).
② 자신을 합리화하지 않는 것	● 특정 행동을 수행할 책임이 자신에게 있음을 받아들이지 않는 자기 합리화와 정당화를 인지하고 거부하는 능력(할머니를 도와야 할 책임에서 자신을 합리화하지 않는 것이 필요하다).

하지만 표절의 경우도 오프라인상이 아니고 온라인상이기에 실제적으로 표절을 한다는 실재감이 없기에 정보를 효율적으로 활용하고자 하는 동기에 입각하여 행동하는 것이 옳다고 여길 수 있고, 또 다른 명예나 성공 등 이익관심에 의해 다른 동기가 선호될 수도 있지만 정보윤리적 동기화가 이미 형성된 사람은 이러한 다른 동기를 극복할 수 있다. 이런 문제는 '도덕적 유약함(moral weakness)'의 문제라고도 할 수 있다. 도덕성의 4가지 요소 중에서 도덕적 동기화에서의 도덕적 유약함은 감정과 욕망이 도덕적 동기화에 입각하여 행동하는 것을 방해하도록 방치하는 경우이다. 종종 도덕적 동기화 이외에도 일, 예술, 프로젝트의 성과, 지위, 쾌락, 흥미, 권력 등과 같은 다양한 가치들은 도덕적 가치와 갈등을 일으키며, 비도덕적 가치들은 매우 강력하고 매력적이기에, 사람들은 지적재산권의 인정이나 표절에 관련된 '진실성(integrity)'라는 도덕적 이상을 회피하거나 타협하는 행위를 선택하는 것은 놀랄 만한 일이 아니다.[89] 때문에 <표 9>의 ②

---

89) J. R. Rest(2008), p.36.

에서 보이는 것처럼 이와 관련된 자기이탈기제로서의 도덕적 합리화가 진행될 수 있다. 그러므로 도덕적 가치를 다른 가치보다 더 우위에 두는 부분에서 도덕적 이탈기제의 작동하는 합리화의 과정을 주시할 필요가 있다. 때문에 도덕적 판단과 도덕적 동기화를 제대로 연결되기 위해서는 도덕적 이탈을 가져오는 도덕적 합리화를 금지 및 검증하고 도덕적 가치를 우위에 둘 수 있도록 할 수 있어야 할 것이다. 일찍이 반두라(A. Bandura)는 위의 구성요소 중에서 도덕적 가치를 우선하는 도덕지향성과 함께 도덕적 이탈기제로서의 자기합리화, 정당화를 피할 수 있는 것을 함께 포함하였다. 반두라의 경우 도덕지향성의 동기화가 아니라 비도덕적 행동으로 동기화되는 도덕적 이탈기제로서의 자기합리화의 여러 가지 메커니즘을 소개하였다. 여기서 '도덕적 이탈(moral disengagement)'이란 자기조절 과정에서 발생하는 인지적 왜곡의 결과로 도덕적 기준에 위배되는 행동에 대한 '도덕적 면책 수용(acceptance of moral exonerations)'을 의미한다.[90]

〈표 10〉 반두라의 도덕적 동기화를 저해하는 도덕적 이탈기제의 메커니즘[91]

● 반두라의 관점(1986, 1990, 1996): 도덕적 판단 → 도덕적 동기화를 저해하는 **도덕적 이탈**의 메커니즘

---

90) A. Bandura, C. Barbaranelli, G.V.Caprara & C. Pastorelli, "Mechanisms of Moral Diseengagement in the Exerxise of Moral Agency", Journal of Personality and Social Psychology, 71-2(1996), p.367.

91) A. Bandura, *Social foundations of thought and actions: A social cognitive theory*(Englewood Cliffs, NJ: Prentice-Hall, 1986)와 A. Bandura, "Mechanisms of moral disengagement", In W. Reich(Ed.), *Origins of terroorism: Psychologies, ideologies, theologies, and states of mind*(Cambridge University Press, 1990) 그리고 A. Bandura, C. Barbaranelli, G. V. Caprara & C. Pastorelli(1996) 및 http://ethicsed.org/ academic-integrity 참조.

실제로 탁수연·박영신·김의철의 연구에서 도덕적 이탈이 사이버 일탈(게임 중독, 채팅언어폭력, 사이버 사기, 성적 일탈, 불법유출)과 정적인 상관관계가 있음이 입증되었다.[92] 이것은 도덕적 이탈 수준이 높을수록 사이버 일탈도 많다는 것을 의미한다. 그러므로 다음과 같은 교수전략이 병행되어야 할 것이다. 이것에는 도덕적 동기화에 영향을 미치는 합리화를 검증하고 살피는 것을 시도할 필요가 있다. 또한 합리화 검증 질문을 시도하여 도덕적 결정에서 합리화부터 자유롭게 하기 위해 합리화를 노출할 수 있게 하여 자신을 합리화하는 생각을 검증할 수 있도록 할 필요가 있다.

이것은 도덕적 가치를 우선시하는 도덕적 동기화의 가치 우위 질문과 병행하여 실시할 필요가 있다. 따라서 합리화 검증 질문을 제시한 다음 도덕적 가치를 우선시하는 도덕적 동기화의 가치 우위 질문을 다음과 같이 실시될 필요가 있다.

〈표 11〉 정보윤리 동기화 중 도덕적 이탈의 합리화 검증 교수전략

합리화될 수 있는 생각들을 노출하고 검토 및 검증하기	
☞ (도덕적 이탈의 메커니즘)	합리화(Rationalization)의 생각들 적기(예시들)
① 비난의 전가	과제 제출 요구를 선생님이 늦게 해서 시간관리를 하기가 어려웠다.
② 위해의 축소	인터넷 표절을 해도 우리 반 학생들에게 피해가 없다.
③ 완곡한 언어의 사용	나는 공부를 좋아하지만 시간이 너무 없었다.
④ 유리한 비교	학교 폭력을 일삼는 친구들과는 전혀 다른 차원이야
⑤ 책임소재의 이동	이번 과제를 못한 것은 가족들이 나에게 많은 짐을 준 것도 있다.
⑥ 책임감의 분산	인터넷 표절은 학생들에게 너무 자주 일어나는 일이잖아.

---

92) 탁수연·박영신·김의철, "대학생의 사이버일탈행동: 인간관계, 도덕적 이탈, 성격 및 일반적인 일탈행동과의 관계를 중심으로", 교육심리학회지, 21(4)(2007), pp.799-826 참조.

<표 12> 정보윤리 동기화 중 도덕적 가치 우선화 교수전략

도덕적 가치를 우선화하기	
예시) 만약 내가 B라면, 나는 _____을 하는 데 헌신하겠다.	
가치와 도덕적 원칙 윤리가 우선되는 것	가치와 도덕적 원칙, 윤리가 양보되는 것
①	①
②	②
③	③

4. 도덕적 품성화(실천행동화)의 함양과 정보윤리교육적 교수전략

도덕적 품성화에는 실행결단들을 기획하는 것과 인내, '자아강도
(ego strength)', 특별한 '수행기술(implementation skill)' 등을 필요로
한다. 레스트의 4구성 요소 모형 중 제4요소의 도덕적 행동의 실행
을 위해서는 인내(절제 및 만족지연능력: 인지적 전략, 자기조절),
자아강도(용기 및 자아효능감), 수행기술(사회적 기술, 의사소통능
력) 등으로 이루어진 도덕적 근육(moral muscles)을 강화할 때, 도덕
적 앎과 행동의 괴리가 현저하게 좁혀질 수 있는 것처럼,[93] 이러한
상황은 도덕적 품성화의 상황과도 유사하다.

여기서 도덕적 품성화를 위해서는 인내, 자아강도만 있다고 해서
행동을 실행할 수 있다는 것은 아니다. 왜냐하면 사회적 기술이나
의사소통능력과 같은 실행기술이 결핍되어 있다면 문제상황에서 도
덕적 행동을 성공적으로 실행하는 것이 쉽지 않기 때문이다. 때문에
사회적·심리적 기술과 함께하는 인내와 자아강도의 작용이 있을

---

93) 이인재·최창욱·류숙희·유영돈, "레스트의 4구성요소 모델에 의한 도덕적 품성화의 구성개
념 탐구", 『윤리연구』, 제84호 (서울: 한국윤리학회, 2012), p.187.

때, 정보윤리 행동을 실행할 수 있을 것이다. 여기서 인내는 도덕적 행동을 이루기 위해 필요로 하는 능력인데, 인지적 전략과 자기조절 능력을 포함한다고 할 수 있다. 인내란 도덕적 행동과 관련해서 만족지연능력, 혹은 절제력과도 연관된다. 따라서 만족지연능력, 절제, 인내가 가능하기 위해서는 두 가지 요소가 필요하다. 먼저 '인지적 전략'은 어떤 방해 및 유혹에도 불구하고 원하는 일을 지속하기 위해 인지적 전환을 하는 능력을 의미하며, '자기 조절'이란 감정과 욕구를 통제하고 만족을 보류하며, 참아낼 수 있는 능력을 말한다.[94] 예컨대 저작권 있는 제품을 비합법적으로 다운로드하는 친구가 있다면 단순하게 저작권을 지킨다는 것이 아니라 우정에 금이 갈 수 있다는 유혹 또는 방해를 고려하면서도 저작권을 지켜야 한다는 인지적 전략과 자기조절의 기술이 필요할 수 있는 것이다. 그리고 게임 중독이나 인터넷 중독이 아닐지라도 게임에 몰입한 친구가 어머니의 급한 심부름을 행하기 위해서는 인지적 전략이 필요하며, 게임하고 싶은 충동이 강하지만 이런 만족을 보류하면서, 어머니의 심부름을 하기 위해서는 행동을 적절하게 조절하는 자기조절 능력이 필요할 것이다.[95]

자아강도 영역에는 용기와 자아효능감이 포함된다. 자아강도를 증가시키기 위해서는 학생들은 도덕적 목표를 향해 자신들을 격려하고, 유혹으로부터 자신을 격려하는 '자기에게 이야기하기(self-talk)'를 배울 필요가 있다.[96] 친구의 저작권 위반에 대해 우정이 깨어질

---

94) 이인재·최창욱·윤영돈·류숙희, "레스트(J.Rest)의 도덕적 품성화 능력 측정을 위한 검사 도구 개발 연구", 『윤리교육연구』, 제26호 (서울: 한국윤리교육학회, 2011), p.12.

95) 이인재·최창욱·윤영돈·류숙희(2011), pp.26-28 참조.

96) C. R. Crowell, D. Narvaez & A. Gomberg(2005), p.38.

수 있는 위험성과 두려움 및 또래관계의 압력 등이 있더라도 목격한 바를 말하고, 지적하기 위해서는 용기가 필요하며, 인터넷 게임 등에서의 친구의 잘못에 대해서 친구가 잘못한 것에 대해 이야기할 수 있기 위해서도 용기가 필요하다. 또한 이러한 부분에 대해서 자신이 어렵지만 잘 할 수 있다는 자아효능감, 어려운 문제에 직면했지만 문제를 잘 처리할 수 있다는 자아효능감이 필요한 것이다.[97]

수행기술은 사회기술이나 의사소통능력이 필요하다. 수행기술들을 증가시키기 위해 학생들은 모델들의 특별한 실행기술들을 관찰하고, 점차로 실행들을 연습하면서, 복잡한 상황 속에서 윤리적 행동들을 실천해 볼 필요성이 있는 것이다.[98] 예컨대 저작권 위반이나 게임에서의 부도덕한 행위에 대해서 저작권 위반이 왜 잘못된 것인지를 친구의 기분이 상하지 않게 하면서도 잘 말해 줄 수 있어야 하고, 게임 때의 속상했던 경험 등을 통해 친구를 잘 설득하되, 비난하는 말투 등을 쓰지 않고 차분하게 친구에게 이야기할 수 있어야 하는 것이다.[99]

결국 도덕적 품성화를 위해서는 장애물들을 확인하고 윤리적 행동을 도전할 필요성이 있다. 아리스토텔레스의 어법으로 하면 '의지의 나약함(akrasia)'의 문제점에 대해 대처하고 이겨나갈 필요성이 있는 것이다. 또한 아리스토텔레스와 같은 덕 이론은 인내심이나 용기, 절제, 사회적·심리적 수행기술과 같은 도덕적 행동화(품성화)의 하위요소들을 성공적으로 실현하기 위해서는 반드시 실천적 지혜와

---

97) 이인재·최창욱·유영돈·류숙희(2011), p.11, 14, 26-28 참조.
98) C. R. Crowell, D. Narvaez & A. Gomberg(2005), p.38.
99) 이인재·최창욱·윤영돈·류숙희(2011), p.11, 14, 26-28 참조.

같은 인지적 전략이 매개되어야 하고, 습관을 통해 강화되는 품성에서 드러나는 심리학적 힘이 필요하다는 고전적인 논거를 제시했다고 할 수 있다.[100]

도덕적 품성화의 능력을 갖고 있는 사람은 사이버 공간에서 도덕적 행동으로의 성공적인 이행을 촉진시킬 수 있는 능력을 갖고 있는 사람이다. 이런 사람은 불법 다운로드를 하려는 순간에 인내할 수 있는 사람이다. 물론 인내력 외에도 자아강도와 강인함, 신념, 용기 등과 같은 심리적 기술들이 있다면 불법 다운로드를 방지하는 데 도움이 될 수 있을 것이다. 또한 정보윤리와 관련하여 관련 문제를 예견하고 창의적으로 해결책을 찾으며, 차이점을 조정할 수 있는 사회적 문제해결 기술이 있는 사람은 이러한 기술이 부족한 사람들보다 자신의 정보윤리적 의도를 수행하는 데 성공할 확률이 높을 것이다. 때문에 어른들이나 교육자들은 정보윤리 행동화에 기반한 이러한 기술들을 교육과정을 통해서(교육과정 밖에서도) 조성하거나 발전시켜 주어야 할 것이다.[101] 이와 관련하여 나바에츠와 랩슬리(D. K. Lapsley)가 레스트의 구성요소를 전문성 훈련교육의 맥락으로 발전시켜 구조화한, 레스트의 제4구성요소에 상응하는 통합적 윤리교육(Integrative Ethical Educatioin: IEE)에서의 기술을 소개하면 다음 <표 13>과 같다.[102]

---

100) 이인재・최창욱・류숙희・유영돈(2012), pp.171-172.

101) D. Narvaez, "Integrative Ethical Education", in edited by Killen, M. and Smetana, J.(Eds.), *Handbook of Moral Development* (pp.703-733)(Erlbaum, Mahwah, NJ, 2006) 참조.

102) 이인재・최창욱・류숙희・유영돈(2012), p.176 및 D. Navaez & D. K. Lapsley(2008), p.277에서 재인용.

〈표 13〉 레스트의 제4구성요소에 상응하는 나바에츠의 통합적 윤리교육에서의 행동기술

EA-1:
갈등과 문제해결(상호관계 문제해결하기, 협상하기, 개선하기)
EA-2:
공손하게 주장하기(인간의 욕구에 주목하기, 주장기술 형성하기, 공손한 수사법 사용하기)
EA-3:
지도자로서 솔선수범하기(리더 되기, 다른 사람을 위해, 그리고 다른 사람과 함께
솔선수범하기, 다른 사람의 조언자 되기)
EA-4:
결정의 실행 계획하기(전략적으로 사고하기, 성공적으로 수행하기, 자원의 사용 결정하기)
EA-5:
용기 함양하기(두려움 다스리기, 압력 견뎌내기, 변화와 불확실성 다스리기)
EA-6:
참을성 기르기(확고부동, 장애물 극복하기, 능력을 형성하기)
EA-7:
열심히 일하기(달성 가능한 목표를 세우기, 시간을 관리하기, 자신의 삶을 책임지기)

이러한 통찰을 받아들여 사이버 공간에서의 도덕적 품성화의 교수전략은 교실에서 어떻게 학생들의 수행능력과 도덕적 품성을 발달시킬 수 있을까에 초점을 둘 필요가 있다. 특별히 우리는 어떻게 올바른 일을 하는 데 필요한 기술들을 발달시키고 유혹에 저항하고 장애를 극복하는 의지(자아의 힘)를 발달시킬 수 있을까에 초점을 둘 수 있다. 이를 위해 도덕적 품성화 또는 실행화를 위한 의지와 기술 관련 질문을 인터넷 표절문제와 관련해서 제시하면 다음과 같이 제시할 수 있다.

<표 14> 인터넷 표절과 관련된 도덕적 품성화 함양을 위한 의지와
사회적 기술관련 고려 교수전략

행동실행을 위한 의지와 사회적 기술관련 요소들을 고려해보기
예시) 이메일로 보낸 과제에 대해 표절을 정중하게 거절하기: 괜찮아. 너의 도움은 고맙지만 내가 잘 생각해보고 좋은 결정을 하도록 할게. 비언어적 표현으로 거절하기: 손을 흔들며, 고마워, 괜찮아하는 표정을 짓는다. 갈등과 문제해결: 약간의 어려움이 있더라도 과제를 제출하지 못한 사정을 선생님께 잘 설득하거나 양해를 구할 수 있을까? 공손하게 주장하기: 리포트 기간을 조금만 연장해 달라고 선생님에게 부탁하고 어려운 상황을 설득력 있게 전달할 수 있을까?   <다른 의지와 사회적 기술관련 생각해보기> ① ②

필요한 의지와 용기와 관련해서는 두려움과 압력을 다스리기 위해 긴 숨 훈련이나 자신을 다스리는 훈련을 시도할 수도 있다. 또한 사회적 기술들을 훈련할 수 있다. 예컨대 개인의 학문적 진실성을 지원하고 부정행위를 방지하기 위한 말들로 표절을 권하는 친구에게 다음과 같은 사회적 기술을 훈련할 수 있다. 예컨대 "미안해, 그러나 나는 나의 진실성을 타협하고 쉽지 않아" 등의 사회적 기술을 훈련할 수 있다. 이런 훈련은 사회적 실행기술의 강화를 위한 역할극이라는 교수전략을 취할 수도 있다.[103] 또한 과제(인터넷) 표절을 피하기 위해서는 사회적 기술과 함께 다음과 같은 '학문적 기술(academic skill)'이 필요하고 지도될 필요가 있다.

---

103) 이에 대해서는 M. J. Bebeau(1994)와 문미희(2005), p.73참조.

〈표 15〉 인터넷 표절을 피하기 위한 학문적 기술들[104]

행동실행을 위한 학문적 기술들을 고려해보기		
나는 이런 과제들을 수행하는데 필요한 기술들을 이해하고 있는가?		
학생들의 수준☞	상: 완전히 이해함	중: 가르침이 좀 더 필요함	하: 도움이 필요함
① 참고문헌을 찾는 것			
② 과제를 준비하는 것			
③ 중요한 요점을 풀어 쓸 수 있음			
④ 적절한 요약을 할 수 있음			
⑤ 참조문헌을 인용할 수 있음			

<학생들의 수준을 따라 수업시간에 필요한 학문적 글쓰기 또는 윤리적 글쓰기를 지도하고 가르치기>

전체적으로 나바에츠의 통합적 윤리교육에서 행동 관련 기술로 제시하는 갈등과 문제해결, 공손하게 주장하기, 결정의 실행 계획하기, 용기함양하기, 참을성 기르기, 열심히 일하기 등을 하위기술 요소를 고려하면서 정보윤리교육적 맥락에 맞게 적용할 수 있을 것이다.

V. 나가면서

지금까지 사이버 공간에서 디지털 기술과 환경이 사이버 공간에서의 도덕적 행위자에 어떤 영향을 미치는 지를 심리적 차원에서 살펴보았다. 또한 레스트의 도덕성의 4-구성요소 모형에 맞추어 정보윤리교육적 교수전략을 제시해 보았다. 물론 이러한 제시가 모든 요

---

104) ethicsed.org/academic-integrity 참조.

소를 다 망라한 것이 아니지만 대표적으로 언급해야 할 만한 요소들을 가능한 다 고려해 보려고 하였다.

이를 통해 우리는 한 사람이 사이버 공간으로 들어갈 때, 인지적이고 정서적인 그리고 행동적인 요소에서 변형을 가지며 이것이 4가지 구성요소에 영향을 줌을 알 수 있었다. 예컨대 디지털 기술과 환경적 맥락이 도덕적 감수성을 떨어지게 하고 도덕적 판단력을 더욱 자아중심적이게 할 수 있으며 도덕적 동기화와 품성화에도 영향을 줄 수 있음을 살펴보았다.

하지만 우리가 사이버 공간에서의 도덕심리에 보다 주의하면서 정보윤리교육적 전략을 시행할 때, 보다 도덕성 발달에 기여할 수 있음을 제시해 보았다. 윤리성이 감소할 가능성이 있지만 반대로 정보윤리 교육을 통해 정보윤리성을 발달시키는 교육이 필요함을 또한 알 수 있었다. 예컨대 인터넷 기술이 매개된 곳에서는 화자와 청자의 심리적 거리감이 있듯이, 사용자와 저작권 사용자의 심리적 거리감이 있는데, 적절한 정보윤리교육적 교수전략을 통한 도덕적 감수성이 고양한다면 이러한 거리도 보다 가까워질 수 있음을 알 수 있었다. 또한 인지갈등을 일으키는 딜레마 토론이나 도덕적 동기화 및 품성화의 부분에서도 레스트의 4구성요소의 특징적인 심리적 요소를 고려하면서 효과적인 교육전략을 소개해 보려고 하였다. 물론 정보윤리교육을 보다 발전시키기 위해서는 이러한 연구자의 제안이 실제적인 경험적이고 통계적 연구를 통해 검증되어야 할 것이다. 이에 대한 연구는 차후 연구로 기약하고자 한다.

〈참고문헌〉

문미희, 『예비교사를 위한 인권교육 프로그램의 개발과 적용』(서울: 한국학술
　　정보, 2005).

박균열·홍성훈·서규선·한혜민, 『청소년 도덕성 진단 검사도구 개발연구Ⅰ: 도
　　덕적 감수성, 연구보고 11-R13-1』(서울: 한국청소년정책연구원, 2011).

박병기·변순용·김국현·손경원, 『청소년 도덕성 진단 검사도구 개발연구Ⅰ: 도
　　덕적 동기화, 연구보고 11-R13-3』(서울: 한국청소년정책연구원, 2011).

추병완, 『도덕교육의 이해』(서울: 백의, 2004).

최용성 외, 『정보통신윤리 교육교재』(서울: 부산체신청, 2006).

최용성, 『정보윤리교육 프로그램의 개발과 적용』(부산: 제일출찬, 2013).

Bandura, A., *Social foundations of thought and actions: A social cognitive theory*
　　(Englewood Cliffs, NJ: Prentice-Hall, 1986).

Colby, A., Kohlberg, L., Speicher, B., Hewer, A., Candee, D., Gibbs, J. &
　　Power, C. *The measurement of moral judgment* Vol 1(Cambridge University
　　Press: New York, 1987).

Curzer, H. J., *Ethical Theory and Moral Problems*(Belmont: Wadsworth Publishing
　　Company, 1999).

Giligan, C., *In a different voice*(MA: Harvard University Press, 1982).

Habermas, J., *Communication and the evolution of society*(London: Heineman, 1979).

Jameson, F., *Postmodernism, or, The Cultural Logic of Late Capitalism*(Durham:
　　Duke University, 1992).

Johnson, M., *Moral Imagination: Implication of Cognitive Science for Ethics*(Chicago:
　　The University of Chicago Press, 1993).

Kohlberg, L., *The philosophy of moral development*(Vol.1)(San Francisco: Harper &
　　Row, 1981).

Kohlberg, L., *The philosophy of moral development*(Vol.2)(San Francisco: Harper &
　　Row, 1984).

Narvaez, D. & Endicott, L. G., *Nurturing Character in the Classroom: Ethical*

Sensitivity (Alliance for Catholic Education Press at the University of Notre Dame, 2009).

Rest, J. R., Narvaez, D., Bebeau, M., & Thoma, S., *Postconventional moral thinking: A New-Kohlbergian approach*(Lawrence Erlbaum: London, 1999).

Selman, S. L., *The growth of interpersonal understanding*(New York: Academic Press, 1980).

콜즈, 정홍섭 옮김, 『도덕지능(MQ)』(서울: 해냄, 1997).

Navaez, D., & Lapsley, D. K., "일상의 도덕성과 도덕적 전문성의 심리학적 기초", D. K. Lapsley & F. C. Power(eds,). 정창우 역, 『도덕심리학과 도덕교육』(일산: 인간사랑, 2008).

Rest, J. R. & Narvaez, D., 편저, 문용린, 홍성훈, 이승미, 김민강 공역, 『전문 직업인의 윤리발달과 교육』(서울: 학지사, 2006).

Rest, J. R. 편저, 문용린, 유경재, 원현주, 이지혜 공역, 『도덕발달 이론과 연구 – 도덕판단력, 행동, 문화 그리고 교육』(서울: 학지사, 2008).

김은수, "사이버 공간에 있어서 청소년의 도덕적 자아 형성을 위한 도덕교육 적 접근", 서울대학교 국민윤리학과 박사학위논문, 2003.

김항인, "정보윤리 감수성 발달 방안 연구", 『도덕윤리과교육』, 제19호(도덕윤 리과교육학회, 2004).

김항인, "도덕판단 발달과 측정에 관한 연구", 『초등도덕교육』, 제4호(경인초 등도덕교육학회, 2005).

노승현, "대학생의 도덕적 이탈 및 자아정체감이 사이버 일탈에 미치는 영 향", 명지대학교 대학원 석사학위논문, 2011.

윤성이 · 이민규, "한국사회이념측정의재구성", 『의정연구』, 제17(3)호(한국정 당학회, 2011).

이상우, "참여민주주의의 재성찰: '현실의 시민'을 중심으로", 영남대학교 대 학원 박사학위논문, 2009.

이인재 · 최창욱 · 윤영돈 · 류숙희, "레스트(J. Rest)의 도덕적 품성화 능력 측 정을 위한 검사 도구 개발 연구", 『윤리교육연구』26호 (한국윤리교육 학회, 2011.12).

이인재 · 최창욱 · 류숙희 · 유영돈, "레스트의 4구성요소 모델에 의한 도덕적 품성화의 구성개념 탐구", 『윤리연구』84호 (한국윤리학회, 2012).

이정원, "대학생의 분리 – 개별화와 인터넷 중독:자아정체감의 매개효과를 중 심으로", 이화여자대학교 대학원 석사학위논문, 2009.

정창우, "도덕심리학 연구의 최근동향과 도덕교육적 함의", 『초등도덕교육』,

제7호(경인초등도덕교육학회, 2011).

추병완, "온라인에서의 도덕적 이탈과 인터넷 윤리교육의 과제", 『윤리연구』, 제87호(한국윤리학회, 2012).

Bandura, A., Barbaranelli, C., Caprara, G. V. & Pastorelli, C., "Mechanisms of Moral Diseengagement in the Exerxise of Moral Agency", *Journal of Personality and Social Psychology*, 71-2(1996).

Blasi, A., "The Moral Cognition and Moral Action: A Theoretical Perspective", *Developmental* Review, 3(1983), 178-210.

Eisenberg, E., "Emotion, regualtion, and moral development", *Annual Review of Psychology*, 51(2000), 665-697.

Flannery, B. L. and May, D. R., "Environmental Ethical Decision Making in the U.S. Metal-Finishing Industry", *Academy of Management Journal*, 43(4) (2000), 642-662.

Friedman, B., "Social judgments and technological innovation: Adolescents' understanding of property, privacy, and electronic information", *Computers in Human Behavior*, 13(3)(1997), 327-351.

Galles, G., Graves, P. E., Sexton, R. L. & Walton, S., "Monitoring Costs and Tolerance Level in Classroom Cheating", *American Journal of Economics and Sociology*, 62(4)(2003), 713-719.

Graham, J., Haidt., J., Rimm-Kaufman, S. E., "Ideology and Intuition in Moral education", *European Journal of Developmental Science*, 2-3(2008).

Graham, J. Haidt, J. & Nosek. B. A., "Liberals and Conservatives Rely on Different Stages of Moral foundations", *Journal of Personality and Social logy, Psychology*, 96-5(2009).

Grusec, J. & Redler, E., "Attribution, reinforcement, and altruism: A devanalysis", *Developmental Psychology*, 16(1980), 525-53.

Haidt, J., "The Emotional Dog And Its Rational Tail: A social Intuitionst Approach to Moral Judgement", *Psychology*, 108-4(2001).

Haidt, J., "The New Synthesis in Moral Psychology", *Science*, 316(2007).

Haidt, J., "Morality", *Perspectives on Psychological Sciencem*, 3-1(2008), 4.

Inbar, Y., Pizarro, D., Lyer, R. & Haidt, J., "Disgust sensitivity, Politcal Conservatism, and Voting", Social Psychological and Personality Science 000-00(2001).

Kiesler, S., Siegel, J. & McGuire, T. W., "Social psychological aspects of computer-mediated communication", *American Psychologist,* 39(1984), 1123-1134.

Keisler, S. & Sproull, L., "Response effects in the electronic survey", *Public Opinion Quarterly,* 50(1986), 402-413.

Pizarro, D. A. & Bloom, P., "The Intelligence of the Moral Intuitions: Comment on Haidt(2001)", *Psychological Review,* 110-1(2003).

Rest, J. R., "The hierarchical nature of moral judgment", *Journal of Personality,* 41(1974), 86-109.

Rest, J. R., *Moral development: Advances in research and theory*(New York: Praeger Press, 1996).

Rest, J. R., "Why does college promote development in moral judgment?", *Journal of Moral Education,* 17(3)(1988), 183-194.

Rezler, A. G., Schwartz, R. L. Obenshain, S. S., Lambert, P., McInGison, J., & Bennahum, D. A., "Assessment of ethical decisions and values", *Medical Education,* 26(1992), 7-16.

Sadler, T. D., "Moral sensitivity and into contribution to the resolution of socio-scientific issues", *Journal of Moral Education,* 33(3)(2004), 340-358.

Shade, D. D., & Watson, J. A., *Microcomputers in preschool environments: Answers to question* (Eric Document Reproduction Service No. ED 299 060, 1998).

Shelton, C. M. & McAdams, D. P., "In search of an everyday morality: The development of a measure", *Adolescence,* 25(1)(1990), 925-943.

Sreffgen, G. & Konig, A., *Cyber Bullying: The role of traditional bullying and empathy,* 1-7. Retrieved from(2009).

Suler, J. "The Online Disinhibition Effect", *CyberPsychology & Behavior,* Vol.7-3 (2004).

Sumner, M. & Hostetler, D., "A comparative study of computer conferencing and face to-face communications in systems design", *Journal of Interactive Learning Research,* 13(3)(2002), 277-291.

Trevino, L. K., Weaver, G. R., and Reynolds, S, J., "Behavioral ethics in organizations: A review", *Journal of Management,* 32-6(2006), 951-990.

Volker, J. M., "Counseling experience, moral judgment, awareness of consequences and moral sensitivity in counseling practice", (Unpublished doctoral dissertation. University of Minnesota, Minneapolis, 1984).

Bandura, A., "Mechanisms of moral disengagement", In W. Reich(Ed.), *Origins of terroorism: Psychologies, ideologies, theologies, and states of mind*(Cambridge University Press, 1990).

Bebeau, M, J., "Influencing the moral dimensions of dental practice", In J. R. Rest & Narvaez(Ed.), *Moral develoment in the professions: psychology and applied ethics*(pp.121-146)(Hillsdale, NJ: Lawrence Erlbaum Associates, 1994).

Blasi, A., "The intergration of morality in personality", In I. E. Bilbao(ed.), *Perspectivas acerca de cambio moral: Posibles intervenciones educativas, San Sebastian*(Spain: Servicio Editorial Universidad del Pais Vasco, 1989).

Blasi, A., "Moral Character: A Psychological Approach, Lapsley", D. K. & Power, F. C. (eds.), *Character Psychology and Character Education*(Notre dame: University of Notre dame Press, 2005).

Crowell, C. R., Narvaez, D. & Gomberg, A., "Moral psychology and information ethics: psychological distance and the component of moral action in a digital world", In L. Freeman & A. Graham Peace(Eds.), *Information ethics: Privacy and intellectual property*(Hershey: Information Science Publishing, 2005).

Damon, W., "Self-understanding and moral development from childhood to adolescence", In W. M. Kurtines & J. Gewirtz(Eds.), *Morality, Moral behavior, and moral developmnet*(pp.109-127)(New York: Wiley, 1984).

Duckett. L. J. & Reden, M. B., "Education for ethical nursing practice", In J. R. Rest & Narvaez(Eds.), *Moral development in the professions: Psychology and applied ethics*(pp.51-70)(Hillsdale, N. J. Lawrence Erlbaum Associates, 1994).

Haidt, J & Bjorklund, F., "Social Intuitionists Answer Six Questions about Moral Psychology" in: W. Sinnott-Armstrong (eds.), *Moral Psychology,* 2(Cambridge: Mit Press, 2008).

Narvaez, D. & Rest, J. R., "The four components of acting morally", In W. Kurtines & J. Gewirtz (Eds.), *Moral behavior and moral development: An introduction* (385-400)(New York: McGraw-Hill, 1995).

Narvaez, D., "Integrative Ethical Education", in edited by Killen, M. and Smetana, J.(Eds.), *Handbook of Moral Development* (703 – 733)(Erlbaum, Mahwah, NJ, 2006).

Rest, J. R., "Morality" in P. H. Mussen, ed. *Handbook of child psychology*(New York: John Wiley & Sons, 1983).

Rest, J. R., "The major components of morality", In W. Kurtines & J. Gerwirtz(Eds.), *Morality, Moral behavior, and moral development* (24-40) (New York: Wiley, 1984).

Rest, J. R. "Background: Theory and Research", Rest, J. R. & Narvaez, D. (eds.). *Moral Development in the Professions: Psychology an Applied Ethics*(Hillsdale: Lawrence Erlbaum Associates Inc., 1994).

Shade, D. D., & Davis, B. C., "The role of computer thchnology in early childhood education", In Isenberg, J. & Jalongo, M(Eds), *Major trends and issues in early childhool education: Challenges, controversies, and insights* (90-103)(New York: Teachers College Press, 1997).

정병묵, 2013, "'사이버 왕따' 여학생들이 더 많이 시킨다", 『이데일리』, http://www.edaily.co.kr/news/NewsRead.edy?SCD=JE41&newsid=02558 406602843688&DCD=A00504&OutLnkChk=Y(검색일: 2013.1.5).

박록삼, 2012, "'사이버 불링'에 피멍드는 청소년 – 인터넷·SNS서 악성 댓글, 금품요구등 학교폭력 진화", 『서울신문』, http://www.seoul.co.kr/news/ newsView.php?id=20120410011011(검색일: 2013.1.5).

Li, Q., 2005, Cyberbullying in schools: Nature and extent of Canaidan adolescents experience, Retrieved from, http://www.eric.ed.gov/PDFS/ ED490641.pdf. (검색일: 2013.1.5).

"The School for Ethical Education", http://ethicsed.org/academic-integrity(검색 일: 2013.1.5).

6. 레스트의 4구성요소와 정보윤리교육 프로그램의 변형과 적용

I. 인터넷 표절과 정보윤리교육

1. 인터넷 표절의 사례

 길동이는 최근에 매우 바빴다. 감기가 심해서 건강상 공부를 할 수 있는 여건도 매우 좋지 않았다. 하지만 그는 매우 중요한 전공 숙제를 내일까지 해야 한다. 그리고 그것은 내일 정오까지 제출해야만 하는 것이다. 그는 그의 선생님의 좋아하고 전공 역시 좋아한다. 하지만 시간이 너무 없다. 마침내 자정이 되었고, 때마침 1시간 전에 통화할 때, 어려운 사정을 이야기한 그의 친구 홍길녀가 그가 수행한 과제 리포트를 이메일로 보내왔다. 만약 그 과제를 카피하기를 원한다면 해도 된다는 내용도 보내왔다. 그는 그 과제를 카피해서 제출하는 방안을 생각하게 되었다.

1. 도덕적 감수성을 위한 정보윤리교육

가. 도덕적 감수성을 위한 도덕교육

〈표 1〉 다섯 가지 직관의 기초와 관련된 직관적 경향성[1]

직관의 기초	위해/배려	공정/호혜	내집단/충성	권위/존경	순수/신성
특유의 감정	연민	분노, 감사, 죄의식	집단 자부심, 귀속감	존경, 두려움	혐오
직관적 편향성	서구의 진보적 자유주의자들에게 편향적으로 나타나는 직관		한편 하이트는 성적, 육체적, 영적인 영역에서 순결에 반하는 것에 대한 '혐오 감수성(disgust sensitivity)'이 있는 이들은 정치적 보수성향을 가진다고 주장한다. 도덕적 직관에 있어서는 사회적 불평등과 권위주의에 대해서는 더욱 관용적인 성향이 있고, 동성애 등과 관련된 성적인 태도에서는 보다 보수적인 경향성을 가진다고 말한다.		
	전통사회나 서구의 보수주의적 이념이나 가치를 가진 곳에서는 5가지 직관의 기초가 모두 나타남				

사회적 직관주의자 또는 도덕적 토대이론으로 최근에 알려진 도덕심리학자 하이트(J. Haidt)는 <표 1>에서 제시된 것처럼 모든 사회에서 위해/배려, 공정/호혜, 권위/존경, 순수/신성, 내집단/충성의 도덕적 5가지의 직관의 토대가 발견되고 보았다. 하지만 흔히 진보주의자들은 보수주의자들이 중요하게 여기는 도덕적 직관을 편향적으로 무시해[1]버릴 수 있다. 예컨대 충성심, 애국심, 순결과 같은 가

---

1) J. Graham, J. Haidt & B. A. Nosek, "Liberals and Conservatives Rely on Different Stages of Moral foundations", *Journal of Personality and Social Psychology.* 96-5(2009)와 Y.Inbar, D. Pizarro, R. Lyer & J. Haidt, "Disgust sensitivity, Politcal Conservatism, and Voting", *Social Psychological and Personality Science* 000-00(2001) 참조.

치들을 진보주의자들은 중시하지 않는다. 반면에 보수주의자들은 내집단과 외집단간에 경계에 대한 관심으로 특히 내집단에 대한 헌신으로서의 '내집단충성(in-group)', 존경 혹은 경의를 표해야 할 사람에게 적절히 처신하지 못한 것에 대한 분노로서의 '권위존중(authority)', 신성과 순결을 찬양하는 반면 음탕과 불결을 천시하는 '순결성(purity)'에 대한 감각에 직관적인 본능적 선호를 갖고 있다는 것이다.

하지만 하이트의 '교차문화연구(cross-cultural reseaech)'에 따르면 교육받은 서구인들의 도덕 영역은 '배려의 윤리(caring of ethics)'와 관련된 위해/배려, 투리엘(E. Turiel)이나 콜버그(L. Kohlberg) 등이 강조한 공정/호혜라는 좁은 영역에 한정되는 직관적 편향성이 있다는 것이다.[2] 하지만 내집단/충성, 권위/존경, 순수/신성이라는 도덕적 영역까지 포괄하는 도덕적 직관이 나타나는 것은 전통사회뿐만 아니라 서구사회에서도 종교·문화적으로 보수적인 가치나 이념을 가진 곳에서는 나타난다고 본다. 이런 점에서 오히려 진보적인 자유주의적 가치는 위해/배려, 공정/호혜라는 직관에 핵심적인 편향성을 가진다고도 볼 수 있는 것이다.[3]

나. 문제에 주목하기

(1) 다음의 사례에서 제시된 문제들이나 이슈들은 어떤 종류의 것들인가?

(2) 이 상황에서 제시된 도덕적 가치나 윤리는 무엇인가? 특별히 하이트(J. Haidt)의 다섯 가지 직관주의 윤리학의 관점을 관찰

---

2) J. Haidt, "The New Synthesis in Moral Psychology", *Science*, 316(2007), p.1001.

3) J. Haidt(2007), p.1001.

하고 아래에 짧게 기술하라.

○ (배려/위해) - 홍길녀의 홍길동에 대한 배려
○ (정의/부정) - 홍길녀의 홍길동에 대한 배려는 다른 친구에 대해 공정하지 않을 수 있음
○ (공동체에 대한 충성/배신) - 홍길동과 홍길녀가 속한 학급공동체의 신뢰에 대한 배신
○ (권위/ 전복) - 선생님의 권위에 대한 문제점이 표출
○ (신성/ 타락) - 순수하지 못한 행위임

다. 상황을 진술하기: 문제는 무엇인가? 어떻게 해서 이런 일이 발생했는가?
- 홍길동은 시간관리를 잘하지 못했고, 더구나 건강까지 좋지 못했다. 그가 빨리 과제를 했더라면 이런 상황에 빠지지 않았지만 시간관리가 제대로 되지 못한 상태에서 건강까지 좋지 못해서 이런 일이 발생했다.

라. 관련된 이해당사자들과 동일시해보기(공감하고 관점채택해보기)
누가 관련되어 있는가? 영향을 받는 이들은 누구인가?
자신 - 자신의 공정성과 정직성이 훼손될 수 있고, 학급공동체에 대한 배신행위로 수치스러울 수 있다.
선생님 - 선생님의 신뢰나 권위에 반하는 행위이다.
홍길녀 - 홍길녀의 홍길동에 대한 나이브한 배려는 홍길려 자신의 진정성에 대한 보다 깊은 배려에 반하는 것이다.

학급공동체 – 관련 학생들에게 공정하지 못한 것이고, 학급공동체에 충성스럽지 못한 것이다.

마. 결론

표절은 우선 공정하지 못한 것이고, 표절을 도우는 배려 역시 좁은 인간관계망에 붙잡혀 있는 것이다. 또한 표절은 공동체에 대한 충성과 선생님의 권위에 반하는 것이며, 순수한 가치에도 반하는 것이다.

2. 도덕적 판단력을 위한 정보윤리교육

가. 행동의 가능한 과정과 결과를 기술하자

방안 A:

A 행동: 홍길동은 과제를 표절하여 제출할 수 있을 것이다.

B 결과: a. 긍정적: 과제를 다 해서 선생님께 미안하지 않고, 무엇보다 성적에 도움이 될 것이다.

b. 부정적: 공정하지 못했다는 죄책감과 학급공동체의 구성원들에게 미안하고 선생님 및 길녀에게도 떳떳하지 못할 것이다.

방안 B:

A 행동: 홍길동은 과제를 표절하지 않고 제출하지 않을 것이다.

B 결과: a. 긍정적: 공정하지 못했다는 죄책감이 들지 않을 것이다.

b. 부정적: 자신이 해야 할 과제를 하지 못해서 화가 나고, 성적에게 악영향이 미칠 것이다.

나. 도덕적 판단하기: 홍길동은 어떻게 해야 한다고 생각하는가?

(1) 표절을 해야 한다.

(2) 표절을 하지 말아야 한다.

다. 당신의 도덕적 판단에 대해 기술하라

왜 그렇게 해야 한다고 생각하는지 기술하라. 어떤 이유로 '그런 판단이 나왔는지 기술하라.

라. 소그룹 활동: 나누기 – 친구들과 당신의 생각을 나누기

학생 1

행동 = ①

이성적 추론 = 표절을 하지 않으면 선생님께 책임 추궁을 받을 수 있고, 표절을 해도 나중에 처벌을 받을 수 있다. 일단 과제를 하지 않은 것에 대한 책임 추궁을 피하고 싶다.

학생 2

행동 = ②

이성적 추론 = 리포트에 대한 책임추궁 보다는 표절을 했을 때의 심각한 제재는 나에게 심각한 피해가 될 것이다.

학생 3

행동 = ②

이성적 추론 = 만약 표절을 해서 들킨다면 학급 공동체의 친구들이 나를

어떻게 생각할 것이며, 홍길녀에게도 표절을 하면 좋은 친구로 대접받는 데 장애가 있을 것이다.

학생 4

행동 = ①

이성적 추론 = 관습적으로 표절은 우리 학교가 금지하고 있는 규율이다.

학생 5

행동 = ①

이성적 추론 = 표절은 학급 공동체의 친구들에게 공정하지 못한 것이고, 홍길녀에게 좋지 못한 배려를 요구하는 것이고, 학급공동체의 충성에 신뢰를 깨는 것이며, 선생님의 권위를 훼손하는 것이다. 전체적으로 표절은 나에게 단기적인 이익을 줄 수 있지만, 여러 이해관계자들에게 고통을 많이 줌으로 피해야 할 것이다.

마. 학생들의 생각들을 분석하기

학생 1

수준과 단계는 = ① 전인습적 수준 ② 인습적 수준 ③ 후인습적 수준

① ② ③ ④ ⑤ ⑥ 단계

설명 = 벌을 두려워해서 행동하므로 전인습적 수준에 ① 단계인 것 같다.

학생 2

수준과 단계는 = ① 전인습적 수준 ② 인습적 수준 ③ 후인습적 수준

① ② ③ ④ ⑤ ⑥ 단계

설명 = 자기이익을 위해 행동하므로 전인습적 수준에 ② 단계인 것 같다.

학생 3

수준과 단계는 = ① 전인습적 수준 ② 인습적 수준 ③ 후인습적 수준

① ② ③ ④ ⑤ ⑥ 단계

설명 = 좁은 인간관계망의 인정에 초점을 둠으로 전인습적 수준에 ③단계인 것 같다.

학생 4

수준과 단계는 = ① 전인습적 수준 ② 인습적 수준 ③ 후인습적 수준

① ② ③ ④ ⑤ ⑥ 단계

설명 = 학교의 법과 제도를 따라야 한다는 생각, 사회적 인습을 추종하므로 ④단계인 것 같다.

학생 5

수준과 단계는 = ① 전인습적 수준 ② 인습적 수준 ③ 후인습적 수준

① ② ③ ④ ⑤ ⑥ 단계

설명 = 사회전체의 다수의 행복을 추구하는 공리주의적 논리이므로 후인습적 수준이고 ⑤단계인 것 같다.

바. 마지막 도덕판단을 수정 및 평가한 뒤 제시하기

당신은 어떻게 행동하고 그 이유는 무엇인가? 무엇보다도 공정해야 하기에 표절을 하면 되지 않을 것이다.

3. 도덕적 동기화를 위한 정보윤리교육

가. 결단하기: 나에게 책임이 있는가? 만약 홍길동 학생이라면 나는 무엇을 해야 하는가? (도덕적 책임의 판단)

만약 내가 홍길동 학생이라면, 나는 _____해야 한다.

나. 당신은 어떠한 도덕적 자아를 갖고 있으며, 도덕적 정체성을 가지기를 원하는가?

블라지(A. Blasi)는 도덕적 행동은 도덕적 추론으로부터 직접적으로 이루어지지 않고, 자아에 대한 '진실성(intergrity)'으로부터 연루된 특성으로부터 여과된다는 것을 중요시한다.[4] 이것을 교수전략까지 포함하면서 도표로 표시하면 다음과 같다.

〈표 2〉 도덕적 동기화 함양을 위한 블라지의 도덕적 자아의 개념과 관련 교수(발문)전략[5]

● 블라지의 관점: 도덕적 판단 → 도덕적 자아 → 도덕적 행동

☞ 만약 내가 존경하는 A(공자, 예수, 부처, 아버지, 간디, 루터 킹)
　 이라면 그는 이 상황에서 실제 어떻게 할까?

☞ 나는 어떻게 행동하는 것이 나다울까?

---

4) A. Blasi(1983), pp.178-210 참조.

5) A. Blasi, "The Moral Cognition and Moral Action: A Theoretical Perspective", *Developmental Review*, 3(1983), 178-210와 A. Blasi, "The intergration of morality in personality", In I.E. Bilbao(ed.), *Perspectivas acerca de cambio moral: Posibles intervenciones educativas, San Sebastian*(Spain: Servicio Editorial Universidad del Pais Vasco, 1989) 참조.

☞ 어떻게 행동하는 것이 나 자신에게 진정성 있고 책임 있는 행동일까?

☞ 만약 다른 방식으로 행동한다면 나는 어떤 점에서 나 자신에게 부끄러울까?

위의 내 질문 중에 한두 가지 질문을 선택하고 이에 대해 대답을 적고 나누어 봅시다.

(답: 예시: 나는 좋은 학생, 연구자가 되고 싶고, 학문적 진실성에 부합하는 사람이 나다우며, 나 자신에게 부끄럽지 않는 사람이라고 생각한다. 따라서 표절은 나답지 않는 행동이라고 생각한다)

다. 합리화 체크하기: 당신의 책임판단에 영향을 주는 합리화를 노출하라. 당신의 선택은 합리화의 행위로부터 자유로운가? (개인활동이나 소그룹활동에서 나눔)

(아래에는 도덕적 합리화로부터 자유로운 판단이 있고, 잘못된 것을 정당화하는 데 사용되는 합리화와 연결된 판단의 형식들이 있다. 자신을 정당화하는 데 이용당할 수 있는 정당화의 판단들을 적어보자)

〈표 3〉 도덕적 이탈의 합리화 검증 교수전략

합리화될 수 있는 생각들을 노출하고 검토 및 검증하기	
☞ Mechanism(도덕적 이탈의 메커니즘)	Rationalization(합리화)의 생각들 적기(예시들)
① 비난의 전가	과제 제출 요구를 선생님이 조금 늦게 해서 시간 관리를 하기가 어려웠다.
② 위해의 축소	표절을 하더라도 다른 학생들에게 피해는 되지 않는다.

③ 완곡한 언어의 사용	나는 공부를 좋아하지만 시간이 너무 없었다
④ 유리한 비교	학교 폭력을 일삼는 친구들과는 전혀 다른 차원이야
⑤ 책임소재의 이동	이번 과제를 못한 것은 가족들이 나에게 많은짐을 준 것도 있다.
⑥ 책임감의 분산	표절은 학생들에게 너무 자주 일어나는 일이잖아.

라. 도덕적 이탈 기제와 사이버 일탈과의 관계

청소년의 사이버 일탈과 도덕적 이탈 기제의 사용의 상관관계가 높다고 할 수 있다. 다시 말해서 사이버 범죄를 비롯해서, 컴퓨터 중독, 인터넷 중독, 게임 중독, 저작권 침해, 사이버 성폭력, 음란채팅 등 거의 모든 사이버 일탈과 도덕적 이탈 기제는 높은 상관관계를 갖고 있다는 여러 연구결과들이 있다.

마. 도덕적 가치(공정)를 우선화하기

〈표 4〉 도덕적 가치 우선화 교수전략

도덕적 가치를 우선화하기	
예시) 만약 내가 홍길동이라면, 나는 _____을 하는데 헌신하겠다.	
도덕적 원칙 윤리가 우선되는 것	가치와 도덕적 원칙, 윤리가 양보되는 것
① 성적이 손해가 되어도 공정하기	① 성적 때문에 공정을 외면하기
② 길려를 더욱 배려하기	② 성적 때문에 길녀에게 위해가 되는 배려를 요구
③ 학교공동체의 분위기에 충성하기	③ 성적 때문에 학급공동체의 진실성에 반하기

4. 도덕적 품성화를 위한 도덕교육

가. 확인하기: 나는 다음과 같은 행위를 하기로 헌신하였다: 어떤 행동인가? 나는 과제(인터넷) 표절을 하지 않기로 했다. 이것에 헌신하기로 했다.

나. 당신은 이를 위해서 다음과 같은 학문적 기술들이 필요할 수 도 있다.

(1) 당신의 과제계획들을 기술하라

(2) 나는 이런 과제들을 수행하는데 필요한 기술들을 이해하고 있 는가?

	완전히 이해함	가르침이 좀 더 필요함	도움이 필요함
- 참고문헌을 찾는 것			
- 과제를 준비하는 것			
- 중요한 요점을 풀어쓸 수 있음			
- 적절한 요약을 할 수 있음			
- 참조문헌을 인용할 수 있음			

(3) 당신은 과제(인터넷) 표절을 하지 않기 위해 필요한 사회적 기술을 필요로 할 수 있다.

다. 도덕적 품성화 또는 실행화를 위한 의지와 기술 관련 질문을 인터넷 표절문제와 관련해서 제시하면 다음과 같이 제시할 수 있다.

〈표 5〉 인터넷 표절과 관련된 도덕적 품성화 함양을 위한 의지와 기술관련 고려 교수전략

행동실행을 위한 의지와 기술관련 요소들을 고려해보기
예시) 표절을 정중하게 거절하기: 괜찮아. 너의 도움을 고맙지만 내가 잘 생각해보고 좋은 결정을 하도록 할께 비언어적 표현으로 거절하기: 손을 흔들며, 고마워, 괜찮아하는 표정을 짓는다. 갈등과 문제해결 :약간의 어려움이 있더라도 과제를 제출하지 못한 사정을 선생님께 잘 설득하거나 양해를 구할 수 있을까? 공손하게 주장하기: 리포트 기간을 조금만 연장해 달라고 담당 선생님께 부탁하고 어려운 상황을 설득력 있게 전달할 수 있을까? ① ② ③ ④

필요한 용기와 관련해서는 두려움과 압력을 다스리기 위해 긴 숨 훈련이나 자신을 다스리는 훈련을 시도할 수도 있다. 또한 개인의 학문적 진실성을 지원하고 부정행위를 방지하기 위한 말들로 표절을 권하는 친구에게 다음과 같은 사회적 기술을 훈련할 수 있다. 예컨대 "미안해, 그러나 나는 나의 진실성을 타협하고 싶지 않아" 등의 사회적 기술을 훈련할 수 있다. 전체적으로 나바에츠의 통합적 윤리교육에서 행동 관련 기술로 제시하는 갈등과 문제해결, 공손하게 주장하기, 결정의 실행 계획하기, 용기함양하기, 참을성 기르기, 열심히 일하기 등을 하위기술 요소를 고려하면서 정보윤리교육적 맥락에 맞게 적용할 수 있을 것이다.

Ⅱ. 개인정보보호와 정보윤리교육

1. 도덕적 문제사태 제시

⇒ 내러티브 제시: <국가의료정보센터 설립> 다음 소식은 국가의료정보센터 설립 소식입니다. 오늘 정부에서는 20XX까지 국가의료정보센터를 설립하고 전 국민의 건강관련 정보를 수집하여 관리하도록 하겠다고 발표했습니다. 따라서 앞으로 모든 의료기관에서는 환자의 진료, 처방, 투약 기록을 의료정보센터로 보내야만 합니다. 이렇게 수집된 의료정보는 전국의 의료기관에서 열람할 수 있도록 하여 환자가 방문하였을 때, 더욱 정확한 진단과 처방을 내리는 데 도움을 줄 것이라 기대됩니다. 또한 수집된 의료정보는 각종 질병의 원인을 연구하는 데에 활용되어 국민건강 증대와 수면연장에 기여할 것입니다.

2. 관련 규범 찾기 = 도덕적 감수성 함양하기

① 위 이야기와 관련하여 다음과 같은 주장이 있을 수 있습니다. 당신은 다음과 같은 주장이 어느 정도 중요하다고 생각하십니까? (해당란에 ∨표 하세요. 5점 만점)

번호	질문	전혀 중요 하지 않다.	별로 중요 하지 않다.	보통 이다.	대체로 중요 하다.	매우 중요 하다.
1	정부는 국민건강 증대를 위하여 국민의 의료정보를 수집할 필요가 있다.					
2	의료정보 유출로 야기되는 환자들의 피해를 고려해야 한다.					

3. 규범의 타당성 찾기 = 도덕적 감수성 함양하기

② 위 이야기에서 이 교사가 어떤 선택을 하느냐에 따라 다음과 같은 결과를 가져올 수 있습니다. 당신은 다음과 같은 결과가 어느 정도 중요하다고 생각하십니까?

번호	질문	전혀 중요 하지 않다.	별로 중요 하지 않다.	보통 이다.	대체로 중요 하다.	매우 중요 하다.
3	검사나 의료에 드는 시간이 줄어들고 정확한 진단을 도울 수 있다.					
4	알리고 싶지 않는 질병이 다른 사람들에게 노출될 수 있고, 그에 따라 차별을 받을 수도 있다.					

③ 위 이야기에서 만약 당신이 이 교사의 동료교사라면 다음과 같이 행동할 수 있습니다. 당신은 다음과 같은 행동이 어느 정도 중요하다고 생각하십니까?

번호	질문	전혀 중요 하지 않다.	별로 중요 하지 않다.	보통 이다.	대체로 중요 하다.	매우 중요 하다.
5	의료정보를 공유하는 것에 의한 부작용이 우려되어 반대한다.					
6	국민건강증진과 효율적인 진료를 위해 적극 지지한다.					

4. 도덕적 판단연습: 도덕적 판단력 발달시키기

진료자 명단

한00 씨는 사립정신병원의 병원장이다. 얼마 전 정신질환자들의 교통사고 비율이 늘었다는 보도가 있은 후로, 한 씨는 최근 2년간 정신과 진료를 10회 이상 받았던 진료자 명단을 뽑아달라는 경찰서의 부탁을 받게 되었다. 경찰에서는 명단에 올라 있는 사람들에게 수시 운전면허 적성시험을 보도록 함으로써 잠재적으로 교통사고의 위험이 있는 사람들을 가려내어, 시민들에게 안전하게 운전할 수 있는 여건을 마련해 준다는 것이다. 경찰의 부탁을 받은 한 씨는 진료자 명단을 통보해 주어야 할지 고민하고 있다.

④ 위 이야기와 관련하여 다음과 같은 주장이 있을 수 있습니다. 당신은 다음과 같은 주장이 어느 정도 중요하다고 생각하십니까? (해당란에 ∨표 하세요)

번호	질문	전혀 중요하지 않다.	별로 중요하지 않다.	보통 이다.	대체로 중요하다.	매우 중요하다.
7	다른 병원에서도 경찰에 협조하는 것 같고, 관행으로 굳혀질 것 같다.					
8	어떤 규범이 이 상황을 지배하는 기초가 되어야 하고, 정신질환자 권리와 복지를 지켜줄 수 있을까?					

⑤ 위 이야기에서 경찰과 정신질환자들의 시각을 고려하는 것에 대해 당신은 다음과 같은 주장이 어느 정도 중요하다고 생각하십니까? 둘 중에서 더 중요한 것을 그리시오.

번호	질문	전혀 중요 하지 않다.	별로 중요 하지 않다.	보통 이다.	대체로 중요 하다.	매우 중요 하다.
9	평소에 잘 아는 경찰관계자와 좋은 관계를 가질 필요가 있고, 협조해야 하지 않을까?					
10	이 경우에 경찰의 시각은 정신질환자들의 기본적인 권리를 침해할 수 있다.					

⑥ 당신이 한 씨라면 경찰과의 관계에 부정적인 영향을 미친다면, 당신은 어떻게 하겠습니까?

번호	질문	전혀 중요 하지 않다.	별로 중요 하지 않다.	보통 이다.	대체로 중요 하다.	매우 중요 하다.
11	경찰과의 관계를 떠나서 정보제공이 정신질환자나 사회전체 공동체를 위해 더욱 완전한 선을 나타내는 것은 아닐까?					
12	경찰의 반발은 심각하게 고려해야 하지 않겠는가?					

5. 도덕적 판단연습: 도덕적 판단력 발달시키기(생략)

6. 실천동기 부여: 도덕적 동기화 함양하기

⑦ 정부는 '주민등록법에 관한 개정안'에 따라 기존의 주민등록증 대신에 전자주민카드를 만들고자 한다. 이 카드에는 기존의 주민등록증에 포함된 141의 정보보다 더 많은 정보가 들어가게 되어, 의료보험카드, 국민연금정보, 운전면허증 등 개인 신상에 관한 정보가 전자주민카드 하나로 통합된다는 것이다. 그렇게 되면 개인의 사적 정보가 마음만 먹으면 누군가에 의해서 열람될 수도 있어서 사생활

침해가 우려된다는 의견도 있지만, 개인자신만 떳떳하면 문제될 것 없고, 오히려 행정비용의 절감효과뿐만 아니라 디지털 지문의 확보로 범죄자 및 위험인물의 색출과 대형사고 시 시식확인에도 효과적이라는 의견도 있다. 당신은 전자주민 카드를 만드는 것에 찬성하는가 반대하는가?

1. 매우 찬성한다.	2. 대체로 찬성한다.	3. 중간이다.	4. 대체로 반대한다.	5. 매우 반대한다.

⑧ 학생지도차원에서 가정환경조사서에 대해 세세한 정보를 학생들에게 요구할 수 있다. 어떻게 생각하십니까?

1. 매우 찬성한다.	2. 대체로 찬성한다.	3. 중간이다.	4. 대체로 반대한다.	5. 매우 반대한다.

7. 실천동기 부여: 도덕적 행동화 함양하기

⑨ 나는 다른 사람의 개인정보 또한 나의 개인정보만큼 소중하게 보호할 것이다.

1. 정말로 그렇게 하겠다. 2. 대체로 그렇게 하겠다. 3. 중간이다.
4. 별로 그렇게 하지 않겠다. 5. 절대로 그렇게 하지 않는다.

⑩, ⑪, ⑫에 대해 어떻게 하겠습니까?

번호	질문	1. 절대로 그렇게 하지 않겠다.	2. 별로 그렇게 하지 않겠다.	3. 중간 이다.	4. 대체로 그렇게 하겠다.	5. 정말 그렇게 하겠다.
⑩	새로운 인터넷 사이트에 가입할 때는 내 개인정보를 제 공하므로 신중하게 고려해서 가입할 것이다.					
⑪	나는 재미로 다른 사람의 사생활정보를 인터넷에 올리 지는 않을 것이다.					
⑫	나는 내 개인정보가 유출되거나 사이버 폭력, 사기를 당했을 때, 적극적으로 해당기관에 신고한다. 또 그렇 게 할 것이다.					

8. 개인정보 보호를 위한 기술 익히기

⑬ 사이버 공간에서 개인 정보보호에 관한 질문이다. 답하여 보자.

- 인터넷 회원가입 시 서비스 약관을 반드시 읽어보며, 나의 개
  인정보가 제3자에 제공될 수 있다는 조항이 있는지 확인하는
  가? (   )

- 이용목적에 부합하는 정보를 요구하는지 확인한다 (   )

- 개인정보 관리 책임자가 누구인지 꼭 확인하는가? (   )

- 탈퇴방법에 대한 설명이 있는지 꼭 확인하는가? (   )

- 비밀번호는 주기적으로 바꾸는가? (   )

⑭ 다음과 같은 경우 개인정보 보호차원에서 나의 대응반응을 기
록해 봅시다.

- 방문한 홈페이지에서 경품을 준다고 하며, 서명이라든가 설문조
  사를 부탁받았는데, 다음과 같은 내용이 포함되어 있었다.

성명	주소	주민등록번호	전화번호	서명

대응방안은?

- 전화하여 관공서 직원이라고 하면서 개인정보를 요구하였다.
대응방안은?

- 최근 내 명의의 요금고지서를 받고 온라인 게임사이트에 확인한
  결과 누군가가 나의 ID를 사용하여 유료서비스를 사용한 것으
  로 나타났다.
대응방안은?

- 책상을 정리하다 보니 쓰레기가 많아 모아서 버리려고 한다. 쓰레
  기에는 친구들의 이름과 전화번호 등이 기록된 것도 있고, 나에게
  배달된 편지, 우편물 봉투 등도 포함되어 있었다.
대응방안은?[6]

<답지 1> 정보윤리(개인정보) 감수성 검사의 문항별 답지)-학생
인권문항이 높을 때만 점수 부여 5점 만점

---

6) 김형철 외, 『통합적 접근을 통한 도덕과 교육의 정보통신윤리 교육에 관한 연구』(서울: 교육인
   적자원부, 2006), pp.469-470 참조해서 재구성.

딜레마 이야기	학생인권 감수성의 하위요소	학생인권 문항 번호	비학생인권 문항 번호
1. 국가의료정보센터 설립	상황지각①	2	1
	결과지각②	3	4
	책임지각③	6	5

정보윤리에 대한 도덕적 민감성은 총 3문항, 15점 만점입니다. 이것을 5점 만점으로 환산하려면 3을 나누어주면 됩니다.

<답지 2> 개인정보(진료자 명단) 도덕적 판단력 검사의 문항별 답지)-학생의 탈관습적 판단문항이 높을 때만 점수 부여 5점 만점

딜레마 이야기	학생인권판단력의 하위요소	학생탈관습적 문항 번호	학생 관습적, 전인습적 문항
2. 진료자 명단	도덕적 판단력④	8(6단계)	7(4단계)
	도덕적 판단력⑤	10(5단계)	9(3단계)
	도덕적 판단력⑥	11(5단계)	12(3단계)

정보윤리에 대한 도덕적 판단력은 3문항, 15점 만점입니다. 이것을 5점 만점으로 환산하려면 3을 나누어주면 됩니다.

<답지 3> 정보윤리의 도덕성 동기화 검사의 문항별 답지-(-)문항은 갈수록 5점, 4점, 3점, 2점, 1점으로 계산하고 (+)문항은 갈수록 1점, 2점, 3점, 4점, 5점으로 계산함

경쟁하는 가치에 대한 학생인권적 가치	문항 번호	정답지
1. 전자주민카드	7	(+)문항
2. 가정환경조사서	8	(+)문항

(-)문항은 역산문항

　개인정보에 대한 도덕적 동기화는 총 10점 만점입니다. 이것을 5점 만점으로 환산하려면 2를 나누어주면 됩니다.

　<답지 4> 개인정보의 도덕성 행동화 검사의 문항별 답지-(-)문항은 갈수록 5점, 4점, 3점, 2점, 1점으로 계산하고 (+)문항은 갈수록 1점, 2점, 3점, 4점, 5점으로 계산함

행동화를 위한 학생인권적 가치	문항 번호	정답지
1. 타인의 개인정보	9	(-)문항
2. 교사의 표현의 자유	10	(+)문항
3. 교사들의 자치활동	11	(+)문항
4. 집단적 의견 표출	12	(+)문항

(-)문항은 역산문항

　정보윤리에 대한 도덕적 행동화는 총 20점 만점입니다. 이것을 5점 만점으로 환산하려면 4를 나누어주면 됩니다.
　결국 총 60점 만점에 도덕적 감수성 15점, 도덕적 판단력 15점, 도덕적 동기화 10점, 도덕적 행동화 20점 만점으로 이루어져 있습니다.

Ⅲ. 저작권과 정보윤리교육

1. 도덕적 문제 사례 제시: 도덕적 감수성 함양

⇒ 내러티브 제시: (게임시디 복사) – 준호는 오늘 참 기쁜 날이다. 아버지께서 컴퓨터를 사 주셨기 때문이다. 준호는 컴퓨터에 '방울방울' 오락프로그램을 설치하고 싶다. 준호는 담장이라도 그 게임을 설치해 오락을 하고 싶어서 준호와 가장 친구인 영수에게 전화를 걸었다. 영수는 게임시디를 빌려주어야 할지 아니면 빌려주지 말아야 할지 고민하고 있다.

2. 관련 규범 찾기: 도덕적 감수성 함양

① 위 이야기와 관련하여 다음과 같은 주장이 있을 수 있습니다. 당신은 다음과 같은 주장이 어느 정도 중요하다고 생각하십니까? (해당란에 ∨표 하세요. 5점 만점)

번호	질문	전혀 중요 하지 않다.	별로 중요 하지 않다.	보통 이다.	대체로 중요 하다.	매우 중요 하다.
1	영수는 무엇보다도 친한 친구와의 우정을 먼저 생각해야 한다.					
2	게임 시디를 불법으로 복사하는 것은 잘못된 일이다.					

3. 규범의 타당성 찾기: 도덕적 감수성 함양

② 위 이야기에서 이 교사가 어떤 선택을 하느냐에 따라 다음과 같은 결과를 가져올 수 있습니다. 당신은 다음과 같은 결과가 어느 정도 중요하다고 생각하십니까?

번호	질문	전혀 중요 하지 않다.	별로 중요 하지 않다.	보통 이다.	대체로 중요 하다.	매우 중요 하다.
3	게임시디를 빌려준다면, 많은 돈을 드려 고생해서 게임을 만든 사람들과 학생에게 피해를 주게 될 것이다.					
4	영호와 준호에게 게임시디를 빌려주지 않으면 두 사람의 사이가 나빠질 것이다.					

③ 위 이야기에서 만약 당신이 이교사의 동료교사라면 다음과 같이 행동할 수 있습니다. 당신은 다음과 같은 행동이 어느 정도 중요하다고 생각하십니까?

번호	질문	전혀 중요 하지 않다.	별로 중요 하지 않다.	보통 이다.	대체로 중요 하다.	매우 중요 하다.
5	친구와의 우정을 위해서 친구에게 시디를 빌려준다.					
6	불법복제는 잘못된 일이므로 준호에게 미안하다고 말하고, 게임시디를 빌려주지 않는다.					

4. 도덕적 판단연습: 도덕적 판단력 발달시키기

⇒ 도덕적 판단력 질문:

퍼온 글과 사진 블로그에 올리기

인터넷 서핑을 하다가 너무 좋은 글이 있어서 퍼왔다. 이 글을 내 미니 홈피나 블로그에 올렸다. 사진도 마찬가지다. 많은 글과 사진이 이렇게 내 블로그에는 있다.

---

④ 위 이야기와 관련하여 다음과 같은 주장이 있을 수 있습니다. 당신은 다음과 같은 주장이 어느 정도 중요하다고 생각하십니까? (해당란에 ∨표 하세요)

번호	질문	전혀 중요 하지 않다.	별로 중요 하지 않다.	보통 이다.	대체로 중요 하다.	매우 중요 하다
7	블로그 사용은 관행적으로 이렇게 사용되어 왔다.					
8	저작권 침해의 소지가 있다.					

⑤ 위 이야기에서 저작권과 관련하여 당신은 다음과 같은 주장이 어느 정도 중요하다고 생각하십니까? 둘 중에서 더 중요한 것을 그리시오.

번호	질문	전혀 중요 하지 않다.	별로 중요 하지 않다.	보통 이다.	대체로 중요 하다.	매우 중요 하다.
9	주위의 사람들이 이러한 나의 행동에 대해 불편을 느끼지 않을 것이다.					
10	이 경우에 저작권자의 권리가 침해될 여지가 있다.					

⑥ 당신이 저작권과 관련하여 다음과 같이 행동할 수 있다. 만약 당신이 블로그 운영자라면 어떻게 하겠는가?

번호	질문	전혀 중요 하지 않다.	별로 중요 하지 않다.	보통 이다.	대체로 중요 하다.	매우 중요 하다.
11	블로그에 글과 사진을 올리는 것이 개인의 이익보다는 사회 전체의 정보공유를 위해 더욱 완전한 선을 나타내는 것은 아닐까?					
12	주위 사람이 문제 삼지 않는 한 계속 이렇게 글과 사진을 퍼 올릴 것이다.					

5. 실천동기 부여: 도덕적 동기화 함양

⑦ 친구가 새로 산 게임 CD를 빌려서 복사하거나 설치하는 것에 대해, 친구가 산 것이니까 복사해도 상관없다고 생각한다.

1. 매우 찬성한다.	2. 대체로 찬성한다.	3. 중간이다.	4. 대체로 반대한다.	5. 매우 반대한다.

⑧ 문제집, 교재 등을 그대로 제본해서 사용한다면 저작권 침해이기에 문제가 되지만 관행이라 그대로 제본할 생각이다.

1. 매우 찬성한다.	2. 대체로 찬성한다.	3. 중간이다.	4. 대체로 반대한다.	5. 매우 반대한다.

6. 실천동기 부여: 도덕적 품성화(실천행동화) 함양

⑨ 나는 불법 복제된 소프트웨어(S/W) 프로그램이나 파일을 다운 받아 사용하지 않을 것이다.

1. 정말로 그렇게 하겠다. 2. 대체로 그렇게 하겠다. 3. 중간이다. 4. 별로 그렇게 하지 않겠다. 5. 절대로 그렇게 하지 않는다.

⑩, ⑪, ⑫의 문항에 대해 어떻게 하겠습니까?

번호	질문	1. 절대로 그렇게 하지 않겠다.	2. 별로 그렇게 하지 않겠다.	3. 중간 이다.	4. 대체로 그렇게 하겠다.	5. 정말 그렇게 하겠다.
⑩	나는 불법적으로 게임 아이템이나 다른 물건을 사고팔지는 않을 것이다.					
⑪	나는 시간이 급해서 인터넷에서 과제물을 사서 리포트로 제출한 적이 있는데, 이제 그렇게 하지 않을 것이다.					
⑫	나는 포털사이트(네이버 다음 등)에서 자료를 긁어붙여 과제물로 제출하지 않을 것이다.					

7. 저작권 보호를 위한 기술 익히기

⑬ 나의 저작권 침해지수 알아보기(확인해 보고 주의하기)

㉠ 인터넷에서 마음에 드는 글이나 사진을 마음대로 퍼 온 적이 있다.

ⓛ 인터넷에서 검색한 뉴스기사를 복사해서 내 홈페이지에 올렸다.

ⓔ P2P 프로그램을 통해 공짜로 MP3 음악파일을 다운받아서 듣는다.

ⓡ 인터넷에 올려 있는 리포트나 작문을 베껴서 과제를 해결한 적이 있다.

ⓜ 다른 사이트에 있는 이미지 자료나 글이 내 홈페이지 게시판에서 직접 뜨도록 링크를 걸었다.

ⓗ 좋아하는 가수의 노래 가사를 팬클럽 사이트에 올렸다.

ⓢ 직접 만들지 않은 이미지나 사진을 편집해 출처 없이 올린 적이 있다.

ⓞ 만화책에서 좋아하는 장면을 스캔해서 홈페이지에 올렸다.

ⓙ 참고서나 문제집, 교재 등을 제본해서 사용했다.

ⓣ 드라마와 영화장면을 캡처해서 내 홈페이지에 올렸다.

- 나는 하나도 해당이 되지 않는다(저작권 지킴이).

- 1~3개(저작권 보호 도우미)

- 4~7개(저작권 무심이)

- 8~10개(저작권 외면이)[7]

<답지 1> 정보윤리(저작권) 감수성 검사의 문항별 답지) - 정보윤리감수성문항이 높을 때만 점수 부여 5점 만점

---

7) 김형철 외, 『통합적 접근을 통한 도덕과 교육의 정보통신윤리 교육에 관한 연구』(서울: 교육인적자원부, 2006), p.383 참조해서 재구성.

딜레마 이야기	정보윤리감수성의 하위요소	정보윤리감수성 문항 번호	비정보윤리성 문항 번호
1. 게임시디 복사	상황지각①	2	1
	결과지각②	3	4
	책임지각③	5	6

정보윤리성에 대한 도덕적 민감성은 총 3문항, 15점 만점입니다. 이것을 5점 만점으로 환산하려면 3을 나누어주면 됩니다.

<답지 2> 정보윤리의(저작권) 도덕적 판단력 검사의 문항별 답지)-학생의 탈관습적 판단문항이 높을 때만 점수 부여 5점 만점

딜레마 이야기	학생인권판단력의 하위요소	학생탈관습적 문항 번호	학생 관습적, 전인습적 문항
2. 퍼온 글과 사진 블로그에 올리기	도덕적 판단력④	8(5단계)	7(4단계)
	도덕적 판단력⑤	10(5단계)	9(3단계)
	도덕적 판단력⑥	11(5단계)	12(3단계)

정보윤리 대한 도덕적 판단력은 3문항, 15점 만점입니다. 이것을 5점 만점으로 환산하려면 3을 나누어주면 됩니다.

<답지 3> 정보윤리 저작권에 관한, 도덕성 동기화 검사의 문항별 답지-(-)문항은 갈수록 5점, 4점, 3점, 2점, 1점으로 계산하고 (+)문항은 갈수록 1점, 2점, 3점, 4점, 5점으로 계산함

경쟁하는 가치에 대한 정보윤리적 가치	문항 번호	정답지
1. 게임 CD 복사	7	(-) 문항
2. 문제집, 교재 등의 완전 제본	8	(-) 문항

(-)문항은 역산문항

정보윤리의 저작권에 대한 도덕적 동기화, 인권 동기화는 총 10점 만점입니다. 이것을 5점 만점으로 환산하려면 2를 나누어주면 됩니다.

<답지 4> 학생 인권, 도덕성 행동화 검사의 문항별 답지-(-)문항은 갈수록 5점, 4점, 3점, 2점, 1점으로 계산하고 (+)문항은 갈수록 1점, 2점, 3점, 4점, 5점으로 계산함

행동화를 위한 정보윤리적 가치	문항 번호	정답지
1. 불법 복제된 소프트웨어(S/W)	9	(-)문항
2. 불법적 게임 아이템	10	(+)문항
3. 인터넷 과제 활용	11	(+)문항
4. 인터네 자료 긁기	12	(+)문항

(-)문항은 역산문항

정보윤리에 대한 도덕적 행동화, 인권 행동화는 총 20점 만점입니다. 이것을 5점 만점으로 환산하려면 4를 나누어주면 됩니다.

결국 총 60점 만점에 도덕적 감수성 15점, 도덕적 판단력 15점, 도덕적 동기화 10점, 도덕적 행동화 20점 만점으로 이루어져 있습니다.

7. 표절 및 저작권 침해 판단의 윤리학적 정당성에 관한 연구*

Ⅰ. 서론

오늘날 지적 재산권 제도는 개인에 대한 정보를 포함한 거의 모든 정보들을 사유화시키는 잠재력이 있으며, 이로 인해 인터넷 등 통신 기술의 진보에 따라 성취되고 있던 지식과 정보에 대한 대중의 보편적인 접근권은 크게 위협받게 되었다. 90년대 이후 더욱 가속화된 정보통신 기술과 산업의 급격한 발전, 그리고 세계 정치경제질서의 신자유주의적 재편과정의 일부로서 지적 재산권 체제의 재편은 새로운 자본주의적 질서를 지향한다. 우리나라의 경우 국제무역기구(WTO) 관련 협상에서 10여 년 전까지만 해도 지적재산권 침해를 밥 먹듯이 했지만 이제는 지적재산권 보호 등을 외치고 있다. 후진국일 때는 지적재산권을 위반하였지만 이제는 지적 재산권을 강조하고 있다. 영화의 경우도 마찬가지인데, 단순히 보고 즐기는 것만

---

* 이 글의 출처는 "영화에서의 표절 및 저작권 침해 판단의 철학적 정당성에 관한 연구", 『한국정보통신윤리연구』제4집 1호(2011.05.)임.

이 아닌 '산업'의 개념으로까지 확대되고 있다. 좋은 영화가 각종 아시아 시장에서도 팔리는 상황에서 저작권의 문제는 한국영화 산업이 제자리에 올라앉을 수 있는 시금석으로 생각될 정도다.

그런데 본 연구는 영화와 관련해서 여러 판례를 통해 저작권의 문제를 다루지는 않고자 한다. 또한 저작권 권리 보호에 힘을 더하기보다 후대 창작자 및 사용자의 이용에 무게중심을 두고자 했다. 예컨대 상업영화의 경우 일종의 장르(genre)적 기대지평을 갖고 있는데, 때문에 영화 생산자는 소비자에게 영화상품을 판매하기 위해 자신이 선택한 장르형식에 기반하여 창작을 하게 된다는 것이다. 만약 작가인 생산자가 장르적인 스타일과 완전히 괴리된 채 창작활동을 할 경우 소비자들은 작품을 구매하려고 하지 않을 것이다. 이러한 점은 로크나 벤담, 또는 시장의 논리를 추구하는 자유주의적 저작권 담론이 설명하듯이 작품은 오로지 작가의 천재적 재능, 노동행위 및 효율적 투자를 통해서 자기 자신만의 독특한 방식으로 만들어지는 것이 아님을 의미하며1) 보다 수용자와 다른 차원을 살펴보아야 함을 보여주는데, 이 연구는 이러한 점에 초점을 두고 또한 이를 철학적으로 살펴보고자 했다. 사실 저작권 제도는 오늘날 서구의 지적재산권제도가 있기까지 그들 사회에서 거쳐 온 역사가 있다. 침해방임과 보호의 시기를 번갈아 오면서 오늘날에 이른 저들의 역사를 우리는 다른 분야에서도 그렇듯 단기간 내 급속한 성장을 통해 단축시켜 왔는데, 그 과정에서 인식은 그에 못 미치고 있다. 이와 같은 급속한 불균형성장이 때로는 성장의 전략이 될 수도 있으나, 근대화의 오류

---

1) 신동룡, "저작권법 제도의 정당성에 대한 비판적 고찰―미하일 바흐친의 대화주의를 중심으로―", 연세대학교 대학원 법학과, 박사학위논문, 2004, p.81.

처럼 사회가치관의 혼란은 장기적으로 볼 때 바람직하지 않다. 지적재산권법, 법경제학, 법제사 등 분야의 학자 또는 실무연구가를 중심으로 우리의 지적재산권에 관한 깊이 있는 철학을 정립하고 대안을 제시하는 것이 중요한 이유가 여기에 있다. 저작권법, 특허법 등 지적재산권법 분야의 거의 모든 이슈의 출발점은 지적재산권의 철학에서 비롯된다. 지적재산권 철학에 대한 깊은 연구 없이 유행만을 좇는 연구와 토론은 해표면의 파랑만을 보고 해저 깊은 곳에서 일어나는 도저한 흐름을 놓치는 것이 일반이다.

특히 본 논문은 18세기 이래로 작가의 권리를 증대시켜 문화발전을 달성하려고 하였던 자유주의적 저작권 담론을 살펴보고, 최근의 저작권 증대현상이 이러한 자유주의적 저작권 담론의 연장선상에 있음을 밝히고자 한다. 나아가 본 논문은 비록 자유주의적 저작권 담론이 작가의 권리를 보호하는 이론적 토대를 마련하고 있다는 점에서 긍정적 역할을 할지라도, 그것은 저작물의 창작과 소통의 실제적 모습을 적절하게 반영하고 있지 못하고 있으며, 작가의 권리를 과도하게 보호함으로써 오히려 문화발전을 저해할 수 있음을 살펴볼 것이다.

언급한 연구 목적을 위해 본 논문은 다음과 같이 연구범위를 한정하고자 한다. 다시 말해서 본 논문은 저작권법제도의 구체적인 내용이 아니라 그것을 정당화하는 이론들을 분석하는 수준에서 논의를 진행하고자 한다. 다시 말해 문화발전, 저작권 및 그 제한의 원리들에 대한 윤리적·철학적 근거들에 대해 살펴볼 것이다.

Ⅱ. 영화에서의 표절과 저작권 침해의 정당화 논거

지적 재산권을 도덕적인 권리로 거듭나게 하기 위한 끊임없는 정당화가 시도된다. 이 정당화는 지적 재산권이 자연권적 접근에 해당하는 전자의 견해로 인정받기 위한 사상적 투쟁 과정에 해당한다.[2] 따라서 이러한 부분에 대해서 살펴보고자 한다.

1. 로크의 노동이론

오늘날 지적 재산권 제도의 정당성은 17세기 로크가 견지한 소유적 개인주의, 특별히 로크의 재산권 사상으로부터 주된 이론적 근거를 찾고 있는데, 최근에는 노직의 이론으로 발전되었다. 아리스토텔레스는 인간은 사회적 동물이기에 공동체가 먼저라는 전제를 갖고 있지만[3] 로크는 개인이 먼저 자연권을 가진 존재이며, 개인의 계약을 통해 시민사회가 만들어진다고 보았다. 국가를 세우는 과정에서, 로크는 인권의 일부를 군주(국가)에 '위탁'하지만 자신이 가지고 있는 권리의 일부만을 맡긴 것으로 개인은 국가가 만들어진 후에도 생명·자유·재산에 관한 권리(자연권)는 계속 가지고 있는 것이다. 때문

---

2) 지적 재산권이 자연권적 재산권으로 주장되기 위한 사상적 자원으로는 로크(John Locke)와 헤겔(W. F. Hegel)을 들 수 있다. 로크는 노동을 통한 재산권의 획득을 설득력 있게 제시함으로써, 지적 산물에 대한 재산권적 권리 역시 창조자의 노동을 기초로 성립한다는 기본적인 아이디어를 제공해 주었다. 헤겔은 자유로운 인격체로서의 자기표현으로서의 인격적 권리를 재산에 추가하였다. 이 경우 재산은 단순한 욕구충족 수단이라는 성격을 넘어 자유의 실현이라는 보다 추상적인 이념으로 간주되며, 따라서 지적 산물에 대한 재산권적 권리를 적절하게 정당화해 줄 수 있다.

3) 당시 로크와 대립했던 왕당파는 왕권신수설을 정당화하기 위해 플라톤과 아리스토텔레스가 주장하는 국가의 이상적 우선을 강조했다. 또한 시민은 태어나면서부터 가족과 왕국의 권위라는 올가미에 얽매여 단지 수동적으로 반응할 의무만을 가진다고 보았다. 정치적 권위와 아버지의 권위, 그리고 신의 권위 사이에는 아무런 차이가 없으므로 가족의 위계적 관계가 사회관계를 구성하는 기반이 된다고 보았다. 김선미 외, 『가족철학』(서울: 이화여자대학교 출판부, 1997), pp.130-131.

에 국가 권력은 인민의 생명·자유·재산과 인권에 대해 정해진 것 이상으로 남용하면 안 된다. 남용은 시민저항권에 부딪히게 되며, 이런 제한 권력론은 영국을 넘어 미국 독립전쟁의 사상적 토대가 되기도 하였다. 그러므로 국가는 인민으로부터 부탁받은 힘이 미치는 한계 내에서만 권력을 행사하여야 하고 만약 국가가 그 권력을 이용하여 인민으로부터 부탁받은 힘이 미치는 한계를 넘어서는 행위를 하는 것은 인민의 자유와 재산을 침해하는 것이 된다. 그는 재산권도 정부가 법률이 만들어낸 것이 아니라 정치 이전에 존재하는 자연권에 속한다고 보아 정부의 최고 목표가 재산권을 보호하는 것임을 강조하였다. 아무리 민주적으로 구성된 최고의 권력기관인 입법기관도 양도할 수 없는 자연권인 자유, 생명, 특별히 사람의 재산을 빼앗을 수 없다. 사회, 공동체 혹은 국가에 참여하는 최고 이유가 재산권 보호이기에, 또한 제한된 목적을 가진 정부의 가장 중요한 목적이 재산권 보호이기에 민주적으로 구성된 정부가 어떤 합의를 하더라도 생명, 자유, 재산에 대한 기본권을 침해할 수는 없는 것이다. 그는 양도할 수 없는 권리로서의 자연권 또는 개인의 권리가 집단의 그것에 우선한다는 입장을 취하는데, 특별히 개인의 생명, 자유, 재산에 대한 권리를 천부인권으로서 절대적으로 보장해야 한다는 점을 강조하였다. 노직 역시 이런 관점을 취하는데, 국가는 이런 권리를 보호하는 기능을 수행하는 최소국가이어야 하며, 거기서 더 나아가면 어떤 일도 강요받지 말아야 하는 개인의 권리를 침해하게 되고, 그런 국가는 정당화될 수 없다고 본다.[4] 결국 국가는 기본권의 보장에

---

4) R. Nozick, *Anarchy, State, and Utopia*(New York: Basic Books, 1974), p.ix.

의해 그 권리의 제한을 받아야 하는 것이다. 하지만 로크가 견지한 17세기의 개인주의에서 서양의 자유 민주주의의 이론적 뿌리를 찾는 맥퍼슨은 다음과 같이 이것을 말한다.

> "로크의 개인주의는 근본적으로 개인을 자신의 신체와 능력의 천부적 소유자로서, 사회에 대해서는 아무런 부채도 지고 있지 않은 자로서 파악하는 것이다."[5]

집단이나 사회에 우선하는 소유권으로서의 자연권을 강조하는 로크의 입장은 국가는 기본권에 의해 제한받아야 한다는 관점에서 근대적 개인을 역사의 중심무대로 등장시킨 관점이며, 인간사회와 공동체는 이제 그 억압적 굴레를 벗어 던지고, 그러한 근대적 개인들의 자유의 실현을 위한 부차적인 현실적 장치로서 제한된 의미만을 부여받는 자유주의적 관점을 제시한 것이라고 할 수 있다. 또한 마르크스가 『공산당 선언』에서 공산주의의 이론의 가장 큰 특징을 사유재산의 폐지에 방점을 두었던 것과는 대별되는 특징을 가진다. 물론 재산권 또는 사유재산권을 개인의 기본권으로 강조하는 로크의 소유적 개인주의는 마르크스의 공산주의들의 무산자 집단주의의 반대를 불러왔지만,[6] 로크는 『시장 정부론』에서 사람들이 국가를 형성하고 정부의 지배 아래 들어가는 가장 중요하고도 주된 목적이 재산을 보존하는 것이라고 보았다. 자연상태에서는 재산권의 보장이

---

5) C. B.맥퍼슨 지음, 황경식·강유원 옮김, 『홉스와 로크의 사회철학』(서울: 박영사, 1990), p.296.
6) 마르크스주의는 오늘날 지식정보사회 담론에서 자본주의 체제라는 중심적인 주제를 통하여 비판적인 관점에서 정보사회를 이해할 수 있도록 해 주었던 반면, 정보공유론과 같은 새로운 유형의 시민운동에 대해서는 별다른 입장을 개진하지도, 실천 활동에 개입하지도 못했다. 이에 대해서는 강정인, 「정보공유론의 정치사상사적 이해」, 서강대학교 대학원 정치외교학과 석사학위 논문, 2001, p.87 참조.

마음대로 누릴 수 없고, 용이하지 않은 측면이 있기에[7] 국가를 통해 재산권을 더욱 공고히 하려고 하지만 재산권을 확보해야 하는 국가가 국민의 재산을 자의적으로 처분할 수 없다는 로크의 주장은 재산권이 제도적이고 정부가 결정할 문제라고 보는 입장과 대비되는 입장이다. 이러한 재산권은 자기 자신에게나 타인에게나 천부인권으로서 17세기 로크로부터 강조된 소유적 개인주의와 연결되는데, 이러한 소유적 개인주의는 개인을 자신의 신체, 재능에 대한 고유한 소유자로서 인식한다. 마르크스주의와 첨예한 이데올로기적 대립을 보여주는 로크의 소유적 개인주의에 의하면, 자기 신체와 재능은 자기 욕구를 극대화하려는 가장 기본적이 토대이기 때문에, 스스로가 그것들을 소유할 경우에만 자유로운 개체로서 여겨진다. 또한 자기 신체와 재능을 통해 만들어낸 것들은 자기 욕구를 극대화하기 위한 것이기 때문에 각 개인은 그에 대한 배타적 재산권을 갖는다. 이러한 관점은 재분배 논리를 반대하는 현대의 노직과 같은 자유시장주의 또는 소유적 개인주의자들의 관점으로 발전되고 있다. 일찍이 로크 역시 최고의 권력기관 혹은 입법기관이 국민의 재산을 자의적으로 처분하거나 가져갈 수 있다는 생각이 잘못임을 강조했듯이 노직 역시 이러한 생각을 계승하고 있는 것이다. 이러한 점에서 개인은 본질적으로 사회에 독립하여 존재하는 개체이며, 사회는 이러한 자기 재능의 소유자일 뿐만 아니라 그 재능의 실현물을 소유할 수 있는 자들이 자유롭고 평등하게 결합된 조직체인 것이다. 노직의 경우 공리주의를 받아들이지 않는 이유는 집단의 이익을 위해 개인의 재산

---

7) 자연상태에서 재산권이 침범당할 때, 이럴 해결할 경우 거친 폭력의 문제 등이 발생하기 협의나 동의를 통해, 정부나 공동체를 만들어 협의할 필요성이 있는 것이다.

권과 같은 권리는 도구나 자원으로 환원할 수 있다고 보기에 자신을 소유할 권리(ownership rights over oneself) 또는 자기 소유권에 대한 존중이야말로 그 자체로 목적으로 대우받아야 한다는 칸트의 정언명법의 실현이라고 보았다.[8] 때문에 배타적 재산권과 안정적인 시장은 사회 속에서 각 개인이 각자의 사적 이익과 욕구를 교환하고 충족할 수 있는 토대가 되는 것이다. 이러한 입장은 자유지상주의적 입장으로 연결되는 재분배에 대한 반대의 강력한 논거를 제공할 뿐만 아니라 개인의 재산권에 대한 강력한 옹호로 나타난다. 맥퍼슨은 이러한 관점에서 소유적 개인주의의 사회란 소유자들 간의 교환관계로 구성된다고 설명한다. 소유적 개인주의를 토대로 하는 자유주의에 의할 때 배타적 소유권은 불가침의 자연권이자 자유의 핵심이며, 타인은 그것을 존중해야 하며 부당하게 침해해서는 안 된다.[9]

첫째, 로크의 자연권이론은 18세기 이래로 지적 대상에 대한 작가의 배타적 권리를 인정하기 위한 기본적인 근거로 사용되어 왔는데, 흔히 이를 노동 이론이라고 한다. 또한 배타적 재산권은 힘든 노동을 통해 그러한 가치를 창출한 자의 공적을 치하하는 것이기에 도덕적이라고 주장할 수 있는바, 로크의 자연권 이론은 '공적이론(desert theory)'이라고도 할 수 있다.[10] 그런데 우리는 우리 자신의 노동을 소유하는데, 육체의 노동과 손의 작업은 정당하게 우리의 소유라고 할 수 있다. 누군가 노동의 결과를 강탈한다면, 그는 당신

---

8) 김혜성, "자본주의와 관련한 인터넷 세계의 윤리 연구", 윤리교육연구, 제14집, 한국윤리교육학회, 2007, p.164.

9) 인간이 자기 자신의 신체와 능력, 그리고 노동의 소유주라는 자기 소유권의 개념은 중세 봉건사회의 신분적 질서를 타파하려는 근대 자유주의의 기본적 강령이라고 할 수 있고, 이런 관점은 노직류의 소유적 개인주의 내지 보수적 자본주의 이론가들에게 연결되어 있다.

10) 신동룡, *op. cit.*, p.16.

의 소유주가 되는 것이며, 당신에 대한 소유권을 그들에게 넘기는 행위가 된다.[11)

인간이 땅을 갈고 씨 뿌리기 등 경작하여 생산해낸 땅의 산물은 그 자신의 것이 되는데, 때문에 우리는 절대적인 재산권을 가지게 된다.[12) 물론 우리의 자연권 행사에는 약간의 제한도 따를 수 있다. 재산권에 대한 설명에서 우리는 우리 자신의 주인이므로 우리의 노동과 노동의 결과도 우리의 것이다. 이제 자연상태뿐만 아니라 사회 속에서 노동한 것도 우리의 것이 된다. 이제 사유재산제도를 옹호한 로크의 노동이론을 기초로 지적창작물을 인간두뇌 활동의 산물로 보아 재산권으로 보호해야 한다는 이론으로 확장된다. 예를 들어 앤 여왕법 제정 이후 저작권의 본질이 쟁점이 되자 애스톤(Richard Aston) 판사는 로크의 자연권이론을 토대로 저작권을 작가의 보통법 상의 영구적인 배타적 재산권으로 명확히 한 바가 있다. 사람은 자연법에 따라 자신의 신체, 생명, 명예, 노동에 대하여 재산권을 가진다는 이유로 작가는 자신의 노동을 통해 생산한 작품에 관하여 자연권적인 재산권을 가진다는 판시사항은 이에 대한 예이다. 여기서 소유권을 주장하는 것이 정당한 근본적인 이유가 거기에 투여된 '노동의 가치'라는 것인데, 이렇게 건전한 노동을 통해 얻어진 그 재화에 대한 지배적 권리는 천부인권과도 같은 절대적이고 신성불가침의

---

11) R. Nozick, *op. cit.*, p.172.

12) 당시에 인디언들은 경작을 하지 않았고 유럽에서 이주한 이들은 땅을 경작했는데, 그는 자신의 노동력을 자연의 일부에 섞으면, 그 자연도 개인의 소유가 된다고 보았다. 이는 땅, 토지에 대한 유럽인의 재산권, 소유권을 주장하는 데 유리하다. 더 나아가서 인디언들을 쫓아내고 정착민들의 식민화를 정당화하는 논리가 될 수 있다. 이것은 확실히 인디언들에게는 불리하고 유럽에서 이주한 이들에게 유리한 주장이다. 당시 인디언들은 노동을 통해 얻은 산물만 내 것이고 자연의 모두의 것이라고 주장했다. 이종훈·한면희 공저, 『현대사회와 윤리』(서울: 철학과 현실사, 2002), p.225 참조.

권리인 것이다.[13)]

로크의 주장에 따르면 타인에 대한 배타적인 소유권을 이미 인정받고 있는 자기 신체에 의한 노동이야말로, 원래는 공유물이던 자연 상태의 대상에 대한 사적소유의 권리를 보장해 준다는 것이다. 로크의 논리에 따라 그 산물들은 재산이 될 수 있다. 무형의 산물을 생산하는 데에도 노동이 행해지기 때문에, 로크의 기본적 논리는 지적 산물에 대해서도 적용될 수 있다. 오늘날 소프트웨어나 그 밖의 지식과 정보에 해당하는 무체물에 적용되는 재산권적 권리는 통념적으로 생산물에 대한 창조자의 공로와 보상으로서 주어지는 것으로 간주되고 있다. 이러한 논리에서 볼 때, 소프트웨어나 그 밖의 지식과 정보를 탄생시키기 위해 투여된 노동에 대한 대가를 보장하려는 조치는 매우 정당한 것으로 보인다. 다시 말해, 가치 있는 것을 생산한 노동이 정당하다면, 이것은 재산을 소유하기 위한 행위가 될 수 있다. 소프트웨어나 예술은 모두 사회적으로 가치 있는 산물들이며, 이 가치 있는 산물을 생산하기 위하여 투여된 생산자의 노고에 대한 보상은 정당하다. 오늘날 지적 재산권이 창조자에게 지적 산물에 대한 재산권적 권리를 보장하는 것은 이러한 로크의 재산권 이론에 근거하고 있다. 이러한 관점에서 볼 때, 지적 산물에 대한 복제 행위는 창조적 노동에 대한 보상을 침해하는 것처럼 보인다. 복제는 지적 산물을 창조자가 전유하지 못하도록 하며, 따라서 전매하지 못하게 하기 때문이다. 예컨대 100원의 대가를 기대할 수 있는 노동을 투여한 창작자는 누군가의 복제행위로 인하여 50원, 보다 나쁜 경우 10

---

13) 임상수, "지적 재산권의 정당화에 관한 정보윤리학적 접근", 『한국비블리아』 제12권, 제2호, 2001, p.37.

원의 대가밖에 얻을 수 없는 경우가 있다. 만일 그가 투여한 노동이 분명하게 100원의 대가를 기대할 수 있는 노동이었다면, 복제행위는 그의 노동에 대한 대가를 가로채는 행위가 되는 것이다.

또한 미국의 독립 이전 대륙회의(Continental Congress)에서 연구의 열매보다 더 적절한 인간의 소유물은 없다는 언급도 로크의 자연권이론과 맥을 같이한다. 어떠한 사람도 자기 자신이 씨앗을 뿌리지 않고서 곡물을 수확해서는 안 되며, 저작권법으로 보호받을 수 있는가의 여부는 궁극적으로 작가의 지적인 노동에 의존한다고 본다. 로크 자신이 비록 자신의 자연법이론을 저작물에 직접적으로 적용하지 않았을지라도, 앤여왕법이 제정되었던 18세기 당시 런던의 대형서적상 및 작가들이 배타적 저작권을 주장하기 위해 로크의 이론을 이용하였으며, 이후에 지속적으로 저작권을 증대해야 한다는 작가와 출판가들에 의해 그것을 직/간접적으로 이용하여 왔음은 부인할 수 없다. 또한 배타적 재산권은 힘든 노동을 통해 그러한 가치를 창출한 자의 공적을 치하하는 것이기 때문에 도덕적이라고 주장할 수 있는 바, 이러한 의미에서 로크의 자연권이론을 '공적이론(desert theory)'이라고 할 수 있다. 자유주의적 저작권 담론은 로크의 자연권이론에 근거하여 작가는 자신의 노동을 통하여 작품을 창작하였기 때문에 배타적 저작권을 갖는다고 설명한다. 또한 이런 배타적 저작권은 타인의 동의나 승인 없이 자유재산권이 성립하는 것과 마찬가지로 성립한다. 그러나 로크의 자연권이론은 토지 또는 옥수수와 같은 현실적 대상에 적용되었던 것이기 때문에 그것이 문화적인 것에도 적용될 수 있는가에 대해서는 의문의 여지가 남는다. 적어도 로크의 자연권이론을 지적 산물에 적용하기 위해서는 논의의 출발

점인 지적 산물에 있어서 커먼스(commons)가 무엇이며, 작가의 노동
행위가 충분성의 조건 및 비부패의 조건을 충족하였는가에 대한 논
증이 요구된다.

한편 로크는 어느 누구나 타인의 재산권을 부당하게 침해해서는
안 된다는 자연법적 규칙을 인정하고 있는바, 이것은 만약 누군가가
자연법에 반하여 소유자의 재산을 침해할 경우에 재산권자는 침해
자를 배제할 수 있는 권리가 있음을 의미한다. 요컨대 노동을 통해
재산권을 취득한 자는 이용권, 양도권 및 방해 배제권을 갖는다. 이
러한 로크적 자연권이론은 저작권법에 동일하게 적용할 수 있다. 작
가가 도덕적으로 정당한 방식에 입각하여 작품을 창작하였을 경우,
다시 말해 타인의 저작권을 침해하지 않고 시간과 노력을 투자하여
문화발전에 이바지하는 독창적 작품을 창작하였을 경우, 그는 자신
의 작품에 대한 배타적 재산권으로서의 사용권, 양도권 및 방해 배
제권을 가질 수 있는 것이다. 노직의 말대로 소유권이라는 개념의
핵심은 소유한 물건을 어떻게 처리할지 결정할 권리이기 때문이
다.14) 국가는 이러한 작가의 배타적 권리를 보호해야 할 의무가 있
다. 또한 국가가 임의적으로 작가의 권리를 제한하는 입법을 하였을
경우에는 부당한 입법이 된다.15) 이런 관점에 서면 저작권을 철저하
게 보장해 주지 않는 법은 자연권에 반하는 위법이며 국민의 저작재
산권을 기본권 차원에서 철저하게 보호해 주어야 하는 것이다. 로크
의 이론은 또한 저작권 침해와 관련하여 자연상태의 대한 강력한 논
거를 제공하는데, 국가관의 분쟁 이전에 속하는 자연권이기에 국가

---

14) R. Nozick, *op. cit.*, p.171.
15) 신동룡, *op. cit.*, p.23.

관의 협정 이전에 보장받아야 한다는 것이다. 사유재산은 정부나 법보다 선행하는 것이기에 강력한 저작권 보장의 대안을 제공할 수 있는 것이다.

2. 공리주의의 인센티브 이론

공리주의 이론은 권리 이론 보다는 공리이론으로 저작권 문제에 접근한다. 공리주의자 벤담(Jeremy Bentham)의 '최대다수의 최대행복'이라는 주장처럼 행복을 극대화하는 원리, 공동체의 복리 증진을 법제도의 최고목적으로 간주한다.[16] 벤담은 저작권이 절대적이고 확실한 권리라고 말하는 것이 아니라 저작권을 존중하면, 장기적으로 인간의 행복이 극대화된다고 보는 것이다. 벤담은 자연권에 대한 비판을 통해 근본적 권리의 존재를 부정한다. 그에 의하면 자연권과 같은 도덕적 권리는 역사적 허구이자 개념적 난센스이다. 벤담은 인간이 단지 인간이라는 이유만으로 소유하게 되는 자연권을 보호하기 위해서 정부가 생겨난다는 사회 계약의 개념을 거부한다. 정부로부터 계약이 나오는 것이지, 계약에서 정부가 나오는 것은 아닌 것이다. 벤담은 기본적으로 사회적 결과를 떠나 존중해야 할 권리 또는 의무를 인정하지 않는다. 따라서 저작권의 문제는 권리의 문제라기보다는 비용과 이익을 계산하는, 결과를 계산하는 문제가 된다. 그는 모든 자연법, 자연권, 선재하는 재산권에 대한 전면적인 거부

---

16) 공리주의도 로크의 이론과 같이 개인주의적 특성을 갖는데, 약간 차원이 다르다. 공리주의에서 국가 정책의 선택적 서열을 정하는 가치계산에 잡히는 것은 그 정책이 초래할 개인 개인의 욕망 충족일 뿐이다. 가문과 신분의 차이에 따라 개인들의 욕망 충족의 가치에 차이를 두는 것은 결코 허용되지 않는다. 욕망 추구자로서의 모든 개인은 사회적 차별 없이 동일한 값을 갖는 것으로 계산된다.

를 보여주었는데, 그에게 실증법에 없는 권리는 허구인 것이다. 이런 맥락에서 공리주의 이론은 국가가 시민에게 자신의 노동을 통한 재화획득의 인센티브를 보장해줄 수 있는 배타적 재산권을 인정해야 한다는 입장을 취한다. 여기서 배타적 재산권을 인정함은 법에 앞서 존재하는 재산권을 보호해야 한다는 로크의 사상과는 정반대의 관점으로 법에 의해 재산권이 인정하면 공리를 가져올 수 있다는 것이다. 창작물을 외부에 공개하게 함으로써 문화 또는 기술발전을 촉진시키기 위해, 외부 공개의 대가를 지불(인센티브)해야 한다는 것으로서 미국 연방헌법상 지적재산권 조항의 근거가 되는 이론이다. 연원을 따지자면 영국의 공리주의 철학자 벤담에서 출발한다. "헌법에 규정된 저작권의 경제철학은 저작권법이 작가와 발명가들의 재능을 통하여 공공복리를 달성하는 가장 훌륭한 방식이라는 확신을 내용을 한다."17) 우선 공리주의는 벤담이 언급하였듯이 누구든지 고통보다는 쾌락을 추구한다는 공리성의 원칙에 입각하고 있으며, 최소의 비용으로 최대의 만족을 추구하는 경제이론의 기본전제와 동일하다. 나아가 공리주의는 최대다수의 최대행복을 추구하는데, 이는 효용의 극대화를 통한 사회적 부의 최대화를 추구하는 경제이론의 기본적 목적과 동일하다. 이러한 의미에서 이를 공리주의적 경제이론이라고 부를 수 있다. 공리주의자들은 재산권에 있어서 개인주의적 특징을 갖고 있지만 로크식의 사유재산권 또는 지적 재산권에

---

17) United States v. Paramount Pictures, 334 U.S. 131, 158 (1948)의 경우 연방대법원은 "5특허법과 마찬가지로 저작권법은 소유자에 대한 보상을 제2의 고려대상으로 삼는다"와 같이 노동에 대한 보상으로서의 자연권이론을 두 번째 원리로 삼고 공리주의적 경제이론을 첫 번째 원리로 간주하기도 한다. Fox Film Corp. v. Doyal, 286 U.S. 123, 127-28 (1932); Consumers Union of United States v. General Signal Corp., 724 F.2d 1044, 1048 (1983) 등을 참조.

대한 로크식의 자연권적 의미 부여를 탈색시키고, 사회전체의 효용이나 공리를 위한 약정(convention)의 차원에서 저작권법을 본다. 다시 말해서 저작권법제도와 관련하여 공리주의적 경제이론은 자기이익을 극대화하려는 작가와 이용자를 전제로 하고 있으며, 문화발전을 사회적 부의 극대화로서 이해한다.

공리주의적 경제이론에 따르면, 작가의 창작과정은 시간과 노력이라는 자원의 투자를 필요로 하기 때문에, 자기 이익의 극대화를 추구하는 합리적 작가는 창작과 배포를 위해 투자된 비용이 작품을 판매함으로써 얻을 수 있는 이익보다 클 경우에는 창작을 하지 않으려 한다. 즉 비용효과 분석을 생각할 줄 아는 합리적인 작가는 투자로 인하여 발생한 비용보다 그로 인해 얻게 되는 이익이 보다 클 때 작품을 창작한다는 것이다. 따라서 저작권법제도가 작가의 창작을 기반으로 문화발전을 기대하기 위해서는 작가에게 투자비용보다 더 많은 이익을 얻을 수 있다는 기대감을 제공하고 이를 보장해야 한다.[18] 그러나 로크식으로 지적재산권을 무조건적으로 허용한다면 작가의 독점적 권리는 사회적 다수에게 이익이 되지 않으며 이용자의 비용을 너무 증가시키면서 문화증진에 저해가 될 가능성이 있다. 만약 작가에게 배타적 권리를 부여함으로써 독점가격이 형성될 경우, 합리적인 작가는 이익을 최대화하기 위해 작품가격을 증가시킬 우려가 있다. 이 경우 작품의 가격이 높아진 만큼 작품의 접근비용 및 이용비용이 증가하게 되어 경쟁상태보다 작품을 이용하는 사람이 줄어들 수밖에 없게 된다. 또한 후작가의 창작비용을 증가시키게 될

---

18) 신동룡, *op. cit.*, p.39.

것이며, 결국 후작가들의 창작활동을 저해할 수 있는 위험성이 존재하는 것이다. 이처럼 작가에게 로크식의 사고에 근거하여 완전한 배타적 권리를 부여하는 것은 사회적 이익을 발생시킬 수도 있지만 반대로 사회적 비용을 발생시킬 수 있다. 이러한 이유로 공리주의 이론은 상대적으로 작가의 저작권을 절대화하지 않는다는 강점을 갖는다. 한편으로 작가에게 저작권을 부여하여 창작의지를 충분히 고양시켜 주는 장점이 있지만 다른 한편으로 사회적 비용을 줄여서 새로운 작품의 배포가 활성화될 수 있도록 하기 위해 저작권의 보호기간을 제한하고 공정사용의 법리를 인정해야 한다고 보는 것이다.[19] 이처럼 작가의 권리를 인정하고 그것을 제한할 때 저작권법제도는 최대다수의 최대행복을 달성할 수 있다는 것이 공리주의적 이론이다.

이처럼 작가의 권리를 인정하고 그것을 제한할 때 저작권법제도는 최대다수의 최대행복을 달성할 수 있다는 것이 공리주의적 경제이론의 기본취지이다. 그러나 이러한 공리주의적 경제이론은 현실적으로 작가에게 한 단위의 인센티브를 제공할 때 발생하는 사회적인 한계이익과 한계비용을 어떻게 계산하며, 비록 계산할 수 있다고 하더라도 그 계산범위를 어느 정도까지 고려해야 하는가에 대한 구체적인 설명을 결여하고 있다.

3. 시장적 정당화 이론

행복을 극대화하는 공리주의 원리는 시장 중심사회에서 자유지상주의 또는 신고전파 경제이론과 쉽게 결합된다. 사회적 부의 극대화

---

19) Ibid., p.40.

와 자원의 효율적 배분이라는 목표를 달성하기 위해서는 시장의 효율적 기능이 중요하기 때문이다. 또한 구매자와 판매자가 서로 교환을 효과적으로 이루기 위해서는 배타적 재산권의 기능이 확보되어야 한다고 본다. 지적 창작물을 보호하지 않고 아무나 제한 없이 사용하게 할 경우 이른바 '공유지의 비극' 초래하게 되므로 희소성의 원칙상 보호해야 한다는 이론이다. 이 이론은 시장의 효율적 기능을 강조한다. 다시 말해서 시장이란 수요자와 공급자 사이에 상품에 대한 정보가 교환되고 그 결과 상품이 매매되는 매개체이다. 신고전파 경제이론은 개인이 시장에서의 개별적인 거래를 통하여 자신에게 필요한 재화를 가장 효율적으로 구할 수 있다고 전제한다. 여기서 자원배분은 가격의 매개변수적 기능과 소비자와 생산자들 간의 자발적 교환과 경쟁을 통해 이루어진다. 특히 신고전파 경제이론은 시장에서 존재하는 수요와 공급이 일치하는 균형가격을 통해 소비자는 최대한의 효율과 만족을 얻으며, 생산자는 최소의 비용으로 최대의 이윤을 기대할 수 있다고 간주한다.[20] 시장을 옹호하는 공리주의자들이라면 시장적 정당화가 저작권과 관련하여 전체의 행복을 증진시키며, 소비자와 생산자 모두 거래를 통해 둘 다 이익을 얻는다고 본다. 시장을 이용하면 배타적 저작권이 지적 산물의 잠재적 생산자로 하여금 소비자가 무엇을 원하는지를 알 수 있게 하는 중요한 역할을 한다고 설명한다. 시장 속에서 지적 산물의 생산자는 소비자들이 원하는 물건을 부지런히 생산하면서 또한 자신도 그러한 생산 속에서 동기와 사기를 북돋을 수 있다. 또한 저작물에 대한 시장가

---

20) Ibid., p.43.

격을 통해서 소비자의 취향을 명확히 알 수 있다는 것이다. 시장에서 결정되는 저작물의 가격 또한 소비자가 자신이 가진 재화를 통해 최대의 만족을 얻는 지표를 반영한다. 예를 들어 비록 작품의 가격이 높다고 할지라도 그것은 소비자의 당해 작품에 대한 문화적 욕구가 높다는 것을 의미한다. 즉 합리적 소비자라고 한다면 자기 자신이 가지고 있는 비용으로 최대의 효과를 얻으려고 하기 때문에 소비자가 높은 가격의 작품을 구매하는 것은 그러한 작품에 대한 욕구가 높다는 것을 반영이라는 것이다. 반면 작품의 가격이 높음에도 불구하고 내용 자체가 소비자의 욕구를 반영하지 못할 경우, 합리적 소비자는 굳이 높은 가격으로 당해 작품을 구매하려고 하지 않을 것이며 보다 더 효용이 높은 작품을 경험하려고 할 것이다. 이 경우 당연히 당해 작품의 가격은 떨어지게 된다. 이러한 과정을 통해 결국 작품에 대한 합리적 균형가격이 결정이 되고 사회는 사회전체의 행복을 높이게 될 것이다. 이처럼 시장에서 작동하는 보이지 않는 손에 의해 결정되는 가격체계에 의할 때, 소비자는 최소의 비용으로 최대의 효과를 얻게 될 것이고, 생산자 역시 최소비용으로 최대의 효과를 얻을 수 있는 지표와 방향을 설정하게 되어, 궁극적으로 사회적 부와 문화적 발전을 증진시키게 된다는 것이 바로 시장적 정당화 논거의 내용이다.

사실상 저작권 보호기간의 연장에 대한 논리적 설명은 시장적 정당화 논거에 의해 구체화될 수 있다. 특히 시장적 정당화 논거의 보편성의 원칙에 의하면 작품이 가지고 있는 현재와 미래의 가치 모두가 저작권에 포함되어야 한다. 다시 말해 작품이 미래에도 지속적으로 가치를 가질 수 있다면 그것은 소유권의 대상으로 여겨져야 한다. 만약 작품이 상품으로서의 가치를 계속 가지고 있음에도 불구하고, 단지 보호기간이 지났다는 이유만으로 보호하지 않는다면 자원을 비효율적으로 낭비하는 것이 된다. 뿐만 아니라 시장적 정당화 논거에 의할 때, 저작권 보호기간을 연장하는 것이 그 자체 공공에게 더 큰 이익을 줄 수 있다. 왜냐하면 시장적 정당화 논거도 로크적 정당화 논거 및 낭만주의적 정당화 논거와 마찬가지의 입장을 가진다. 먼저 공리주의적 경제이론에 의할 때, 작가의 권리를 강화할 경우 저작물의 가격을 증가시키고 사회구성원들의 접근을 어렵게 함으로써 과도한 사회적 비용을 발생시키고 이후의 창작활동을 위축시킬 것이라는 우려가 제기될 수 있다. 그러나 시장적 정당화 논거에 의하면, 특정한 사람이 배타적 권리를 이용하여 당해 작품에 대한 독점적 지위를 가진다고 할지라도 다음과 같은 이유에서 새로운 창작을 불가능하게 하는 것이 아니며 오히려 새로운 창작을 더욱 가속화시켜 궁극적으로 소비자에게 이익을 줄 수 있고 문화발전에 기여할 수 있다는 것이다.21) 이처럼 시장적 정당화 논거는 작품을 시장에서 자유롭고 안정적으로 거래할 수 있도록 작가에게 배타적 저작권을 인정한다면 소비자의 문화적 취향에 부응하는 새롭고 독창적인 작품을 만들어 낼 수 있다는 전제를 가지고 있다. 이러한 전제를 가지고 시장적 정당화 논거는 공리주의적 경제이론이 지니는 불확실성을 제거하고자 하였던 것이다.22) 이러한 시장적 정당화 논거는 로크적 정당화 논거와 작가의 배타적 권리를 새로운 시장이라는 맥락에서 보다 강조하되 공리주의를 넘어서서 또한 보다 작가의 배

---

21) Ibid., p.70.

22) Ibid., p.72.

타적인 권리를 강조하는 입장에 서 있다. 다시 말해서 작가의 배타적 권리는 새로운 창작에 대한 장애요소가 되지 않는다는 점을 보다 강조하는 입장이라고 할 수 있다. 또한 작가의 배타적 권리를 강화할 때, 작가는 창작에 대한 동기를 더 많이 얻을 수 있기 때문에 보다 더 치열한 경쟁이 일어날 수 있고, 그에 따라 문화를 증진시킬 수 있다고 보는 관점인 것이다. 또한 시장적 정당화 논거는 점증적으로 증대하는 작가의 배타적 저작권을 옹호하지만, 공정사용의 인정 여부를 상대적으로 협소하게 바라볼 수 있는 특징을 가지고 있다고 할 수 있다.

4. 낭만주의적 작가관 및 헤겔의 인격이론

낭만주의적 작가관은 배타적 저작권과 관련하여 매우 중요한 역할을 하였다. 낭만주의적 작가관은 문학작품을 예술가가 자기 자신에게만 고유한 천재적 기질을 발휘하여 창조한 것으로 간주한다. 이른바 '낭만적 작가'는 무에서 유를 창조하는 예술혼을 지닌 존재로서 이상화되었다. 그리고 그 작가의 독창성은 개개인의 사고나 표현에서 '유달리 자신에게만 존재하는' 그 무엇이다. 이것은 18세기 이래로 저작권법에 있어 독창성 요건 및 아이디어-표현 이분법을 입론화하는 데 핵심적 기여를 하였으며, 배타적 저작권을 형성하는 중요한 역할을 하였다. 이러한 논거들은 낭만주의적 작가관이 배타적 저작권과 깊은 관련이 있음을 보여준다. 두 번째 낭만주의적 정당화 논거가 배타적 저작권을 인정하고 그것을 강화하는 데 있어서 가지는 성과는 그것이 모방적 작가관에 반론을 제시하고 있다는 점이다.

사실상 고대에서부터 중세와 르네상스 그리고 17세기에 이르기까지 작품은 작가의 인격이 각인된 독창적인 창작물이라기보다는 신적 질서 또는 자연의 섭리와 진리에 대한 모방으로 여겨졌었다. 따라서 작가는 창작자가 아니라 모방자이다. 예를 들어 플라톤은 작품을 자연의 이데아(idea) 그 자체가 아니라 이데아를 모방하는 것으로 생각하였기 때문에 그는 예술적 텍스트가 독자를 타락시킬 수 있다고 주장하였다. 때문에 진리의 추구와 표현은 신적 지식을 모방하거나 발견하는 것으로 인식하였다. 이러한 의미에서, 당시의 저술가(writer)는 발견된 의미를 적절하게 표현하는 사람에 불과할 뿐, 자신의 독창적인 아이디어를 창작하는 주체가 아니었다. 따라서 모방행위는 비윤리적인 표절(plagiarism) 행위라기보다는 권장할 만한 것이었다. 작가와 작품을 이러한 관점에 입각하여 다룰 경우에는 사실상 오늘날 독창적 작품에 대한 저작권이 불가능하게 된다. 낭만주의적 정당화 논거가 자유주의적 저작권 담론을 위해 중요한 역할을 하는 두 번째 계기는 바로 모방적 작가와 모방적 작품에 대한 대안을 제시하였다는 점이다. 이에 대해 낭만주의적 정당화 논거는 천재적 작가의 독창적 작품과 아이디어-표현 이분법, 작품의 토지에 대한 은유 등의 방식으로 응답을 하면서 로크적 정당화 논거를 뒷받침하였다. 낭만주의적 작가관에 의할 때 작가는 예술작품과 작품 전체 의미의 결정적이고 고정적인 중심이며 창조성의 원천으로서 간주되며, 작품은 작가가 자신의 천재성을 통하여 창조해낸 독창적 표현으로 여겨진다. 예컨대 낭만주의자 코울리지의 상상력 이론은 플라톤의 모방론이 주장하는 바와 같이 화가가 본질이 아닌 허상의 침대를 모방하는 것이 아니라, 생동하는 자연의 본질을 인식하고 교감하고 새롭게 표상하는 창조적 개념을 문학에 설정하고 정당화시켰던 것이다.[23] 이러한 낭만주의적 작가관에 입각하여 작가의 배타적 권리를 주장하였던 낭만주의적 정당화 논거는 작가의 아이디어는 '단순한 아이디어가 아닌 독창적인 것이며 작품의 본질은 작가의 독창성이 표현된 형식에 있다'고 주장함으로써 작품은 아이디어의 집합이라는 견해에 대응하였으며, 작가가 가지는 재산권의 대상은 단순히 동산이 아니라 마치 부동산으로서의 토지와 같은 작품의 표현형식에 있다는 논리로 대응하였다. 독일의 경우 피히테(J. G. Fichte)는 다른 사람이 자기 것으로 만들 수 없는 'A형식'이라고 하는 핵심적 개념을 통해 해적출판의 옹호자들에게 제기되던 철학적 난제들을 해결하고 작가가 자신의 작품에 대해 소유권을 주장할 수 있는 근거인 저작권을 확립하였던 것이다. 또한 바로 이러한 낭만주의적 정당화 논거의 논리는 오늘날 저작권법에 있어 핵심적 이론인 독창성의 이론 및 아이디어-표현 이분법을 낳았으며, 독일의 경우 이러한 입장에 영향을 받은 피히테, 칸트 및 헤겔 등에 의해 저작인격권이라는 관념이 형성되었다. 1793년, 피히테는 처음으로 지적인 산물에는 형식과 내용이 구분됨을 지적하고, 그 내용은 재산이 될 수 없더라도 표현된 형식은 재산이 될 수 있음을 피력하고 있다. 칸트는 오푸스(opus)와 오페라(opera)를 구분했다. 오푸스는 저작의 산물을 가리키고, 오페라는 저자의 개인적 노력 그 자체를 가리킨다. 이와 같은 아이디어와 표현의 이분법은 지금도 저작권법에서 중요한 문제로 남아 있다. 가령 미국 저작권법은 원론적으로 말해서 표현되지 않은 아이디어는

---

23) 이미식·최용성, 『새로운 이야기 도덕교육』(서울: 학지사, 2002), p.104.

지적재산권의 대상으로 보지 않는다. 한편 지적창작물이 인격 또는 자유의지의 연장선에 있으므로 보호해야 한다는 것으로서, 재산권보다는 저작인격권(moral right)에 보다 치중한 이론이다. 연원을 따지자면 헤겔과 칸트 등 대륙법계 법철학에서 출발한다. 헤겔에게 있어서 노동은 로크와 같이 재산취득을 위한 수단이 아니라, 인격이나 생각, 개성 등등을 표현하는 것이며 자유로운 의지의 자기실현과정으로서 주체의 핵심적 계기이다. 마르크스에게 있어서 노동이 사회적 조직체와 물리적인 조건과 연결된다면 헤겔에게서는 정신의 활동성과 연결되는데, 자유로운 주체의 노동을 통한 자기산출을 의미한다.

> 나의 소유를 통하여 나의 의지에게 현존성을 안겨주기 때문에, 소
> 유는 바로 이것 또는 나의 것이라는 규정을 받지 않을 수 없다.[24]

헤겔의 세계관에서의 노동은 단순한 수고로움을 훨씬 넘어 창조적 표현의 수단이다. 노동이 만들어낸 생산물은 세계로부터 징발된 것이며, 노동을 통하여 세계를 한 사람의 인격 안으로 통합한 것이다.[25] 따라서 노동을 통해 취득된 재산은 한 개인으로 하여금 자신의 의지를 어떤 대상에 반영할 수 있게 해준다. 즉 재산은 인격에 대한 표현으로서 창작자의 의지를 객관화하고 그들의 존재를 표현한다. 헤겔의 재산개념은 직관적으로 파악될 수 있는 재산권과 인격의 관계를 철학적으로 표현하고 있다고 할 수 있다. 지적 산물이 개인

---

24) Hegel, C. W.(1989). 법철학, 지식산업사, p.97, 강정인, "정보공유론의 정치사상사적 이해", 서강대학교 대학원 정치외교학과 석사학위논문, 2001, p.27에서 재인용.

25) 강정인, *op. cit.*, p.28.

의 인격의 표현이라는 점에서, 헤겔의 재산권 이론에 근거한 지적 재산권 개념은 특히 미술, 연극, 문학 작품 등에 대한 저작자의 인격적 권리에 잘 부합된다. 헤겔이 제시하는 '내 것이기 때문에 소중하다'는 '인격적 정당화'의 시각은 인간이 세상에 스스로를 표현하는 측면, 개인의 의지와 인격을 드러내는 객관화된 산물의 측면을 강조한다.26) 이때 재산은 그의 일부이며, 자기표현의 수단이기에 저작권에서는 중요한 의미를 갖는 것이다.27) 재산물을 소유주의 인격화 산물로 보는 헤겔의 시각은 낭만주의적 시각에서 저자의 개성과 독창성을 강조하는 시각과 연결되며, 저작물에 대한 이런 인격적 권리는 오늘날 저작권의 한 요소로 인정되고 있다. 저작권은 저작재산권과 저작인격권으로 이루어져 있으며, 이 저작인격권은 공표권(公表權), 성명표시권(姓名表示權), 동일성유지권(同一性維持權) 등으로 구성되어 있다. 공표권은 그 저작물을 공표하거나 공표하지 아니할 것을 결정할 권리이다. 성명표시권은 저작물의 원작품이나 그 복제물(複製物) 또는 저작물의 공표에 있어서 그의 실명(實名) 또는 이명(異名)을 표시할 권리이다. 동일성 유지권은 저작물의 내용·형식 및 제호(題號)의 동일성을 유지할 권리이다.28) 그러나 지금까지 논의한 인격적 권리들은 엄밀하게 말해 수고로움이나 사회적 공헌에 대한 보상과는 다른 차원의 권리들로서, 이것 자체가 앞서 제기했던 경제적 보상에 대한 적절한 해법을 제시하는 것은 아니다. 인격권은 본질적으로 명예와 관련된 일신전속적 권리일 뿐, 경제적 보상의 필요를 보장하기

---

26) 임상수, *op. cit.*, p.38.

27) Ibid., p.38.

28) 강정인, *op. cit.*, p.28.

위한 권리는 아니기 때문이다. 다만, 인격권이 지적 산물의 생산이라는 사회적 공헌에 대한 보상으로 명예를 수여하는 것이라면 논리상 헤겔의 재산개념과 상충하지 않는다. 헤겔 자신은 저작권을 정신적 소유에 대한 보호조치로 보았으며, 따라서 복제나 표절은 명예를 훼손하기 때문에 억제되어야 한다는 입장을 취하기는 했지만, 경제적 이익 때문에 규제되어야 한다고 주장하지는 않았다.[29]

그러나 오늘날의 저작권에 포함된 저작인격권은 저작자의 헤겔적 인격을 보호하기 위한 조치이기보다는 기업의 경제적 이익을 보호하기 위한 조치가 되었다. 즉 오늘날 저작권은 재산권적 권리로서의 성격을 보충하기 위하여, 인격권적 개념을 추가적으로 도입한 것에 지나지 않는다. 예컨대 최근 공동적인 작업에 의해 탄생한 많은 저작물들에 대하여 창작자 개개인은 저작인격권을 보장받을 수 없으며, 이 권리는 주로 법인체나 기업의 권리에 귀속된다. 특히 소프트웨어 산업과 같은 부문에서는 직무저작이 일반화되어 있어 작자 개개인의 인격권은 사실상 보장받지 못하고 있다. 이 경우 법인체나 기업은 저작권에 명시된 모든 권리를 양도받게 된다. 또한 영국 등 국가에서는 서면 약정에 의해 원저자가 저작 인격권을 포기할 수 있는 조항이 있어, 저자는 창작자의 권리 가운데 최후의 보루인 저작 인격권을 포기할 수 있게 되어 있다. 이렇듯 원래는 원작자 개인에게 부여되어야 할 인격적 권리가 기업과 법인체에게 양도될 수 있다는 사실은 저작권의 목적이 더 이상 인격적 권리를 보장하기 위한 것이 아니라 이윤추구를 보장하기 위한 것이 되었기 때문이다. 이런

---

29) Ibid., p.29.

점에서 오늘날 헤겔의 저작권 개념은 종종 본래의 목적을 벗어나고 있다고 볼 수 있다.

Ⅲ. 기존의 저작권 중심의 이론적 관점에 대한 비판적 고찰

1. 기존 자유주의적 저작권 담론에 대한 비판적 고찰

지금까지 로크의 이론과 공리주의 또는 시장중심적인 자유주의적 저작권 담론이나 낭만주의 및 헤겔의 이론들은 저작권 중심의 이론적 특징을 가짐을 살펴보았다. 이런 관점들은 배타적 저작권을 보호하고 강화하는 데 있어서 이론적 배경으로 작용하고 있다. 물론 자유주의적 저작권 담론들인 로크적 정당화 논거, 공리주의 및 시장적 정당화 논거 사이에는 상이한 부분이 존재한다. 로크적 정당화 논거는 자연권이론으로, 공리주의는 시장적 정당화 논거와 다소 공통점을 보이는데, 경제이론에 입각하여 저작권을 논증하고 있다. 또한 로크적 정당화 논거는 창작행위의 결과물에 대한 보상의 차원으로서 저작권을 인정하는 특징을 가지며 작가의 배타적 저작권을 자연권이자 천부인권으로서 여기기 때문에 그것은 영구적인 권리로 생각하는 특징이 있다. 또한 작가의 저작권이 타인의 창작행위에 위해를 가하지 않는 이상 국가는 그의 권리를 부당하게 제한해서는 안 된다는 것을 알 수 있다. 이러한 이유로 로크적 정당화 논거 통해 저작권을 설명하려고 하였던 입장들은 모두 저작권을 영구적인 권리로 인정하였지만 로크적 정당화 논거는 저작권 보호기간을 어느 정도 제한해야 하는가에 대한 구체적인 설명이 결여되어 있음을 부정할 수 없다. 반면, 공리주의나 시장적 정당화 논거는 미래의 창작행위를 위한 유인책으로서 저작권을 인정한다는 점에서 다소간 유사점이 있다. 그러나 세 가지 논거들은 모두 작가의 저작권을 배타적으로 보호하고 있다는 점에서 공통점을 지니고 있다. 다시 말해서 저작자의 창작활동에 대한 권리와 인센티브에 강조점을 두고 있으며, 다소간 저작권의 보호가 지나치게 강조되는 경향성을 가지기에 이용자의 이익간의 균형을 깨는 점이 있다고 할 수 있다.

또한 이러한 관점들은 저작권의 실제적 이해에 있어서 여러 약점들을 공유하고 있다. 로크적 정당화 논거의 경우, 이용자들은 저작자에게 부당한 해를 끼쳐서는 안 되는 의무를 지니고 있다. 여기서 저작자에게 해를 끼치지 않는 이용 가운데 공정사용이 포함될 수 있다고 해석할 수 있지만, 로크적 정당화 논거는 이에 대한 구체적인 기준을 제시하고 못하고 있다. 반면 공리주의나 시장적 정당화 논거는 공정사용에 대한 구체적인 대안을 제시하는 장점을 가진다. 그러나 시장적 정당화 논거는 점증적으로 증대하는 작가의 배타적 저작권을 옹호하지만, 공리주의보다는 공정사용의 인정 여부를 상대적으로 협소하게 바라볼 수 있는 특징을 가지고 있다. 따라서 이런 관점들에 비판적으로 바라볼 필요가 있다.

사실상 저작권 보호기간의 연장에 대한 논리적 설명은 시장적 정당화 논거에 의해 더욱 구체화될 수 있다. 특히 시장적 정당화 논거의 보편성의 원칙에 의하면 작품이 가지고 있는 현재와 미래의 가치 모두가 저작권에 포함되어야 한다. 다시 말해 작품이 미래에도 지속적으로 가치를 가질 수 있다면 그것은 소유권의 대상으로 여겨져야 한다. 만약 작품이 상품으로서의 가치를 계속 가지고 있음에도 불구하고, 단지 보호기간이 지났다는 이유만으로 보호하지 않는다면 자원을 비효율적으로 낭비하는 것이 된다. 뿐만 아니라 시장적 정당화 논거에 의할 때, 저작권 보호기간을 연장하는 것이 그 자체 공공에게 더 큰 이익을 줄 수 있다. 왜냐하면 모든 저작물은 제한된 보호기간이 지나면 궁극적으로 공유의 일부가 됨으로써 일반 공중이 더 쉽게 접근할 수 있을 것으로 보이지만, 사실은 저작물을 보존하기 위한 투자자의 인센티브가 없기 때문에 작품 자체가 더 이상 출판되지 않는 문제점이 발생한다는 것이다. 결국 자유주의적 저작권 담론이 저작자의 배타적 권리를 증대시키지만, 상대적으로 저작권의 제한 가능성을 축소하는 경향이 있음을 살펴보았다.

특별히 시장적 정당화 논거는 작가에게 창작의 인센티브를 부여할 뿐만 아니라, 시장에서의 효율적 거래를 통한 사회적 부를 극대화시키기 위해 작가에게 보편적이고 배타적 권리를 부여해야 한다고 설명한다. 이러한 자유주의적 저작권 담론은 공통적으로 작가의 권리를 매우 포괄적으로 보호하고 있을 뿐만 아니라 작품을 통해 얻을 수 있는 작가의 경제적 이익을 강조함으로써 공정사용의 가능성과 저작권 보호기간 제한의 가능성을 좁게 인정하고 있는 것을 알 수 있다.

2. 기존 낭만주의 및 헤겔의 입장에 대한 해석학 및 포스트모던 적 입장

앞서 우리는 낭만주의 입장이 낭만적인 원저자의 개념과 독창성을 강조함을 살펴보았다. 이런 낭만주의적 정당화 논거는 작가의 배타적 저작권을 자연권이자 천부인권으로서 여기기 때문에 그것은 영구적인 권리가 된다. 또한 작가의 저작권이 타인의 창작행위에 위해를 가하지 않는 이상 국가는 그의 권리를 부당하게 제한해서는 안된다. 물론 낭만주의적 정당화 논거는 저작권 보호기간을 어느 정도 제한해야 하는가에 대한 구체적인 설명을 결여하고 있음을 부정할 수 없다. 또한 자유주의적 저작권 담론은 당해 작품을 매개로 하는 작가와 독자의 관계에 대해 작가와 독자는 양분되며, 당해 작품의 의미와 가치는 작가의 개인적이고 창조적 계기에 의해 창출되고, 독자는 당해 작품에 접근하여 의미를 이해하는 자로서 바라보고 있음을 알 수 있었다. 그런데 이러한 관점들에는 약점들이 존재한다. 만약 작가가 무에서 유를 창출하는 존재가 아니라는 점, 새로운 작가는 기호를 자유롭게 선택할 수 있는 것이 아니라 특정한 장르적 스타일에 따라 창작행위를 해야 한다는 점, 독자가 선작품의 의미를 달리 해석하여 그것을 그대로 이용하거나 약간의 변형을 통해 새로운 창작행위를 해야 하는 점 등은 낭만주의적 저작권 담론의 문화발전 가능성에 대한 관점에 의문을 제기할 수 있다.[30] 다시 말해 만약 문화적 의사소통이 이러한 방식으로 이루어질 경우 당해 작품에 대한 배타적 저작권의 증대와 그것의 자유로운 이용에 대한 제한의 증

---

30) 신동룡, *op. cit.*, p.84.

가는 새로운 창작행위와 문화발전에 제한요소가 될 수 있는 위험성을 내포하고 있는 것이다.

저작권을 영구적인 권리로서 여기거나 또는 지속적으로 연장하는 것은 선작품들이 자유롭게 이용할 수 있는 문화유산으로 편입되는 것을 계속 지연시킬 수 있다. 이러할 경우 후작품의 창작을 위해 필요한 요소들은 줄어들게 된다.[31] 또한 패러디 사례의 경우에서 보듯이, 새로운 작가가 선작품을 약간 변형하거나 또는 그대로 이용할 가능성이 높지만, 이런 저작권 담론에 의하면 이러한 표현행위는 저작권 침해로 인정될 여지가 커지게 된다. 왜냐하면 독자는 자신의 노동, 천재적 재능 및 효율적 투자를 통해 기호를 자유롭게 선택하고 조작하여 완전히 새로운 형식의 작품을 만들 수 있기 때문에 굳이 원작의 상당한 부분과 핵심적 부분을 차용할 필요가 없는 것이다. 이러한 이유로 공정사용으로 인정될 여지가 줄어들게 된다.[32]

하지만 이러한 점은 어떠한 작가도 무에서 유를 창출하는 것이 아니며, 자신의 노동에 의해서만 작품을 창출한 것이 아니라는 점에 의해 반증될 수 있다. 사실상 모든 작가들이 예술적 공동체와 사회공동체 성원으로서 살아가고 작업을 하고 있음을 상기한다면 예술적 공동체와 사회공동체의 문화유산들, 가치들 및 경험들은 작가의 창작적 관점의 일부분을 형성하는 것이다. 일찍이 가다머(H. G. Gadamer)의 해석학적 존재론에서 잘 드러난바 아름다움의 체험은 유사한 대상물이나 미적 예술품을 감상하는 공동체 구성원 사이의 상호인정이 중요함을 간과하는 것이다.[33] 작가는 자신의 경험으로부터 얻은

---

31) Ibid., p.84.
32) Ibid., p.85.

그러한 것들을 의식적이든 무의식적이든 흡수하고 변형하여 창작을 하는 것이다.[34]

또한 컴퓨터 프로그램의 저작권에 있어서는 프로그램의 공정이 갖는 특성상 원저자의 범위가 모호하며 독창성을 인정하기 위한 근거가 불분명할 수 있다.[35] 또한 저자의 순수한 창조성을 인정한다고 하더라도 과연 저작인격권을 옹호하기가 정당화하기가 쉽지 않다는 것이다. 이와 관련하여 낭만적 해석학이 가정한 저작의 의도는 매우 비판되어 왔다. 슐라이에르마허와 딜타이의 낭만주의적 해석학에서 하이데거와 가다머를 거치면서 해석학의 발전은 작가와 작품 사이의 간격, 그리고 텍스트와 독자 사이의 이해 사이의 간격에 주목하였다. 이 간격의 발견은 텍스트가 결정된 단일한 의미를 갖는다는 기존의 관점을 텍스트의 의미가 구성된다는 새로운 관점을 제시하였다. 다시 말해서 가다머는 '지평융합'이라는 개념을 통해서 텍스트 속에 형상되어있는 과거의 경험과 독자의 현재 사이의 이해의 융합을 강조하였다. 해석학에 있어서 슐라이어마허, 딜타이, 베티, 허쉬는 주체와 객체를 분리시키는 철학적 실재론의 입장을 취했다. 주체와 객체 또는 독자와 텍스트가 분리될 때, 의미는 주체와 객체 중 어느 하나에 있게 된다. 객체에 있다고 가정되면 텍스트는 마르크스주의 비평가들이나 신비평이나 구조주의의 경우처럼 과학적 분석과 실험의 대상이 된다. 반대로 주체에 있다고 가정되면 텍스트는 창조적 '저자의 의도'를 찾아내거나 '독자의 주관적 감정'을 밝히는 것으

33) Gadamer, H. G.(1975), *Truth and Method*, London: Sheed & Ward., p.305.

34) 리트만 교수는 이를 삼투의 원리(the Principle of Seepage)라고 설명한다. Jessica Litman, 위의 논문(주 146), 1016-1017면.

35) 임상수, *op. cit.*, p.39.

로 나타난다. 그러나 가다머적인 대화의 입장에서는 주체와 객체의 삼호삼투적인 '지평융합' 속에서 이해가 발생하며, 모든 이해의 생산은 주체와 객체의 지평융합의 산물인 것이다.[36]

또한 포스트모더니즘에서도 상호텍스트성을 강조한다. 상호텍스트적인 정보사회의 저작물들에 대해 과연 저작 인격권을 강조하는 것이 정당한가가 질문되어질 수 있다. 저작인격권에 대한 강조는 저자중심의 사고, 즉 원저자권을 강조하는 것인데, 사실 텍스트의 구성에는 수용자로서의 참여가 들어가면서 저자로 구성되어지는 측면이 있다는 것이다.

> 정보사회의 지적인 산물들은 한 사람이나 특정 공동창작집단의 '독창적'인 창작물이라기보다는 수많은 행위자들의 자유로운 상호작용의 네트워크 속에서 자연스럽게 형성된 '상호텍스트적(inter-text)'인 생성물인 경우가 더 많기 때문에, 저자 중심의 사고만을 강조해서는 반쪽만의 저작인격권 주장이 되기 쉽다. 이미 저작물이 저자와 독자와의 상호작용이나 수많은 공동저자들의 열린 상호작용의 산물로 형성된 것이며, 그 속에 담긴 창작의 의도나 저자의 인격의 상징이라는 것들이 상호텍스트적 생성물일 때에는 저자와 독자와의 권리를 같이 균형 있게 고려해야만 올바른 의미의 '저작인격권'이 보호될 수 있다는 것이다.[37]

상호텍스트적으로 구성되는 저자의 개념과 관련하여 미하일 바흐친(M. Bakhtin)은 텍스트의 의미가 발화자와 수신자 어느 한쪽의 것이 아니라고 보았다. 바흐친에 의하면 개인은 기호를 자유롭게 선택하고 사용하여 작품을 창작할 수 있는 존재가 아니라 이미 주어진

---

36) 이미식·최용성, *op. cit.*, pp.155-156.
37) 임상수, *op. cit.*, p.40.

계기로서의 사회구성원들의 가치평가적 관점을 반영하고 있는 발화적 기호와 발화규칙으로서의 스피치 장르를 이용할 수밖에 없으며, 이러한 주어진 계기들을 토대로 상호텍스트적 방식에 의해 자신의 작품을 창작하는 존재이다.[38] 그는 사회 내에서 살고 있는 어떤 사람의 일상대화에서도 적어도 그가 말하는 얘기의 상당한 정도는 그 정확성 공평성 또는 편파성의 문제는 천차만별이지만 어쨌든 타인의 말이라고 할 수 있다고 조금 거칠게 말하고 있는데, 발화란 결국 발화자가 타자의 발화를 자기 자신의 의도와 강조로 그것을 채웠을 때, 즉 자기 자신의 의미, 표현상의 의도에 맞게 차용했을 때 '자기 자신의 것'이 된다는 점을 강조한다.[39]

또한 바흐친은 주어진 계기들을 자유롭게 이용할 수 있는 대화만이 다양한 표현을 가능하게 하고 사회공동체 구성원들의 개성을 실현시킬 수 있으며, 문화발전을 이룰 수 있다고 보았다. 그는 모든 발화적 기호는 주어진 언어 공동체의 성원들 사이에서 이루어지는 지속적인 사회적 관계의 산물이며, 발화자의 발화는 그러한 사회적 관계의 산물을 이용함으로써 이루어진다는 점을 강조하는데, 이를 언어의 '언어적 다양성(heteroglossia)' 개념과 관련하여 설명한다.

> 언어는 결코 추상적인 문법체계나 구조, 중립적인 매체 등으로 이해될 수 있는 성질의 것이 아니다. 그것은 오히려 각기 다양한 세계관을 담지하고 있는 다양한 사회적 언어들의 갈등과 대화의 장— '언어적 다양성(heteroglossia)'이다.[40]

---

38) 신동룡, *op. cit.*, p.186.

39) Ibid., p.110.

40) 미하일 바흐찐 지음, 전승희·서경희·박유미 옮김, 『장편소설과 민중언어』(서울: 창작과 비평사, 1998), p.7.

이러한 언어적 다양성의 속성은 작가가 임의대로 기호를 선택하고 만들어 대화에 참여할 수 없음을 보여주는 것으로, 특정한 맥락과 그에 대한 사회적 가치평가를 내재하고 있는 발화적 기호는 작가가 그러한 맥락에 자신의 개인적 가치평가를 표현하기 위해 이용될 수 있는 주요한 요소가 됨을 보여주는데, 바흐친은 나의 말이 독자적 의미와 표현을 획득하기 위해서는 타인 및 사회와 대화적 관계에 있어야 함을 강조한다.[41] 바흐친은 우리들 발화의 대부분이 타인의 발화적 기호와 텍스트를 인용하고 있다고 주장하는데, 비록 타인의 말을 직접적으로 인용 또는 언급함이 없이 자신의 말로 이야기할지라도 그 말들이 타인들의 말을 토대로 이루어지는 것이라고 본다.[42] 비록 직접적인 인용과 언급의 표지가 없다고 할지라도 타인들이 새겨놓은 의미에 관한 나의 생각을 표현하는 것에 지나지 않는다고 설명하며 나의 입장에서 나의 가치관과 정체성에 따라 직·간접적으로 인용, 언급, 각색하여 나의 말로 이야기하는 것이 대부분이라고 설명한다.[43]

이러한 관점은 문화사에서 변형적 작품과 개변이 무수히 발견되는 것을 적절히 설명하는 관점이며, 저자의 독창성을 과잉 강조하는 것과는 대립되는 관점이다. 사실 기존의 저작권 담론은 작가에게 발화적 기호와 스피치 장르에 대한 배타적 권리를 부여하고 상호텍스트적 이용행위를 통제함으로써 사회구성원들이 자신의 개성과 가치관을 자유롭게 표현할 수 있는 행위를 제한할 가능성이 있는 것이다.[44] 예

41) 신동룡, *op. cit.*, p.102.
42) Ibid., p.108.
43) Ibid., p.108.

컨대 바흐친의 언어 분석으로부터 상호텍스트성(intertextuality)의 개념을 빌려오는 줄리아 크리스테바(J. Kristeva)나 여성 언어의 곤란을 고발하는 길리건(C. Gilligan)의 여성주의적 관점은 가부장적 이데올로기 등 세계관을 담지하고 있는 다양한 사회적 언어들의 갈등 속에서 억압적인 남성의 단성적 언어를 해체하고 보다 자유로운 여성의 표현행위를 강조하고 있다.45) 이런 맥락에서 꼭 여성주의적 관점이 아니더라도 기존의 저작권 중심의 담론은 다양한 사회적 타자들의 목소리를 억압하고 자유로운 표현을 억압할 수 있는 가능성이 있다고 할 수 있다. 다시 말해서 상호텍스트성을 인정해야만 작가 또는 자유로운 표현을 추구하는 개인이 이미 주어져 있는 계기로서의 타인의 텍스트를 인용, 언급 또는 각색을 함으로써 자기 자신의 맥락적이고 가치평가적인 의미를 온전히 지향할 수 있는 가능성이 커진다고 할 수 있다. 기존의 자유주의적 저작권 담론과 그것에 기반한 저작권 증대의 현상은 의사소통에 있어서 발화적 기호의 의미를 단일언어화함으로써 사회공동체 구성원들이 저작물을 통해 다양한 이데올로기적 의미를 표현하지 못하도록 제한할 수 있다. 그러한 결과 사회공동체 구성원들이 자기 자신의 정체성을 상호반성적으로 구성하지 못하도록 할 수 있는 위험성을 내재하고 있다. 이러한 의미에서 그것들이 비록 창작활동을 장려하기 위해 저작권을 강화하고 시장을 보호한다고 하더라도 궁극적으로 권위적 대화를 활성화시킬 위험을 내포하고 있으며, 문화발전이 이루어진다고 하더라도 그것은 단성적인 문화발전에 그칠 수 있는 것이다.46) 다소간 타자의 목소리

---

44) Ibid., p.v.

45) 이미식·최용성, *op. cit.*, pp.72-73.

회복을 강조하는 길리건의 배려의 윤리나 크리스테바와 같은 타자성의 포스트모던 윤리는 또는 레비나스의 타자윤리학의 관점으로 보면 기존의 자유주의적 저작권 담론 또는 낭만주의적 이론은 타자의 목소리를 억압할 가능성이 있는 것이다.[47] 더 나아가서 자유주의적인 시장논리에 따라 결국 다수자가 선호하는 것만을 생산 및 유통시킴으로써 문화적이고 정치적인 소수자가 필요로 하는 작품들을 생산 및 유통시키지 않을 가능성이 있으며, 그만큼 다양한 표현이 활성화되지 않을 위험이 있다.[48] 뿐만 아니라 배타적 저작권을 증대할 경우 보다 많은 창작이 이루어지기 때문에 문화발전을 달성할 수 있다고 설명하는 자유주의적 저작권 담론은 바흐친의 입장으로 볼 때, 배타적 저작권에 대한 제한의 범위를 축소시킴으로써 권위적 대화와 단성적 문화발전에 그칠 수 있다. 바흐친이 설명하듯이 권위적 대화는 대화 자체의 불성립과는 다른 것이다. 오히려 권위적 대화는 활발한 의사소통을 전제로 한다. 그러나 바흐친이 주목하는 것은 그러한 의사소통의 양태에 있다. 바흐친에 의하면 권위적 대화는 내적으로 설득력 있는 대화와는 달리 타인에게 자신의 정체성을 일방적으로 전달하기 위해 기호의 단일의미를 지향하기 때문이다.[49] 적어도 이런 상황 속에서는 목소리의 다성성에 귀를 기울이면서, 다른 사람의 관계에 바탕을 두고 발전시키는 희망의 언어를 축소시키면서 침묵과 배척의 위험을 제공하기도 하는 것이다.[50] 그렇기에 어떤

---

46) 신동룡, *op. cit.*, p.189.

47) 이미식·최용성, *op. cit.*, p.74.

48) 신동룡, *op. cit.*, p.151.

49) Ibid., p.156.

50) 이미식·최용성, *op. cit.*, p.74.

텍스트도 온전히 새로운 창작물일 수 없음을 밝힘으로써, '작품＝저자' 구도의 근거를 허물 필요가 있다. 이런 허물기는 카피레프트의 관점과 친화성을 가지며 저작권 중심의 담론에 비판적 조망과 성찰을 가능케 한다. 우리는 이 같은 맥락에서 상호참조와 베끼기, 복제, 재창작, 풍자, 패러디 등의 기법들이 사실상 인류의 일반화된 창작의 기본 패턴임을 인정해야 할 필요성도 있는 것이다.

Ⅳ. 결론적 고찰과 교훈

본 논문은 저작권법의 목적인 문화발전이 도대체 무엇을 의미하는가를 분석하고 이를 통해 배타적 저작권과 그에 대한 제한을 균형 지우기 위한 합리적 기준을 제시하고자 하였다. 이를 위해 본 논문은 로크의 자연권이론, 공리주의 및 시장적 경제이론에 근거하여 저작권법제도를 체계화하였던 자유주의적 저작권 담론이 배타적 저작권을 강화하는 중요한 이론적 근거가 되고 있음을 확인하였다. 로크적 정당화 논거는 작가가 자신의 노동행위를 통해 문화발전에 이바지하였기 때문에 그에 대한 보상으로서 작가에게 배타적 권리를 부여해야 한다는 입장을 갖는다. 공리주의 및 시장적 정당화 논거는 작가에게 창작의 인센티브를 부여할 뿐만 아니라, 시장에서의 효율적 거래를 통한 사회적 부를 극대화시키기 위해 작가에게 보편적, 집중적, 배타적 권리를 부여해야 한다고 설명한다. 이러한 자유주의적 저작권 담론은 공통적으로 작가의 권리를 매우 포괄적으로 보호하고 있을 뿐만 아니라 작품을 통해 얻을 수 있는 작가의 경제적 이익을 강조함으로써 공정사용의 가능성과 저작권 보호기간 제한의 가능성을 좁게 인정하고 있다는 것을 알 수 있었다. 또한 이러한 자유주의적 저작권 담론의 주장의 타당성은 문화적 의사소통과 관련하여 그 자신이 전제하고 있는 작가-독자의 관계, 창작행위의 양태 및 작가-기호의 관계에 대한 독특한 관점에 근거하고 있음을 알 수 있었다. 자유주의적 저작권 담론은 당해 작품과 관련하여 작가와 독자는 양분되며, 당해 작품의 의미와 가치는 작가의 개인적이고 창조적 계기에 의해 창출되고, 독자는 당해 작품에 접근하여 의미를 이해하는 자로서 여기고 있다. 이러한 관계에 기반하여 자유주의적 저작권 담론은 창작행위가 작가 개인의 창작적 능력에 의해 이루어진다고 전제한다. 즉 작가는 자기 자신의 노동, 이해능력, 투자를 통해 이전 작품들의 아이디어들을 이해할 수 있으며, 자기 스스로의 개인적 노동, 창작능력, 효율적 투자 등을 통해 기호를 자유롭게 선택하고 조작하여 새로운 작품을 창작할 수 있는 것이다.

이런 관점은 또한 낭만주의적 정당화 논거와 헤겔의 인격이론과 친화성을 갖는다. 즉 작품이란 모방적인 것이 아니라 작가의 천재적 능력의 소산이기 때문에 배타적 권리를 인정해야 한다고 주장하는 관점과 친화성을 갖고 있음을 알 수 있었다. 다시 말해서 낭만주의나 헤겔의 정당화 논거와 유사성을 갖는데, 작품이란 모방적인 것이 아니라 작가의 천재적 능력의 소산이기 때문에 배타적 권리를 인정해야 한다고 주장하는 관점과 유사성을 갖는다. 하지만 이런 관점들은 또한 해석학적 관점이나 포스트모던적 관점에 의해 비판적으로 살펴질 수 있음을 살펴보았다. 이전 작품이 역사적, 사회적 맥락 속에서 재구성되고, 저자 역시 독자와의 상호텍스트적 과정을 거쳐 새롭게 구성되기에, 저자의 권리를 새롭게 살펴져야 할 필요가 있다고 보는 해석학적 관점 또는 포스트모던적 관점은 자유주의적 관점이나 낭만주의 및 헤겔의 관점에 이의를 제기한다. 이런 관점들을 극단적으로 해석하면 저자의 권리가 소멸시킬 수 있는 관점이 되겠으나 좀 약하게 해석한다면 저작권의 극단적인 요구를 완화시키는 관점들이고 볼 수 있다. 이런 관점들은 동일자로 환원될 수 없는 타자의 존재를 자기 안에 두고 있음을 인정해야 한다고 보는 측면을 강조하며, 자아 안에 들어온 타자성들이 작품 속에 영향을 주는 차원을 저작권법이 염두에 두어야 한다고 본다. 또한 저작권에 대한 물질적 보상체계는 저작권자의 이익을 절대화하고 극대화하는 형태가 아니라, 문화를 향유하는 구성원들이 일차적인 문화적 창작활동을 지원하고 격려한다는 성격을 띠어야 함을 강조하는 관점들이라고 할 수 있다. 이는 근대적 재산권으로서의 저작권과는 성격을 달리하는 측면을 제공하고 있다. 또한 18세기 이래로 로크의 자연권이론, 공리주의적, 시장적 경제이론에 근거하여 저작권법제도를 체계화하였던 자유주의적 저작권 담론 또는 낭만주의나 헤겔의 이론이 배타적 저작권을 강화하는 중요한 이론적 근거가 되고 있음에 적절한 반론적 대안을 제시하고 있는 관점들임을 확인할 수 있었다. 이런 관점들은 저작권의 과잉으로 인한 공해로부터 보호하여 대안적 관점을 제공하고 있다. 특별히 새로운 문화정치를 통해 저작권 과잉을 떨쳐낼 새로운 지적 통찰을 제공하고 있다.

〈참고문헌〉

강정인, "정보공유론의 정치사상사적 이해", 서강대학교 대학원 정치외교학과 석사학위논문, 2001.

김선미 외, 『가족철학』(서울: 이화여자대학교 출판부, 1997).

김혜성, "자본주의와 관련한 인터넷 세계의 윤리 연구", 『윤리교육연구』, 제14집, 한국윤리교육학회, 2007.

문화관광부, "영화 및 음악 분야 표절방지 가이드라인", 2007.12.6.

맥퍼슨 저, 황경식·강유원 공역, 『홉스와 로크의 사회철학』(서울: 박영사, 1990).

송영식·이상정 공저, 『저작권법 개설』(서울: 세창 출판사, 2003).

송윤석, "표절에 의한 저작권적 침해 판단의 적용기준에 관한 연구-드라마 『여우와 솜사탕』사건을 중심으로", 연세대학교 법무대학원 저작권법 전공, 석사학위논문, 2003.

신동룡, "저작권법 제도의 정당성에 대한 비판적 고찰-미하일 바흐친의 대화주의를 중심으로-", 연세대학교 대학원 법학과, 박사학위논문, 2004.

이미식·최용성, 『새로운 이야기 도덕교육』(서울: 학지사, 2002).

이종훈·한면희 공저, 『현대사회와 윤리』(서울: 철학과 현실사, 2002), p.225.

임상수, "지적 재산권의 정당화에 관한 정보윤리학적 접근", 『한국비블리아』 제12권, 제2호, 2001.

홍상현, "저작권 침해와 표절의 구별", 『법학연구』 제11집 제2호.

Gadamer, H. G., *Truth and Method*(London: Sheed & Ward, 1975).

Hegel, C. W., 『법철학』(지식산업사, 1989).

Nozick, R., *Anarchy, State, and Utopia*(New York: Basic Books, 1974).

8. 드라마의 표절 및 저작권 침해 판단의 실제적 적합성에 관한 연구*

Ⅰ. 서론

연구윤리의 영역뿐만 아니라 예술이나 대중문화계의 영역에서도 '표절(plagiarism)'의 문제는 논란을 거쳐 왔다. 그런데 이런 논란을 거쳐 오면서 TV 드라마의 영역은 상대적으로 윤리적 측면에서 표절 판단 및 법적 측면에서의 '저작권 침해(copyright infringement)' 판단에 대해 현실적 또는 실제적 적합성에 대한 고민과 연구과 더디게 진척되어 왔다고 보인다.

연구윤리의 경우 어느 정도 표절판단기준에 있어서 현실적이고도 실제적인 적합성이 제고되어가고 있다고 판단된다. 예컨대 황우석 교수 사건 이후 김병준, 이필상 사례 등에서 표절 문제가 연구윤리 영역 중 가장 쟁점으로 부각되었고, 이러한 부분에 대한 표절판단의

---

* 이 글의 출처는 "드라마의 표절 및 저작권 침해 판단의 실제적 적합성에 관한 연구", 『영화』 제4권 1호(2011.06.30.)임.

기준이 쟁점화되었다. 국내에서 표절 및 자기표절에 대한 기준 및 개념을 두고 이루어진 논란은 언론 및 미디어 또는 국회차원까지 연결되면서 집중적으로 조명되고 표절과 같은 연구부정행위를 도덕이나 윤리의 차원에서 질타하고 적절한 처벌을 하는 문제를 넘어서서 어디까지가 표절이며 자기표절인지에 대해 명확한 지침과 규정의 문제가 제대로 마련되어야 할 필요성을 심각하게 보여주었기 때문이다.1) 또한 그 이후 표절과 관련된 규정 및 기준 제시, 행정적 제재 및 표절제재 예방을 위한 교육방안 등에 이르는 실제적 적합성이 연구되고 발전되어왔다고 보인다.

하지만 드라마 영역에서 표절 및 저작권 침해와 관련된 현실적, 실제적 적합성의 부분은 많이 문제가 있다고 보인다. 단지 저작권 침해 판단에 있어서 그 많은 드라마 중에서 표절판결이 거의 없고 저작권에 대한 권리가 지켜지지 않을 뿐 아니라 방송가의 표절과 베끼기 관행은 별 긴장 없이 지행되는 것을 보아도 알 수 있다. 이전에 가요도 그렇지만 드라마는 물론 연예·오락 프로도 진행이 제법 감칠맛 나고 연출이 산뜻하다 싶으면 어김없이 일본 프로를 모방한 것이라는 말이 있을 정도였다. 왜 그런가? 논자가 보기에 과거가 아니라 지금까지도 드라마와 관련된 기구나 제도들에 있어서 또한 관계된 관련자들이 표절방지를 위한 실제적 적합성을 위한 노력들을 제대로 수행하지 못하고 있는 점이 큰 이유가 있겠지만 다른 핵심적인 이유 중의 하나가 국내 저작권법과 법원에서 판단하고 판결하는 관행에 있어서 제대로 된 표절 및 저작권 침해에 대한 검정장치와 판

---

1) 최용성, "황우석·김병준·이필상 사례에서 배우는 연구윤리적 교훈", 『철학연구』 제105호, p.96 참조.

결장치가 잘 되어 있지 않다고 생각하고 있기 때문이다. 법이 불합리하고 모호하며 변덕스러운 권력자의 도구가 아니라 우리 삶에 정당한 규범적 질서를 부여해 줄 수 있는 수단으로서 자리를 잡지 못하고 표절과 관련된 저작권 침해에 대한 실효성 있는 사회통제수단으로써 자리 잡지 못하고 있다고 판단되기 때문이다.

그토록 많은 표절의혹에도 불구하고 표절판결은 거의 없는 현재의 비현실적인 저작권법의 실행은 여러 가지 문제점을 낳기도 하지만 윤리적으로 정당화하기 힘들다고 보인다. 특히 산업화 시대를 넘어 정보화시대에 진입한 지금, 표절시비가 이처럼 끊임없이 난무하면서도 제대로 저작권 침해를 막지 못한다면 동종업계의 문화적 발전이라는 공리주의적인 공리보다는 많은 사회적 비용과 손실을 자초하는 길을 낳을 수도 있다. 표절은 창작자의 창작의지를 꺾고 창작물의 질적 저하는 물론 전체적으로 문화산업의 생산적 발전 및 투자 위축까지 유발함으로써 미래를 위해 또한 사회 전체의 이익을 추구하는 공리를 상당히 훼손하기 때문이다. 공리를 고려하지 않더라도 표절과 저자권 침해는 개인의 기본적인 권리를 침해시킨다는 점에서 마땅히 근절되어야 한다. 하지만 저작권자의 권리에 대한 기본권 보호라는 책무를 다해야 함에도 불구하고, 이러한 역할을 제대로 수행하고 있지 않다고 보인다.

학계의 경우 학술진흥재단에서 연구윤리와 관련한 규정을 만드는 등의 노력을 기울여왔지만 드라마와 관련하여서는 표절에 대한 자정 능력도 없고, 표절했을 경우 제제를 가하는 규정 자체의 현실적 적합성이 매우 미흡한 상황이다. 한 번 실수쯤이야 하는 인정주의가 문단에 만연한 것도 문제이고 표절한 작가를 징계할 수 있는 자체

규정조차도 없는 실정이다. 문학상 심사위원회에서조차 표절이 아니라고 하면서 동업자끼리 서로 면죄부를 주는 형국을 보여주기까지한다. 이런 상황에서 드라마와 관련된 표절 및 저작권 침해의 문제는 철저하게 당사자 개인의 문제로 넘겨버림으로써 당사자들만 심적 고통 속에 현실적인 피해까지 보아야 하는 이중고를 겪고 있는실정이다. 따라서 이런 부분에 대한 문제의식을 가지고 드라마와 관련된 저작권 침해에 있어서 실제적, 현실적 적합성을 고양시키려는것이 이 연구를 추동하는 문제의식이라고 할 수 있다. 이를 위해 본연구는 드라마에서의 표절과 저작권 침해의 문제에 초점을 두고 연구하되, 표절 및 저작권 침해의 판단기준이 되는 의거와 실질적 유사성의 문제를 명확히 하고 이에 기반하여, 드라마 표절들에 대한사례분석을 실시하고자 한다. 이를 위해서 기존의 선행논문들과 판례 그리고 인터넷 검색을 통해 언론에 보도된 드라마 표절 관련 기사를 분석하면서 드라마 표절에 대해 연구하고자 한다. 뿐만 아니라김순옥의 <아내의 유혹>과 정혜경의 <야누스의 도시>를 구체적으로 분석해 보고, 이를 근거로 현실적 및 실제적 적합성을 갖는 표절 제재 및 저작권 침해 방지를 위한 방향성을 제시해 보고자 한다.

Ⅱ. 드라마에 있어서의 표절과 저작권 침해의 문제 와 판단 기준

우리나라에서 표절 문제는 연구윤리의 분야 중 중요한 한 부분인'연구부정(research misconduct)'과 관련해서 표절문제가 중시되었다.

하지만 드라마의 경우와 같은 예술 창작활동은 문화관광부에서 발표한 「영화 및 음악 분야 표절 방지 가이드라인(2007.1.26)」이 중요한 활용의 기준이 될 수 있다. 그 이유는 영화 및 음악 분야 등 예술 창작 활동에서의 표절은 저작권법상 저작재산권과 저작인격권을 침해하는 행위로 주로 법적인 판단을 요하는 저작권 침해의 사안이 많은 데 비해, 학술연구 분야에서의 표절은 일차적으로 저작권 침해의 부분을 포함하면서도 대체로 어문저작물과 관련되므로, 친고의 형식으로 이루어지는 저작권 침해에 해당되지 않는 측면이 있다. 또한 연구윤리적 측면에서는 옳지 않다고 인정되는 부분(이를테면, 자신의 이전 저작물을 출처표시 없이 사용할 때 발생하는 중복게재 등)을 포함한 보다 광범위한 표절의 개념이 적용되기 때문이다. 이런 이유로 드라마에서의 표절은 예술창작활동과 관련되며 저작권 침해와 관련되면서 엄격하게 판단 기준을 물을 필요가 있다. 이런 맥락에서 드라마에 있어서 표절이란 무엇인가? 「영화 및 음악 분야 표절 방지 가이드라인(2007.1.26)」에서는 표절을 다음과 같이 규정한다.

> 표절이란 저작권자의 허락 없이 그 저작물을 복제, 공연, 공중송신(방송·전송 등), 전시, 배포 등의 행위를 하는 것으로 공정이용에 해당하지 않는 것을 말한다. 특히 표절은 타인의 저작물을 자신의 이용물로 이용하는 경우로 저작권법상으로는 저작재산권과 저작인격권을 침해하는 행위이다. 표절과 저작권 침해는 구별된다는 견해도 있으나, 저작권법에서는 표절이라는 용어 대신에 저작권 침해라는 용어로 통칭하여 사용하고 있다.[2]

---

2) 문화관광부, "영화 및 음악 분야 표절 방지 가이드라인"(2007.1.26), p.8 참조.

이런 정의에 따르면 법률 용어가 아님에도 불구하고 드라마 관련 판결문에서 종종 쓰이는 '표절'은 저작권 침해의 한 유형으로 타인의 저작물을 자신의 저작물인 양 제시하는 것이므로 법률적인 개념이 아니라 윤리적인 표현이며, 정신적 창작물에 대한 절도행위로서 사용되어 왔다. 표절은 타인의 저작물 일부를 그대로 인용하거나 또는 변경된 형태로 마치 자신이 창작한 것처럼 가장함으로써 관객들이나 독자들이 그것을 새로운 창작품으로 알게 되는 것으로 타인의 저작권을 침해하는 것이지만 엄밀한 의미에서 법적 개념은 아니다.3) 한마디로 '문학적 절도(literary theft)'라는 비윤리적 행위로 규정할 수 있으며 일반적인 저작권 침해보다 윤리적으로 비난가능성이 높은 개념이다. 또한 합법적 차용에 의한 모방인 패러디나 패스티쉬와는 다르게 창작자의 권리를 침해하는 행위로, 타인의 독창적인 저작물을 허락 없이 또는 정당한 사용방법에 의하지 않고 무단히 이용하는 것인데,4) 이것이 저작권 침해의 한 유형이 되는 것이다. 그런데 표절은 가장 전형적인 저작권 침해행위의 유형임에도 불구하고 앞서 언급한바 영역에 따라 외연이 더 넓어지거나 다른 부분이 강조될 수 있는 개념이다. 이 말은 저작권 침해판정은 일반적인 표절이라는

---

3) 홍상현, "저작권 침해와 표절의 구별", 『법학연구』 제11집 제2호, p.95 참조.

4) 정당한 사용방법으로 공정이용(fair use)과 시적 한계, 인용이 있다. 공정이용은 저작재산권에 대한 제한의 하나로 특정의 경우 저작물 이용 대가의 지급 없이 또한 저작권자의 허락 없이 법에 정해진 이용양태 및 정도와 저작자의 인격권 보호 등에 관한 요건에 따라 저작물을 사용할 수 있는 것으로 이해된다. 한편 시적 한계는 저작자의 사익보호와 저작물의 공정이용이라는 공익과의 조화점에서 결정되어야 하는데, 이는 각국의 상황에 따른 정책결단의 문제이며, 우리 법은 베른 조약과 세계 각국의 일반적인 입법추세와 같이 원칙적으로 저작자의 생존기간과 사망 후 50년으로 하고 있다. 인용에 대해서는 저작권법 제25조에서 "공표된 저작물은 보도, 비평, 교육, 연구 등을 위하여 정당한 범위 안에서 공정한 관행에 합치되게 이를 인용할 수 있다"고 규정하고 있다. 송윤석, "표절에 의한 저작권적 침해 판단의 적용기준에 관한 연구 – 드라마 「여우와 솜사탕」 사건을 중심으로", 연세대학교 법무대학원 저작권법 전공, 석사학위논문, 2003, p.36 참조.

포괄적인 윤리적 개념보다는 엄격한 규칙에 의해 판단되어져야 하며 비현실성을 넘어 현실적 적합성을 가져야 한다는 것이다. 때문에 표절과 관련된 다층적인 여러 영역에서의 윤리적 요구와는 달리 저작권 침해 판정과 관련해서 법적 규칙은 크게 표절판단의 법적인 기준으로서 '의거 관계'와 '실질적 유사성'을 요구하고 있다. 의거 관계는 일반적으로 어떤 사람이 기존의 다른 작품을 보거나 접할 수 있는 합리적인 기회가 있었다는 점을 입증하는 것이고, 실질적 유사성은 양 작품 사이에 실질적 유사성이 있어야 한다는 것이다.[5]

우리나라의 경우 미국에서의 판례를 통해 확립된 저작권 침해 판단의 기준으로서 '의거'와 '실질적 유사성'의 여부가 학설로 정착되고 있다. 다시 말해서 저작권 침해 성립과 관련하여 우리나라 법원은 주관적 요건으로 침해 저작물이 원 저작물에 의해 그것을 이용했다고 하는 관계가 있어야 하고(의거관계), 객관적 요건으로 양 작품 사이에 실질적 유사성이 있어야 한다(실질적 유사성)고 판시하고 있다.[6] 그런데 재판에서의 구체적인 적용에 있어서는 의거 및 실질적 유사성에 대한 판단에 있어서는 아이디어와 표현의 이분법 등 다양한 많은 이론들이 적용되고 있으며, 관련하여 법원의 광범위한 재량이 발휘되고 있다. 그러므로 의거 관계에 대한 설명도 중요하지만 이와 함께 실질적 합리성에 대한 보다 깊은 이해와 천착이 필요하다.

---

5) 문화관광부, *op. cit.*, p.8 참조.

6) 대법원 2000.10.24, 선고 99다10813 판결(까레이스키 사건); 서울남부지방법원, 2004.3.18, 선고 2002가합4017 판결(여우와 솜사탕 사건 등) 최승수, "영화 및 TV 드라마에 대한 표절 판단 기준", 조선대 법학논총, 2008, p.89 참조.

1. 의거

저작권 침해가 인정되기 위한 주관적 요건으로 침해자가 저작물에 '의거'하여 그것을 '이용'하여야 한다. 의거(依據)라 함은, 저작물의 표현형식을 소재로 이용하여 저작되었다는 것, 즉 침해자의 작품이 저작권자의 저작물을 근거로 하여 들어졌음을 의미한다. 따라서 내용이 유사하더라도 우연의 일치 또는 공통의 소재 등으로 인한 경우에는 침해가 되지 아니한다. 그러나 반드시 저작물 원본 자체를 보고 직접적으로 의거할 것을 요하는 것은 아니며, 침해자가 저작물에 의거한다는 명시적인 인식을 가지고 작성할 것을 요하는 것은 아니다. 의거성의 문제는 내심의 문제이므로 간접증거, 즉 저작권자는 침해자가 저작물에 대한 '접근(access)', 즉 저작물을 볼 상당한 '기회'가 있었다는 것만으로 입증할 수 있다. 일단 '접근'이 입증되면 '의거'가 사실상 추정되어 침해자가 저작물에 대한 접근이 없었다든지 또는 독자적으로 작품을 창작하였다는 특별한 사정을 입증하여야만 추정을 번복시킬 수 있다. 한편 그 유사성이 실질적 유사성을 넘어서서 오직 침해자가 저작물에 의거한 것에 의해서만 설명될 수 있는 정도의 현저한 유사성(striking similarity)이 있거나 원본의 실수가 침해자의 작품에 그대로 옮겨져 있는 경우와 같이 공통의 오류(common errors)가 발견되면 '접근'의 입증을 요하지 아니하고도 '의거'가 사실상 추정된다고 볼 수 있으며 의거관계에 대한 별도의 입증이 필요 없다고도 할 수 있다.[7]

---

7) 오승종, "저작재산권침해의 판단기준에 관한 연구", 서강대학교 대학원 박사학위논문, 2004, p.20.

2. 실질적 유사성

저작권 침해가 인정되기 위해서는 원고의 저작물과 피고작품이 실질적으로 유사해야 한다. 대부분의 침해가 저작물에 변형을 가하여 이용하는 경우에 발생하는 것이므로 침해인지를 판단함에 있어 실질적 유사성 유무의 결정이 핵심적인 비중을 차지하게 된다.

가. 실질적 유사성과 아이디어/표현 이분법

그런데 이런 '실질적 유사성(substantial similarity)'이란 법적 평가라기보다는 사실인정의 문제이며, 불확정개념에 속한다. 그런데 이러한 사실인정의 문제에 복잡성에 개입되어 있으며 이를 해결하는 부분에서 여러 문제점과 재량권 및 공백을 가질 수도 있다고 보인다.

물론 실질적 유사성 의부를 판단함에 있어 가장 대표적인 이론으로 '아이디어와 표현의 이분법(idea-expression dichotomy)'이 있다. 이는 실질적 유사성을 판단하는 데 있어서 법리로서 아이디어는 보호하지 않고 표현만 보호한다는 이론이며, 저작물의 표현에 해당하고 독창적인 부분만을 가지고 대비해야 한다는 것이 확립된 법리라고 할 수 있다.[8] 여기서 표현이라는 것이 대사만을 이야기하는 것이 아니라 등장인물의 성격, 등장인물의 상호관계, 플롯, 사건의 전개과정 등도 포함된다는 점을 주의할 필요가 있다.[9] 그러나 사실상 어디까지가 아이디어이고 어디까지가 표현인가를 구별하는 것은 쉬운

---

8) 대법원 1991.8.13. 선고 91다 1642 판결 1993.6.8. 선고 93다3073, 3080 판결 등, 최승수, "영화 및 TV 드라마에 대한 표절 판단 기준", 조선대 법학논총, 2008, p.91 참조.

9) 문화관광부, *op. cit.*, p.9 참조.

것이 아니기에 저작물의 개별 이용형태에 따라 표절여부가 판단될 수밖에 없는 문제점을 가진다.10) 다시 말해서 보호받지 못하는 아이디어와 보호받는 표현과 관련하여 여러 가지 이론이 제시되어 왔으나 사실상 어느 것도 완벽한 것이 없다고 할 수 있는데, 추상화 이론, 유형이론,11) 표현이지만 아이디어로 취급하는 경우에 적용되는 아이디어/표현의 합체이론 등을 종합하여 적용하고 있다.

나. 실질적 유사성 판단의 방법

그런데 실질적 유사성 판단에 있어서 차용된 양 이외에 질적인 유사성이 중요하다. 일반적으로 차용된 표현의 양이 많으면 많을수록 실질적으로 유사하다는 판단을 내릴 수 있겠지만 어느 정도의 표현이 차용되어야 저작권 침해에 해당되는지에 대한 일반적 기준을 제시하는 것은 매우 어렵다고 할 수 있다. 따라서 양적 판단기준(quantitative test)에서 어느 정도의 표현이 양적으로 차용되어야 침해가 되는지에 대한 특정 기준을 제시하는 것은 불가능하다고 할 수 있다.

또한 양적으로 많지 않더라도 저작자의 창작적 노력이 질적으로 함축되어 있는 중요 부분이 차용된 경우라면 표절이라고 할 수 있으며, 저작자의 창작적 개성이 보다 많이 반영되어 있는 문학 및 예술 저작물이 사실적 기능적 저작물이나 역사적 사실을 소재로 한 드라마 보다 더욱 넓게 보호받을 수 있다고 할 수 있다.12) 이는 차용된

---

10) Ibid., p.9 참조.

11) 실질적 유사성은 침해자가 저작권자의 저작물 속의 근본적인 본질 또는 구조를 복제함으로써 저작물과 작품 사이에 비록 문장 대 문장으로 대응되는 유사성은 존재하지 않지만 전체로서의 포괄적인 유사성이 있는 '포괄적·비문언적 유사성(comprehensive nonliteral similarity)'과 원고의 작품 속의 특정한 행이나 절 또는 기타 세부적인 부분이 복제된 경우를 가리키는 '부분적·문언적 유사성(fragmented literal similarity)'으로 구분하는 이론이다.

부분의 양적 판단뿐만 아니라 질적 판단기준(qualitative test)이 중요함을 보여준다. 이러한 부분들과 관련해서 판사가 큰 재량권을 갖고 있다고 보인다. 즉 규칙이 명시적으로 예상하고 있는 사례의 영역에 주어진 사례가 포함되지 않는 것으로 보일 경우에, 법관은 자신에게 주어진 재량을 사용하여 선택을 하고, 그럼으로써 그 사안을 판결할 수 있다는 것이다. 한편 저작권자의 저작물로부터 차용된 부분의 양적·질적 비중이 어느 정도인가를 판단한 이후 다음 단계는 차용된 부분과 실제 침해자의 작품이 어느 정도 유사한가(유사성의 정도)를 판정하는 단계인데, 여기서 실질적 유사성을 누구의 관점에서 판단할 것인가가 문제가 된다. 그 사회 평균적인 경험과 지식을 갖춘 가상의 관찰자의 입장에서 판단해야 한다는 입장(보통 관찰자 관점론)과 전문가의 분석에 의해서 판단해야 한다는 관점(전문가 관점론)이 있을 수 있다.13) 이에 대하여 법원에서는 그 사회의 평균적인 경험과 지식을 갖춘 일반인의 입장에서 판단되어야 한다고 판시하고 있지만14) 연구자가 보기에 과연 드라마의 실질적 유사성을 일반인의 입장에서 할 수 있는지가 의문시된다. 왜냐하면 문화관광부에서 제시한 가이드라인이 정해져 있음에도 불구하고 표절은 의혹에 그치거나 논란으로 끝나는 경우가 대부분이다. 또한 표절에 대한 법원의 판결은 늘고는 있지만 그때마다 표절의 의미를 달리해 판결을 내리는 경우가 있어 표절 여부를 전문적으로 심사할 공정한 기관이 필요하다는 점에서 일반인의 판단에 대해 그 신뢰성이 의문시되며 상당한 비판의 여지를 남기고 있다고 보인다.

---

12) 문화관광부, *op. cit.*, p.10 참조.

13) 미국 항소심 판례의 주류와 일본 하급심 판례는 보통 관찰자 입장을 취하고 있다. 최승수, "영화 및 TV 드라마에 대한 표절 판단 기준", 조선대 법학논총, 2008, p.96 참조.

14) 문화관광부, *op. cit.*, p.11 참조.

Ⅲ. 드라마 표절들의 사례분석

본 연구에서는 드라마 표절 분쟁에 있어서 어떤 문제점이 있는지 알아보기 위해 1990년대 이후부터 2009년까지의 한국의 TV드라마 표절 분쟁 사례들을 수집하였다. 또한 표절분쟁 사례에서 수집된 여러 문제점들을 참고하여 김순옥의 <아내의 유혹>와 정혜경의 <야누스의 도시>를 살펴보았다.

1. 이전 드라마 표절 사례들

드라마 표절 분쟁의 사례분석을 위해 한국언론재단의 종합 뉴스 데이터베이스인 카인즈(www.kinds.or.kr)와 한국언론재단의 홈페이지(http://www.kpf.or.kr)를 통하여 TV드라마 표절 관련 기사를 바탕으로 관련 유형을 살펴보고, 관련하여 저작권 여부에 관한 판례들도 일부 검토하였다. 기사들의 경우 검색어 '드라마 표절'로 주요 언론사들의 보도자료를 검색해 보았다. 표절과 관련된 한국의 TV 드라마 관련 자료로는 <KBS 2TV 드라마 "연인">(1993),[15] <MBC 드라마 "까레이스끼">(1995),[16] <MBC 드라마 "신데렐라">(1997),[17] <MBC TV 드라마 "청춘'>(1999),[18] <SBS TV 드라마 "토마토"> (1999),[19] <SBS

---

15) KBS 2TV "연인"이 윤성일의 법조장편소설 "하얀나라 까만나라"를 표절했다는 논란으로 저작권 침해 인정됨.

16) MBC 드라마 "까레이스끼"가 백한이의 소설 "텐산산맥"을 표절했다는 논란으로 실질적 유사성이 인정되지 않아서 저작권 침해 인정되지 않음.

17) 헨리파렐 원작의 "Whatever Happened To Baby Jane"이라는 소설을 한국어로 번역, 출판한 도서출판업자가 "신데렐라" 드라마가 위 소설을 표절했다고 주장하며 손해배상청구 소송을 제기함. 법원은 원고의 원작 소설에 관한 저작권을 부정하여 원고의 청구를 기각함.

18) MBC TV 미니시리즈 "청춘"이 일본 후지 TV에서 97년 가을 방영한 드라마 "러브 제너레이

TV 드라마 "해피 투게더")(1999),20) <KBS 2TV의 "일요베스트">(1999
),21) <MBC 드라마 "이브의 모든 것">(2000),22) <KBS 2TV 드라마 "천
둥소리">(2000),23) <MBC TV 드라마 "여우와 솜사탕">(2002),24) <드
라마 "태왕사신기">(2005),25) <SBS 드라마 "외과의사 봉달희">(2007
),26) <SBS 드라마 "내 남자의 여자">(2007),27) <SBS 드라마 "쩐의 전
쟁">(2007),28) <KBS TV 드라마 "대왕세종">(2008),29) <MBC TV 드라
마 "신데렐라맨">(2009),30) <KBS2 드라마 "아이리스">(2009),31) <아내

션"을 줄거리, 화면구성 등에 있어서 표절했다는 논란. 그 결과 "청춘"은 당초 기획된 16부작
에서 10부작으로 조기 종영됨. 또한 한국방송작가협회는 "청춘"의 작가 육정원을 제명조치 하
였고, 방송위원회는 MBC에 "시청자에 대한 사과명령"을 내림.

19) SBS TV의 수목드라마 "토마토"가 일본만화 "해피"(우라사와 나오키 작)를 표절했다는 논란.

20) SBS TV의 수목드라마 "해피 투게더"(배유미 극본, 오종록 연출)가 일본 후지 TV드라마 "히토
츠 야네노시타"를 표절했다는 논란.

21) KBS 2TV의 "일요베스트"의 "피서지에서 생긴 일"이 키아누 리브스 주연의 "구름 속의 산책
(Walk In The Clouds)"을 표절했다는 논란.

22) MBC 수목드라마 "이브의 모든 것"(극본 박지현, 연출 이진석)이 일본만화 "사랑의 기적"(모리
타 유코 작)을 표절했다는 논란.

23) KBS 2TV 드라마 "천둥소리"가 김탁환의 소설 "허균, 최후의 19일"(푸른 숲 출판)을 표절했다
는 논란. "천둥소리"의 작가인 손영목 작가는 일부 표절을 시인함.

24) MBC TV 드라마 "여우와 솜사탕"이 김수현이 1992년 집필한 "사랑이 뭐길래"를 표절했다는
논란. 김수현은 "여우와 솜사탕"의 방송금지 가처분을 신청하고, 30억 손해배상소송을 제기함.
법원은 가처분 신청에 대하여 저작권 침해를 인정했지만 방영 중단에 따른 파장을 고려해 가
처분 신청을 기각하고, 손해배상 청구에 대하여 "MBC 등은 김 씨에게 3억 66만 원씩을 배상
하라"며 원고 일부승소 판결함. 한국방송협회는 "여우와 솜사탕"의 작가를 제명함.

25) 드라마 "태왕사신기"가 김진 작가의 만화 "바람의 나라"를 표절했다는 논란.

26) SBS 드라마 "외과의사 봉달희"가 미국의 "그레이 아나토미"를 표절했다는 논란.

27) 류경옥 작가가 SBS 드라마 김수현 작가의 "내 남자의 여자"가 자신의 작품 "옥희 그 여자"를
표절하였다고 주장하면서 저작권심의조정위원회에 조정신청.

28) 전 증권사 펀드매니저 출신 작가 허 모씨가 2004년 저작권심의조정위원회에 저작물로 등록한
자신의 소설 "The Money War"와 비슷하다는 이유로 서울 남부지방법원에 드라마 방송사 SBS
와 원작 만화가 박인권 씨, 만화를 연재한 신문사 등을 상대로 방영 및 판매금지가처분을 신청.

29) '풍수', '왕자의 눈물'의 작가 김종록(45) 씨는 29일 '대왕세종'의 일부 에피소드가 자신의 소설
'장영실은 하늘을 보았다'(랜덤하우스)의 내용을 표절했다고 고소.

30) '신데렐라맨'이 '패션왕'을 표절했다고 문제를 제기한 LK제작단 및 이를 기사화한 언론사에
손해배상 소송을 접수하겠다고 밝힘.

31) 드라마 아이리스가 박철주 씨의 소설을 표절했다고 고소.

의 유혹>(2009)[32]이었다. 이 중 소설을 표절했다는 혐의를 받은 드라마는 총 9건인데, 이중 외국 소설은 1건, 국내 소설이 8건의 혐의를 받았다. 다른 영화나 드라마를 표절했다는 혐의를 받은 것은 6건인데, 이중 외국 드라마는 4건이고, 국내 드라마는 2건이었다. 만화를 표절했다는 혐의를 받은 것은 3건인데, 외국 만화가 2건이고, 국내 만화는 1건이었다. 이런 점에서 소설을 통해 표절 혐의를 받은 드라마가 9건(50%)로 가장 많았음을 알 수 있다. 그런데 국내에서의 드라마 표절에 관한 시비는 숫자에 비해 명쾌한 결론은 별로 나지 않았다. 윤성일의 법조장편소설 "하얀나라 까만나라"를 표절했다는 논란으로 저작권 침해가 인정된<KBS 2TV 드라마 "연인">(1993)과 일본 드라마 <러브 제너레이션>를 베꼈다는 논란 끝에 조기종영한 MBC <청춘>(1999), 법원이 김수현 작가의 <사랑이 뭐길래>를 표절한 사실을 인정해 9억여 원의 손해배상 판결을 내린 MBC <여우와 솜사탕>(2002)을 제외하면 뚜렷한 결론이 나지 않은 채 흐지부지됐다. 이는 법적 분쟁으로 비화되어 명확하게 승소하는 비율이 18건 중 3건(16.6%)에 불과한 것과 관련된다. 이렇게 승소율이 낮은 것은 대부분에 있어서 양 저작물의 실제적 유사성 부분에서 그 유사성이 부정되었기 때문이었다.

이러한 사실들은 또한 당사자들이 생각하는 표절 판단기준과 법원의 저작권 침해에 관한 표절 판단 사이에 상당한 괴리가 있음을 보여준다고 할 수 있으며 국내 저작권법상 드라마 표절에 대한 명확한 기준이 없었던 현실을 반영하였다고도 할 수 있다. 또한 이것은

---

32) '아내의 유혹'이 정혜경 작가의 소설 '야누스의 도시'를 표절했다고 의혹 제기.

표절에 대한 도덕적 판단과 실제 법적 적용에 있어서의 차이뿐 아니라 비현실적인 저작권 침해법의 현실 적합성의 한계를 보여주었다고 할 수 있다. 뿐만 아니라 표절 여부에 관한 진지한 규명보다는 한때의 해프닝이자 언론의 흥미 위주의 보도가 겹침을 보여주며, 저작권 침해에 관련된 비현실적인 기준이 실제적으로 원고의 측 '방영금지 가처분신청'을 기각하는 사례가 많고 실제적으로 손해배상 판결을 받기가 쉽지 않는 형태로 흘러왔음을 알 수 있다.

결국 드라마와 관련하여 숱하게 표절 의혹이 제기되고 소송이 제기됐지만 국내 판결문에서 저작권 침해로 저작권 침해를 확인해 준 사례가 이렇게 적은 것은 저작권의 보호에 적극적이지 못한 어떤 흐름들을 보여주며, 저작권 침해의 문제를 포괄적으로 넓게 적용하면 부정적 영향이 있을 것이라는 저작권 침해 인정에 대한 부정적 인식이 작용했다고 할 수 있다.33)

최근의 상황들을 좀 더 살펴보면 <내 남자의 여자> 이외에도 2007년에는 여러 편의 인기 드라마가 표절시비에 휘말렸다. 고구려 광개토대왕의 일대기를 배경으로 한 국내 최초의 판타지 서사 무협 드라마로 비상한 관심을 모은 <MBC의 "태왕사신기">는 만화 '바람의 나라'와 시나리오 '천신의 사자 광개토대왕'을 표절했다는 의혹을 받았다. 430억 원의 어마어마한 제작비가 투입된 데다 한류의 중심 배용준이 주인공이라는 점에서 표절시비는 적잖은 파문을 일으켰다. 먼저 표절을 주장한 쪽은 만화 '바람의 나라' 작가 김묘성 씨. 그는 2005년 '태왕사신기' 촬영 초기에 '저작권을 침해당했다'며

---

33) 홍상현, *op. cit.,* p.96.

작가 송지나 씨를 상대로 5,000만 원의 손해배상 청구 소송을 냈다. 그러나 1년 후 재판부는 '실질적 유사성이 있다고 보기 어렵다'며 원고 패소 판결했다.[34] 역사연구모임 '잃어버린 한국 고대사 연구회' 대표 홍순주 씨도 '태왕사신기'가 자신이 쓴 시나리오를 표절했다며 MBC와 드라마 제작사를 상대로 제작 및 방송금지 가처분 신청을 냈으나 기각됐다. 홍 씨가 작성한 시나리오와 태왕사신기 드라마 사이에 줄거리나 구성 등에 있어 실질적 유사성이 있다고 볼 수 없으며, 드라마 대사나 장면 가운데 홍 씨의 시나리오에 나타난 대사나 장면을 그대로 베끼거나 모방한 부분도 없다는 게 재판부가 밝힌 기각 사유다. <SBS의 "외과의사 봉달희">는 미국 드라마 '그레이 아나토미'와 비슷하다는 주장이 제기돼 표절시비가 일었고, MBC 월화 미니시리즈 '히트'는 일본 드라마 '언페어'를 표절했다는 논란에 휩싸였다. SBS 월화사극 '왕과 나'도 소설가 이정우 씨가 자신의 작품을 표절했다며 방송금지 가처분신청을 내는 바람에 논란이 됐다가 법원이 기각으로 구제되기도 했다. 2008년엔 KBS 대하드라마 '대왕세종'과 SBS 16부작 드라마 '쩐의 전쟁'에 표절 의혹이 제기됐으나 법정공방 끝에 방송금지 가처분신청이 기각됐으며, 작년엔 MBC '신데렐라맨'과 '선덕여왕', KBS2 '아이리스' 등이 표절시비에 휩싸이기도 했다. 앞서 90년대엔 최수종 최진실이 주연을 맡은 MBC '질투'(1992년)가 일본 드라마 '도쿄 러브스토리'를 표절했다는 의혹을 받았고, SBS의 '토마토'(1999년)가 일본 만화 'HAPPY'를 베꼈다

---

34) 「태왕사신기」라는 작품을 제작하겠다며 연 드라마 제작 발표회에서 시놉시스(Synopsis: 줄거리 혹은 개요. 사전 풀이로는 '작가가 생각하는 주제를 다른 사람에게 알리기 위해 알기 쉽게 간단히 적은 것')를 배포했다. 문제는 그 내용이 만화 「바람의 나라」의 줄거리와 구도, 등장인물과 주요 개념 등에서 '매우 유사하다'는 점이었다.

는 비판을 받은 바 있다. 97년에 방영된 MBC '청춘'은 일본 드라마 '러브 제너레이션'을 표절했다는 의혹 속에 조기에 종영하기도 했다. 표절시비가 걸린 대표적인 드라마는 2002년 MBC가 방영한 유준상 소유진 주연의 주말드라마 '여우와 솜사탕'이다. 인기 작가 김수현 씨가 소송을 제기한 데다 2년여의 법정다툼 끝에 3억 66만 원이라는 거액의 손해배상 판결까지 내려졌다. 김 씨는 92년 인기리에 종영된 자신의 히트작 '사랑이 뭐길래'를 표절했다며 MBC와 담당 PD, 작가를 상대로 30억 원의 손해배상 청구소송을 서울지법 남부지원에 냈다. 김 씨는 소장에서 '여우와 솜사탕은 등장인물 유형, 갈등구조, 대사 등에 있어 나의 작품인 사랑이 뭐길래와 거의 유사해 표절했다고 볼 수밖에 없다'고 주장했다. 2년 후 법원은 '두 드라마 대본 사이에는 유사한 상황에서 우연의 일치라 하기엔 너무나 일치하는 대사가 공통으로 분포돼 있어 그 현저한 유사성이 인정된다'며 김수현 작가의 손을 들어줬다. 이와 같은 사실들은 저작권 침해에 대한 인정이 소극적으로 이루어짐을 반증해 주는데, 보다 구체적으로 말하자면 다음과 같은 사실을 확인할 수 있다. 첫째, 현실적 적합성이 떨어지는 아주 최소한의 기준으로 표절을 판별하고, 저작권 침해를 인정한다는 것이다. 둘째, 드라마 표절은 매우 높은 수준의 판별능력을 필요로 하지만 법원의 판단능력이 현실적 적합성을 구현하기에는 어느 정도 한계가 있다는 것이다. 셋째, 고소자들에게서 명확하게 표절로 생각되는 것도 실제적인 법적 판단에서는 면책되는 경우가 많다는 것이다. 그러므로 드라마 표절과 관련해서 저작권 침해에 대한 현실적 적합성을 보다 높일 수 있는 방안들이 모색되어야 함을 알 수 있다.

2. 구체적 사례 분석: 김순옥의 〈아내의 유혹〉과 정혜경의 〈야누스의 도시〉

앞에서는 1990년대 이후부터 2009년까지의 한국의 TV드라마 표절 분쟁 사례들에서 저작권 침해에 대한 판단이 현실적 적합성이 떨어진다는 것을 단순히 양적으로 확인해 보았지만 이제 구체적 사례, 김순옥의 <아내의 유혹>와 정혜경의 <야누스의 도시>를 통해 질적으로 살펴보고자 한다. 다시 말해서 저작권 침해에 대한 심의 제기와 해명 그리고 법원의 판단에서의 여러 과정과 이와 관련된 작품 해석 및 판단 논거들을 구체적으로 살펴봄으로써 보다 구체적으로 또한 실제적으로 저작권 침해의 실제적 적합성을 살펴보고자 한다.

<야누스의 도시>의 저자 정혜경 작가는 2007년 3월부터 2009년 1월까지 지역주간지인 우리신문에 <야누스의 도시>란 제목으로 연재했고 이글을 묶어 2009년 2월 출간할 예정이었으나 SBS 드라마 <아내의 유혹>이 줄거리나 주요대사, 이미지 등이 자신의 작품과 너무 유사하게 전개되고 있어 이를 출판사와 SBS방송국에 알리고 출간을 미뤄왔다고 밝혔다. 또한 2009년 2월 소설 저작권 심의조정위원회에 표절 심의를 제기하였다. 또한 드라마 작가와 SBS측의 해명, 시청자에 대한 사과를 요구하는 내용의 기자회견을 열었다. 정혜경 작가는 드라마가 일부 상황 설정이나 배경 등 아이디어의 영역뿐만이 아니라 단지 아이디어나 창작성과 표현의 차원에서 실제적으로 표절을 하였다고 주장하였다. 이에 드라마 작가와 SBS측의 해명은 다음과 같다. "정씨의 주장 내용을 보면 장애여성의 시각에서

드라마를 이끌어 간다는 점에서 시작해 오영실을 중심으로 하는 스토리는 거의 자신의 소설에서 가져왔다"고 주장하고 있으나, 드라마 <아내의 유혹>은 '남편에게 버림받은 현모양처가 죽음의 위기에서 살아나 남편과 시댁식구에게 복수하는 이야기'가 중심플롯을 이루고 있다. 정 씨의 주장처럼 장애여성의 시각에서 드라마를 이끌어가지 않는다고 설명했다.35) 이어 "표절이라는 표현을 하려면 사건의 유사성이나 등장인물, 플롯 또는 언어구사 면에서 어떠한 동일 내지 유사성이 있어야 문제제기를 할 수 있는데, 정 씨가 통고서에서 유사부분이라고 언급한 대목을 보더라도 그의 소설과 '아내의 유혹'은 완전히 다른 모티브와 플롯에서 시작하고, 주인공 등 등장인물 또한 전혀 유사성이 없이 설정되어 있다"라고 덧붙였다.36) 마지막으로 '아내의 유혹' 제작진은 정 씨로 인해 소중한 명예를 훼손당했음은 물론 심한 정신적 피해를 입은 이상, 또 다시 기자회견을 열어 언론 플레이를 하려는 그에 대해 묵과할 수 없기에 엄중한 법적 책임을 물을 것이라며 그동안 드라마 '아내의 유혹'에 많은 사랑을 보내주신 시청자 여러분께 보답하기 위해서라도 꼭 진실을 밝히겠다. 남은 방송 기간 동안에도 드라마에 대한 애정과 사랑을 잃지 않으셨으면 좋겠다고 했다.37)

이러한 해명이 정당화되려면 소설과 드라마의 아주 많은 실제적 유사성이 단지 우연의 일치라는 결론이 나와야 한다. 하지만 그렇게 말하기에는 너무나 실제적 유사성이 많다는 점에서 드라마 작가와

---

35) 홍동희 기자, <'아내의 유혹' 제작진, 표절 주장 정혜경 씨에 강경대응>, 『헤럴드 경제』, 2010년 3월 31일자를 참조.

36) Ibid.

37) Ibid.

SBS측의 해명, 그리고 법원의 담당 검사의 불기소결정은 정당성을 갖고 있지 않으며 관련된 기존 선례의 외연에도 부합되지 않고 있다. 방송 대본이나 드라마의 경우 소설과는 달리 줄거리, 주제, 사건 등을 문학적으로 세밀하게 표현하는 데 한계와 차이가 있다는 점 등을 고려해 보면 더욱더 실질적 유사성이 많음을 볼 수 있다. 또한 평범하고 통속적인 이야기라기보다는 다소 특이한 서사적 특징과 소재들을 공유하고 있는 소설과 드라마라는 공통점도 가진다. 그러므로 실질적 유사성의 유무와 관련하여, 또 두 작품의 의거 관계와 관련하여 두 작품을 보다 깊이 검토하고 살펴볼 필요성이 있다. 담당 검사의 경우 구체적인 판단논거를 밝히는 부분은 1페이지 10줄도 되지 않고, 이중 의거 부분은 10줄이, 실질적 유사성의 부분도 1페이지가 되지 않을 정도로 불기소결정서[38]는 단순하면서도 판단논거가 모호하지만 최대한 자세하게 살펴보고자 한다.

가. 등장인물의 실제적 유사성

등장인물(character)의 실제적 유사성은 표절 판단 기준에 있어서 매우 중요한 요소이다. 그런데 관련 담당 검사는 불기소결정서[39]에서 <야누스의 도시>와 <아내의 유혹>에 각 등장하는 인물들의 면면이 부정과 타락으로 대변되는 가정구성원, 반면 착함으로 대표되는 가정 구성원 등 일부 유사한 점이 있다고 하나 이와 같은 구조는 소설 및 드라마에서 갈등구조를 이끌어 나가기 위한 대표적인 대

---

38) 서울 남부지방검찰청, 불기소결정서, 사건번호 2009.12.8. 형제66284호, pp.5-7 참조.
39) 서울 남부지방검찰청, 불기소결정서, 사건번호 2009.12.8. 형제66284호, 피의자 하금렬, 김순옥의 저작권법 위반에 대한 불기소결정서에서 검사 정영진은 피의자 하금렬에 대한 고소를 각하하고 피의자 김순옥은 증거 불충분하여 혐의 없다고 판결하였다.

비법으로 보고 있다. 또한 양 작품간 등장인물들의 특성들에서 매우 유사한 점이 많지만 일부 유사하다고 보고 등장인물들의 캐릭터가 통상적이지 않는 점이 많음에도 불구하고 일반적(대표적)이라고 판단하고 있다. 하지만 이러한 판단은 특별히 표절 시비 이전까지 드러난 양 작품에서의 거의 모든 주요 등장인물들의 특징적인 성격과 배치 구도가 실질적인 유사성을 가지고 있음을 완전히 놓치고 있다. 이는 등장인물과 관련하여 등장인물의 성격과 상호관계 그리고 갈등의 구체적인 내용이나 조합이 저작권법의 보호대상이며, 면밀히 살펴보아야 함에도 불구하고 <아내의 유혹>과 <야누스의 도시> 사이에 긴밀히 대응되는 특징들을 간과하면서 성급하게 이루어진 판단이라고 볼 수 있다. 담당 검사는 불기소결정서 3페이지에서 이와 관련해서 언급해 놓고서도 그 특성을 제대로 드러내지 못하고 있다. 다시 말해서 담당 검사는 정혜영 고소인의 고소문 중 등장인물과 관련하여 다음과 같이 요약하고 있다.

> "등장인물과 관련하여, 『야누스의 도시』는 '박남훈'이라는 병원장, 박남훈의 첫 번째 부인으로 박남훈으로부터 버림받은 뒤 복수를 위해서 성형수술을 하고 박남훈의 병원 피부과의 피부관리사로 들어가는 '남재희', 박남훈의 두 번째 아내인 '김세원', 박남훈과 남재희 사이에 태어난 딸인 '박보연'과 그녀와 결혼을 하였지만 혼외정사를 일삼는 '정명', 위 박보연과 절친한 친구관계로 어릴 때 직적 장애 판정을 받고 소설의 주된 화자가 되는 '한성림'과 그녀의 '어머니'가 주된 등장인물을 이루고 있고, 『아내의 유혹』은 정하조라는 부동산 재벌, 그로부터 버림받은 뒤 복수를 계획하는 '민현주', 정하조의 두 번째 여자인 '백미인', 위 정하조의 아들로서 바람둥이인 '정교빈', 정교빈과 결혼한 후 정교빈으로부터 버림받고 복수를 결심하는 '구은재', 정교빈의 두 번째 여자인 '신애리'가 주된 등장인물로 『야누스의 도시』의 박남훈, 김세원, 남재희의 관계가 『

아내의 유혹』의 정하조, 백미인, 민현주에 의해 그대로 유지되고 있으며『야누스의 도시』의 남재희의 복수가 『아내의 유혹』의 민현주 및 구은재의 복수로 이어져 등장인물 간 대립구조에 있어서도 유사할 뿐만 아니라 각 등장인물의 특징적 정보도 유사성을 띠고 있으며"

이렇게 정혜경의 고소문을 그대로 요약함에도 불구하고 담당 검사는 정혜경이 개발한 독특한 캐릭터의 특성들이 『아내의 유혹』의 캐릭터들과 상호관계성 속에서 녹아들어 있는 것을 판별해 내지 못하고 등장하는 인물의 세세한 정보와 특성들이 수없이 같음을 보지 못한다. 예컨대 담당 검사는 캐릭터 분석에서 <야누스의 도시>의 장애 여성 성림에 비해 <아내의 유혹>의 별림이가 주인공과 관련 없는 코믹한 역할을 하는 정도의 캐릭터라서 차별이 나서 커다란 차이가 있다고 판단한다.[40] 여기서 코믹한 역할을 한다는 식의 캐릭터 특성은 2번 언급되고 다른 캐릭터 특성은 전혀 언급되고 있지 않는데, 이런 식의 캐릭터 특성 파악은 피의자 김순옥의 캐릭터 특성 분석 의견 "'하늘(별림)'은 코믹 연기를 통해 악한 사람들의 과도한 일탈을 잠깐잠깐 제어해 주는 양념적인 역할을 하고 있는 것에 불과하며 등장인물의 캐릭터 면에서도 전혀 유사성이 없다고 주장하며"[41]을 전적으로 따른 것으로 보인다.

이러한 판단은 다음과 같은 의구심를 갖게 한다. 우선 드라마 관련 표절 또는 저작권 침해기준의 불분명과 관련하여 문화체육관광부가 2007년 12월 발표한 '영화 및 음악 분야 표절 방지 가이드라

---

40) 서울 남부지방검찰청, 불기소결정서, 사건번호 2009년 형제66284호, p.6 참조.
41) 서울 남부지방검찰청, 불기소결정서, 사건번호 2009년 형제66284호, p.5 참조.

인'을 제대로 참조하고 있는지 아니면 기존의 저작권 침해에 관한 표준적인 사례(standard case)들을 성실하게 검토하고 자의적 판단을 넘어서서 무혐의 처리를 하였는지 의구심을 갖게 한다. 담당 검사의 오판에도 불구하고 사실 장애 여성인 두 캐릭터는 소설이나 드라마의 영역에서 아주 독창적인 캐릭터이면서도 실질적 유사점이 많다는 것을 놓치고 있는데, 이를 제시하면 다음과 같다. 첫째, 캐릭터의 이름이 실질적으로 유사하다.[42] 둘째, 지적 장애인 판정을 받았음에도 정확하게 인지하고 발음하는 독창적이면서도 독특한 여성 캐릭터인데, 이런 독특한 캐릭터의 여성은 어떤 매체에서도 다룬 적이 없는 <야누스의 도시>에서만 볼 수 있는 처음 등장한 캐릭터인데, 실질적으로 유사한 동일한 캐릭터를 <아내의 유혹>에서도 보여주고 있다는 것이다. 셋째, 소설이나 드라마나 장애 판정을 받았다는 사실 때문에 편견과 선입견에 둘러싸여 있지만 실제로는 인지 능력에 문제가 없을 만큼 모든 것을 파악하는 특이한 캐릭터로 나타난다는 점이다. 넷째, 소설이나 드라마나 일종의 목격자의 역할을 담당하되 끝까지 빠짐없이 등장한다는 특징을 갖고 있다.[43] 다섯째, 장애여성이나 정상 남자를 짝사랑하는 캐릭터라는 공통점을 갖고 있다는 것이다. 여섯째, 사랑하는 대상이 사랑해서는 안 되는 원수나 다름없는 악행을 저지른 집안 남자를 사랑하는 캐릭터라는 점에서

---

42) 성림은 한자 문화권인 우리나라에서 누구나 별님으로 연상 할 수 있는 이름이며 삼십 중후반의 같은 연령대인 장애 여성으로 이름이 실질적으로 유사하다.

43) 드라마에서 별님은 목격자로서 매 회 매 장면, 드라마의 끝까지 빠짐없이 등장한다. 과도한 일탈을 제어해주는 양념의 역할만 하는 것이 아니라 중요한 점은 매 회 매 장면, 드라마의 끝까지 빠짐없이 등장하고 물론 범죄의 모든 순간을 알아차리고 해결하는 일까지 한다는 사실이다. 이 부분은 소설과 일치하는데, 120회 전체적으로 볼 때 매 회 빠짐없이 등장하는 인물이라면 이는 주 인물일 수밖에 없다.

실질적 유사성이 있는 캐릭터이다.

이제 <야누스의 도시> 박남훈과 <아내의 유혹>의 정하조의 캐릭터 특성의 실제적 유사성을 살펴보고자 한다. 첫째, 병원 재벌이고 부동산 재벌이란 차이가 있지만 두 캐릭터 모두 재벌이라는 일치점이 있다. 둘째, 피부가 유난히 좋은 새 아내를 두었다. 셋째, 큰딸이 장애 여성이다. 넷째, 둘째딸이 미대생이란 일치점을 가졌다. 다섯째, 사회적 이목과 돈을 위해 아내의 외도를 참는 캐릭터라는 일치점이 있다. 여섯째, 범죄와 비리를 마다하지 않는 돈벌레라는 공통점을 지닌다. 일곱째, 이중인격자이다. 여덟째, 비리를 은폐하기 위해 돈봉투로 거래한 캐릭터이다. 아홉째, 두 얼굴로 살면서 인생을 결국 후회하는 캐릭터라는 실질적 유사성을 가졌다.

<야누스의 도시>의 남재희와 <아내의 유혹>의 민현주는 어떠한가? 첫째, 새 아내 때문에 남편에게 버림받은 여성 캐릭터이다. 둘째, 친정의 몰락과 함께 남편에 의해 내몰린 캐릭터이다. 셋째, 남편에게 빼앗긴 장녀가 장애여성인 캐릭터이다. 넷째, 둘째딸이 미대생인 캐릭터이다. 다섯째, 정신병원 입원 후 피부관리사가 되어 남편 가까운 곳에서 피부관리실을 운영한 캐릭터이다. 여섯째, 성형미인이라는 공통점을 지닌다. 일곱째, 사십년의 세월의 한을 품고 있는 캐릭터이다.

그 밖에 <야누스의 도시>의 김세원과 <아내의 유혹>의 백미인 역시 적어도 일곱 정도의 실제적 유사성을 지니며[44] <야누스의 도

---

44) 첫째, 바람둥이 젊은 남자가 있음. 둘째, 미모를 갖추고 집안의 재력이 좋음. 셋째, 아이 있는 전처를 내치고 들어옴. 넷째, 외도의 현장에서 장애 여성에게 들키지만 바보라고 무시함. 다섯째, 사치를 즐기고 탐욕스러운 캐릭터. 여섯째, 장애아를 무시하는 캐릭터. 일곱째, 몰상식을 숨기는 캐릭터. 일곱째, 이중인격자라는 캐릭터이다.

시>의 정명과 <아내의 유혹>의 정교빈 역시 아홉 개 정도의 실제
적 유사성을 캐릭터에서 가진다.45) <야누스의 도시>의 샤넬과
<아내의 유혹>의 미셀 역시 여섯 정도 실제적 유사성을 제시할 수
있다. 첫째, 자신의 욕망에 충실한 여성이다. 둘째, 자신의 욕망을 위
해 남의 가정도 파괴하는 등 수단과 방법을 가리지 않는 캐릭터이
다. 셋째, 성형미인이다. 넷째, 상대의 성적 충동을 수단으로 이용하
는 캐릭터이다. 다섯째, 남성을 유혹하지만 자신도 그와 같은 방법
으로 상대방에게 당하고 버림받는 캐릭터이다. 여섯째, 자신의 불운
에 대한 반성 없이 늘 신경증적 태도를 취하는 캐릭터이다. 일곱째,
화실에서 그림을 그리거나 미대 출신인데, 약간 차이가 나지만 유사
성을 가진 캐릭터이다. 여덟째, 가족이 결코 축복하지 않을 동네 오
빠나 친구의 남자를 짝사랑한 캐릭터이다.

마지막으로 주요한 캐릭터인 <야누스의 도시>의 둘째딸 박보연
과 <아내의 유혹>의 둘째딸 정수빈 역시 예외 없이 실제적 유사성
을 지니고 있다.46)

이렇게 등장하는 주요 캐릭터 모두 예외 없이 실제적 유사성이 많
은 데도 불구하고 전혀 언급하지 않고 무시하는 것은 전혀 이해가
되지 않는다. 또한 예외 없이 거의 모든 등장인물들의 배경, 성향,

---

45) 첫째, 바람둥이이다. 둘째, 삼십대 중반의 남편이다. 셋째, 재벌집의 사이이다. 넷째, 세속적 욕
망에 쉽게 휘둘리는 인물이다. 다섯째, 직장 내 여성과 습관적 외도를 하는 인물이다. 여섯째,
아내에게 외도를 자주 추적당하는 캐릭터이다. 일곱째, 휴대폰으로 외도의 현장을 전송한 캐릭
터이다. 여덟째, 아내와 한집에서 자라다시피한 여성과 외도한 캐릭터이다. 아홉째, 외도한 상대
여성이 자살한 캐릭터이다.

46) 첫째, 언니가 장애인이다. 둘째, 가족의 비리를 다 알고 있다. 셋째, 자기 욕망에 충실하지만 이
기적인 가족의 선택을 비판하는 캐릭터이다. 넷째, 객관적 시선을 가진 캐릭터이다. 다섯째, 가
족이 몰락한 뒤 아버지 편이 되어 그들 돌보고 외로워하는 캐릭터이다. 여섯째, 장애 여성을
정상인처럼 대해주고 이해하는 캐릭터라는 점에서 공통점을 지닌다. 일곱째, 미대 출신과 디자
인 전공이라는 약간의 차이는 있지만 유사성을 가진 캐릭터이다.

동기 등에 있어서 현저한 실제적 유사성과 동일성이 있음에도 불구하고 이를 적절하게 판단하지 못하는 한계를 보이는 것이다. 이런 한계 앞에서 잘못 내려질 수도 있는 법관의 판결 이전에 검사에 의해 잘못 이루어진 불기소결정판단을 볼 수 있으며 이는 작품 자체에 대한 이해의 실제적 이해의 결여와 판단에서 비롯되었음을 알 수 있는 것이다. 또한 검사의 판단을 통해서 말해진 법의 언어와 법적인 추론이 일반인들 또는 예술가들의 실제적 판단 및 정의감과 너무 많은 괴리를 보여주는 것이다.

나. 플롯의 실제적 유사성

플롯(plot)은 드라마에 있어서 사건들을 연결하는 설계방식이라고 할 수 있는데, 플롯상의 실질적 유사성은 추상적인 수준에서의 설계방식을 넘어서 구체적인 플롯 수준에서 실제적 유사성이 있어야 표절의 판단기준으로서 채택될 수 있다. 2008년 11월 3일 1회로 시작되었던 이 <아내의 유혹>이 3월에서 5월, 그러니까 드라마의 중후반에서 도를 넘어선 비상식적인 설정과 함께 개연성 있는 플롯 전개를 보여주지 못했기에 시청자들의 엄청난 비난을 들었던 막장 드라마라는 사실이다.

사전 제작이 아니라 동시진행제작 및 연장 방영되면서 무리한 드라마 속의 상황 설정과 기획의도에서의 이탈 등 막장 드라마라는 소리를 들었던 이 드라마에 대해서 플롯 부분에서의 실제적 유사성 부분 검토는 쉽지는 않지만 좀 더 엄격하게 할 필요가 있었다는 점이다. 특별히 표절시비가 제기된 이후 그러니까 적어도 50회 이후의 플롯에서의 변화를 고려해야 하고 또 드라마 중후반부의 억지 설정의 잦은 반복 및 억지 전개 등을 고려하면서도 그 이전의 플롯에서의 실제적 유사성을 보다 꼼꼼히 검토할 필요가 있었던 것이다. 예컨대 <아내의 유혹>의 중후반에서 진짜 민소희가 아무런 복선의 제시도 없이 뜬금없이 나타나 은재하게 복수하는 플롯[47]은 <야누스의 도시>에서는 없는 플롯이며, 이러한 부분은 표절 시비 이후에 나타난 플롯이기에 그 이전의 플롯에 보다 관심을 갖고 실제적 유사성을 검토해야 한다는 것이다. 그런데 법원에서 검사에 의해 이루어진 불기소결정서에 <야누스의 도시>나 <아내의 유혹>에 관한 플롯의 문제와 관련하여 이런 부분에 대한 민감성이 없으며 실제적 유사성의 문제를 구체적으로 아니 거의 전혀 다루지 않는다.

왜 그렇게 했을까? 아마도 하나의 이유는 담당 검사가 전혀 현실적 개연성이 떨어지는 극한상황을 남발하는 드라마에서 플롯의 구조를 정확하게 제시하기가 어려웠을 수도 있다. 어쨌든 표절시비 이후 무리수를 두고 전개된 중후반의 이 드라마는 서로 간의 사건들에 너무 많은 우연성과 작위성이 등장하고 말도 안 되는 비현실적인 극한상황의 설정 등으로 막장 드라마는 끊임없는 비판을 받았거니와 아리스토텔레스의『시학』에서 요구하는바 플롯의 전체적인 개연성을 수없이 놓치는 플롯을 보여주고 있었다는 한계를 가졌다고 볼 수 있다.

확실한 것은 등장인물과 함께 실제적 유사성의 문제에 있어서 중요한 플롯의 문제를 담당 검사는 다룬 흔적이 거의 보이지 않는 것이다. 이 문제를 제대로 다루지 않았다는 것이다. 때문에 추상적인 수준에서가 아니라 보다 구체적인 수준에서 플롯상의 광범위한 유

---

47) 이 플롯의 등장은 시청자들에게 가장 개연성이 떨어진다는 비판을 많이 받았다.

사성을 발견하기 힘들었을 것이다. 또한 주제의 문제와 혼돈하여 불명료한 설명을 하고 있음을 보여준다. 법원의 담당검사는 이렇게 플롯의 문제를 진지하게 고려하고 있지 않을 뿐만 아니라 일반적인 플롯상의 유사성을 넘어서 구체적 수준에서 다양한 플롯상의 실질적 유사성들을 전혀 판단해내고 있지 못하다는 점에서 심각한 문제점을 드러내고 있다.

하지만 <아내의 유혹>은 개연성이 떨어지는 플롯 속에서도 <야누스의 도시>와 실제적 유사성을 갖는 요소들을 확실하게 찾아낼 수 있다. 구체적인 플롯 수준에서 살펴보면 다음과 같은 것을 확인할 수 있다. 먼저, "남편에게 버림받은 현모양처가 죽음의 위기에서 살아나 남편과 시댁식구에게 복수하는 이야기"이란 플롯은 두 저작물에서 실감나게 실제적 유사성을 가지고 있다. 피의자 김순옥과 담당 검사는 이러한 플롯이 <아내의 유혹>이란 드라마에서는 주요 플롯이지만 <야누스의 도시>라는 소설에서는 주요 플롯이 아닌 것처럼 설명하는데, 드라마뿐만 아니라 소설에서 이 부분은 중심된 플롯이며, 이는 아이디어 수준의 설계 차원을 넘어서 구체적 플롯 수준에서의 실제적 유사성을 가지고 있다. 보다 구체적으로 이야기하면 첫째, 미모와 재력을 겸비한 새 아내 때문에 친정의 몰락과 함께 남편에게 내몰리는 플롯이 실제적 유사성을 가진다. 둘째, 남편에게 빼앗긴 장녀가 장애 여성인 두 현모양처는 잃은 딸을 그리워하고 애태우는 플롯을 동일하게 가지고 있다. 셋째, 큰딸(장애 여성)이 죽은 것으로 장례 지낸 후 남몰래 돌보는 남편의 부부생활은 남의 이목을 생각하는 이중적인 생활을 하는 플롯으로 이루어져 있다. 넷째, 정신병원에 입원 후 잠적했다가 복수를 위해 피부관리사가 되어 남편 가까운 곳으로 가서 피부관리실을 운영하는 플롯에서 실제적 유사성을 가진다. 다섯째, 복수를 위해 자신의 심복을 넣어두고 결국 복수에 성공하는 플롯이 실제적 유사성을 가진다. 이렇게 드라마와 소설은 단순히 남편에게 버림받아 아이까지 빼앗기고 재력과 미모를 갖춘 여성에게 내몰린 여성에게 복수하는 수준을 넘어서 광범위하게 구체적 수준에서 플롯이 일치하는 것이다.

한편 피의자 김순옥의 말은 나이브하게 받아들인 담당 검사는 <야누스의 도시>에서의 주요 플롯이 장애여성이 주인공으로 그 어려운 환경을 극복해나가는 것이라면 <아내의 유혹>에서는 마치 그러한 플롯이 없는 것처럼 간과한다. 하지만 <장애 여성>과 관련된 주요 플롯은 일반적인 플롯을 넘어서 구체적 플롯에서 너무나 광범위한 실제적 유사성을 보여주고 있다. 첫째, 삼십대 후반의 장애여성이 작품의 대부분에 등장하며 거의 모든 플롯에 관여한다는 것이다. 과거의 사건은 소설에서는 기억하고 회상하는 방식으로 하되 처음부터 드라마와 소설에서 장애여성이 등장한다는 것이다. 둘째, 장애 여성임에도 불구하고 정확한 판단력으로 진실을 말하면서 플롯상의 범죄의 현장에 관여한다는 것이다. 셋째, 사랑해서는 안 될 집안의 남성과 짝사랑을 하다가 끝내 간절한 염원이 이루어지는 플롯을 갖고 있다는 것이다. 넷째, 집안끼리는 원수이나 비슷한 연령대이면서 유일하게 마음을 터놓고 진실한 관계를 유지하는 정상인 친구와의 관계가 플롯상에서 지속적으로 유지된다는 것이다.

사실 소설 <야누스의 도시>에서의 장애 여성의 사랑 플롯은 한국 소설사에서도 매우 희귀하고 독특한 플롯이다. 다시 말해서 대한민국에서 서른 중후반의 장애 여성이 원수나 다름없는 집안의 남성을 짝사랑하다 사랑을 이루는 플롯은 한국 소설로는 처음으로 발표된 내용인데, 이런 면을 동일하게 가지고 있는 드라마 작품과는 구체적인 수준에서 매우 실질적 유사성을 가지고 있다고 볼 수 있다.

또 다른 실제적 유사성을 갖는 구체적 플롯으로는 수단과 방법을 가리지 않고 부의 축재에만 혈안이 된 여성을 버린 자, 즉 재벌 집안(소설 속에서는 병원재벌, 드라마에서는 부동산재벌)의 가정사에서 보이는 광범위한 구체적 플롯들의 실제적 유사성들이 양 작품에서 보이고 있다고 할 수 있다. 그러므로 이러한 플롯상의 구체적이면서 실질적 유사성은 표절을 분명하게 확인시켜 준다고 할 수 있다. 그럼에도 이러한 부분을 전혀 감지하지 못하는 법원의 담당검사의 불기소 결정은 과연 두 작품을 실제적 유사성을 평가할 수 있는 권한이 도대체 있는 것인지, 이런 자의적인 그 평가의 기준에 대하여 법원 스스로 어떤 자기 제한을 할 수 있는지에 대한 의문을 증가시킨다.

다. 주제의 실제적 유사성

주제(theme)의 유사성과 관련하여 담당 검사는 불기소결정서에 주제의 문제를 다음과 같이 이야기하면서 주제에서 차이가 난다고 말한다. 예컨대 불기소결정서 5~6페이지를 보면 다음과 같이 주제의 문제를 플롯의 문제와 교차 및 혼돈하면서 다음과 같이 차이가 난다고 한다.

"고소인의 저작물인 소설 『야누스의 도시』의 주제는 인간의 양면성, 즉 겉으로 화려해 보이는 삶과는 달리 그 이면에 숨겨진 온갖 부정과 인간적인 타락을 일삼는 가정의 구성원과 지적 장애를 안고 살면서도 어려운 환경을 극복해 나가는 또 다른 가정을 대비시켜 삶의 진실 추구를 그 주제로 하면서도 부정과 타락으로 점철된 인간상을 표현하기 위해 여자를 함부로 버리고 그 여자로부터 복수를 당하게 되는 내용을 첨가한 것으로 보이는 반면, 피의자의 『아내의 유혹』은 남자로부터 버림받은 여성의 복수를 통해 권선징악, 사필귀정의 인간 모습을 주된 주제로 하고, 그 과정에서 다소 모자라는 듯한 장애 여성을 등장시켜 드라마를 코믹하게 이끌어가는 것으로 보여 전체적인 주제에 차이가 있고"

하지만 <야누스의 도시>라는 소설과 <아내의 유혹>이라는 드라마는 장르적 차이에도 불구하고, 주제에서 실제적 유사성을 갖는다. <아내의 유혹>의 주제가 남자로부터 버림받은 여성의 복수를 통해 사필귀정의 인간 모습을 독특하게 주제화하고 있다는 검사의 주장은 사실이 아니다. 전혀 차별화가 되지 않는 방식으로 소설 <야누스>의 도시도 남자로부터 버림받은 여성의 복수가 동일하게 전면적으로 드러나면서 주제화되어 있다. <야누스의 도시>나 <아내의 유혹>이나 모두 온갖 부정과 인간적인 타락을 일삼는 가정의 구성원의 문제와 이를 극복해 나가는 주제와 여성의 복수를 통해 권선징악, 사필귀정의 인간 모습을 주된 주제로 하는 것에 공통점이 있다. 장애여성을 등장시켜 삶의 진실을 추구하는 부분에서도 그 주제에 있어서 실질적 유사성이 있는 것이다. 약간씩 사소한 부분에서 강조점이 다를지라도 아내의 유혹과 야누스의 도시 모두 유사하고 동일한 주제를 공유하고 있다는 사실을 간과하고 있는 것이다.

라. 배경과 실제적 유사성

배경(setting), 특히 장소적 배경은 실질적 유사성 판단에 그다지 중요하지 않은 부분이지만 동일한 장소적 배경에서 대사나 플롯의

구체적인 유사성이 발견된다면 실제적 유사성을 보여줄 수 있는 것
이다.[48])

　예컨대 피부관리실이라는 장소적 배경과 관련해서 살펴보자. 첫
째, 드라마에서 그(정하조, 소설에서는 박남훈)가 버린 여성(민현주,
소설에서는 남재희)은 공통적으로 정신병원이라는 장소에 들어갔다
가 복수를 위해 남편 가까운 곳으로 돌아와 피부관리실을 운영하는
피부관리사로 살아가는데, 플롯의 구체적 유사성을 가진 장소적 배
경이 바로 피부관리실인 것이다. 둘째, 이 공간에서 빼앗겨 잃어버
린 딸의 사진을 그리워하고 애태우는 엄마로서의 피부관리사의 모
습이 자주 비치는 것이 실질적 유사성이다. 셋째, 피부관리실에서
피부관리사로 있으면서도 복수를 위해 자신의 심복을 복수 대상의
일터라는 공간에 넣어두고 복수를 해내는 모습에서 실질적 유사성
을 갖고 있다. 넷째, 주 등장인물의 전공이 미술(디자인)과 피부관리
이며 이와 관련된 장소적 배경이 화실과 피부관리실이라는 실질적
유사성이 있다. 다섯째, 이 공간을 배경으로서 성형을 해서 얼굴은
알아볼 수 없으나 손의 감촉은 변함이 없다는 대사와 그 손에 대한
기억에 연연해하는 모성에 관한 묘사도 그 정황과 내용이 정확하게
일치하고 있다. 여섯째, 이 배경 속에서 '부정교합'이라는 대사도 정
확하게 일치한다. 특히 장애 여성에게 심하게 나타나는 부정교합이
라는 말을 멀쩡하게 등장하던 드라마 속 구은재가 복수를 위해 성형
수술을 할 때 '부정교합'이라는 말을 느닷없이 사용하는 부분도 소
설 속에서 수없이 되풀이되고 있는 성림의 치아 성형수술 부분에서

---

48) 한국엔터테인먼트법학회, 『표절 기준 및 표절방지대책을 위한 연구용역보고서』, 2007.8, p.35
　　참조.

진술되고 있는 내용과 일치된다. 이런 점을 고려한다면 배경에서 실제적 유사성이 있다고 볼 수 있다.

마. 사건 전개과정과 실제적 유사성

사건의 전개과정(sequence of events)에서도 실제적 유사성이 많다. <아내의 유혹>의 경우 중후반으로 가면서 거의 말도 안 되는 극한 상황의 설정과 우연성의 개입, 비현실적인 사건전개가 태반으로 나타나지만 <아내의 유혹>과 실제적 유사성을 찾아낼 수 있는 부분들을 상당히 많이 가지고 있다. 그 이유는 아마도 아무리 작가 임의대로 내용들을 변경시켜 가더라도 원래의 표절 과정에서 실제적 유사성이 너무 많았기 때문이 아닐까 싶다.

그런데 사건의 전개과정이 포괄적이고 추상적으로 나타나면 저작권의 보호를 받지 못하지만 구체적이고 특징적으로 표현된 사건전개과정은 저작권의 보호를 받는다고 할 수 있다.[49] 이와 관련하여 실제적 유사성이 나타나는 부분을 살펴보면 다음과 같다. 첫째, 장애 여성을 죽은 것으로 장례 지낸 후 남몰래 돌본다는 사건의 전개과정이 실제적으로 유사한 부분이다. 둘째, 드라마와 소설에서 아내의 외도를 알면서도 사회적 이목과 돈을 위해 참아내면서 전개하는 과정이 실제적으로 유사하다. 셋째, 드라마 속에서는 정교빈이 상습적인 외도를 하고 그 대상이 직장 내의 여성들인데, 소설에서는 사위(정명)가 상습적인 외도를 일삼으며 그 대상 또한 직장 내의 여성인데, 그 자신의 비리와 의도를 은폐하기 위해 언제나 돈봉투로 거

---

49) Ibid., p.36.

래하는 부분의 사건전개가 일치한다. 넷째 어릴 적 한 집에서 자란 소꿉친구이나 아내와 정부의 관계(신애리와 구은재)로 사건이 전개되는 부분이 일치한다. 다섯째, 소설 속 임이와 드라마 속 애리가 이루어질 수 없는 사랑을 비관하면서 끝내 자살로 생을 마감하는 사건의 전개과정도 일치한다. 여섯째, 정서적으로 불안정한 상태에서 딸아이에게 비정상적으로 수십 가지의 과외를 시키는 과정과 정보 그리고 이와 관련된 사건전개가 일치한다. 일곱째, 비리의 전개과정에서 간호사가 등장해가는 사건의 과정이 일치한다. 여덟째, 수전노 같은 정하조와 백미인의 부부생활에서 겉으로는 인격자인 것처럼 살지만 실은 남모르는 비리를 저지르며 은폐하는 살아가는 사건의 전개과정이 일치한다. 아홉째, 사건의 전개과정과 맞물려서 수치상의 실제적 유사성이 보이며 일치한다. 정하조가 버린 여성 민현주가 사십년의 한을 품고 있다는 숫자 40의 일치나 버림받는 후 5년간 정신생활을 한다는 전개, 구은재가 시집에서 쫓겨난 7년이란 사건전개과정에서 일치점이 존재한다는 것이다. 이와 같은 실제적 유사성이 구체적으로 제시되는 부분이 너무 많다고 할 수 있다.

바. 기타 작품의 전개 속도 및 분위기와 실제적 유사성

기타 살펴볼 수 있는 것이 작품의 전개 속도(pace)와 분위기(mood)이다. 작품의 전개 속도는 두 작품의 빠르다 또는 느리다는 측면에서 실질적으로 유사하다는 판단을 내릴 수 없는데, 왜냐하면 작품의 전개 속도는 그 작품의 장르에 상응하는 것일 가능성이 크기 때문이다. 다만 두 작품의 플롯 등 다른 중요한 요소를 분석하는 유용한 보조도구로 활용될 수 있다.[50] 이런 점에서 볼 때, <아내의 유혹>은

<야누스의 도시>에 비해 또한 기존의 TV 드라마에 비해 극의 전개 속도가 빠르다는 특징을 갖고 있었는데, 그런 과정에서 특히 중후반부로 가면서 개연성이 부족한 플롯을 낳는 한계를 문제점을 보여주기도 했다. 한편 분위기의 경우 작품의 스타일과 느낌의 종합인데, 다소간 <아내의 유혹>이 막장 드라마의 성격을 가지면서 시청률 지상주의나 선정성 등이 많이 부각되는 차별성을 보여주었다고 할 수 있다.

사. 의거 관계

법원은 실제적 유사성과 함께 의거 관계를 고려한다. 그런데 위 주관적 요건인 '의거'는 종국적으로 피고의 내심의 문제에 귀착하는 경우가 많아 원고에게 그에 대한 엄격한 입증을 요구하는 것은 적절치 않고, 원고로서는 피고의 원고 저작물에 대한 접근(access)과 원·피고 저작물 사이의 실질적 유사성을 입증하면 다른 반증이 없는 한, 저작권 침해의 증명이 된 것으로 봄이 상당하다고 할 것이다. 의거관계는 주관적 요건으로서 원고가 입증하는 데 현실적 어려움을 감안하여 피고가 원고의 저작물을 이용하였을 상당한 기회가 있었는가를 의미하는 접근, 표현에 있어 현저한 유사성, 공통의 오류가 있는지를 살펴보아야 하고, 반면에 피고는 의거가 없었음을 항변하는데, 원고 저작물이 개인적인 창작으로부터 연원하지 않고, 공유 저작물을 이용하여 창작성이 낮거나 공통의 소재, 표현방법의 제한으로 인한 우연의 일치, 또는 자연적 귀결에 의하여 유사한 부분이

---

50) Ibid., p.16.

존재할 수 있음을 들어 항변이 가능하다고 볼 수 있다.

그런데 법원에서는 의거 관계에 대해서 추정하지 않고 부정적으로 본다. 왜냐하면 아주 구체적인 의거관계가 보이지 않는다고 판단하기 때문이다. 법원의 담당검찰은 대구에서 발행된 신문이라 서울에서는 받아볼 수 없다는 이유로 혐의 없음 처분을 일차적으로 내렸다. 한편, 위 '접근(access)'은 피고가 실제로 원고의 저작물을 보았거나 그 내용을 알았다는 것을 의미하는 것은 아니고, 보거나 접할 상당한 기회를 가졌다는 것을 의미한다고 할 것인데, 이 사건에서 원고의 저작물인 <야누스의 도시>는 저명성과 함께 광범위한 배포성을 가지고 있지 않다고 판단한 것이라고 추정된다. 따라서 피고가 대구 지역에 거주한 사실이 없기에 피고로서도 이를 보거나 접할 상당한 기회를 가졌음이 인정되지 않는다고 판단하고 있다. 또, 실제로 피고는 이를 읽은 사실을 인정하고 있지 않으므로 원고 저작물에 대한 '접근(access)'은 인정하지 않음으로써 이로서 위 '의거' 요건은 충족되지 않는다고 판단하고 있다. 이에 대해 정혜경 씨는 의거 관계가 관련하여 다음과 같이 항고하고 있다. "또 하나의 불기소 결정 이유로 피의자 김순옥의 주거지는 물론 친인척의 기록을 예로 들고 있으나 이는 대한민국의 정기 간행물을 그곳에 거주하지 않는다는 이유로 보지 않았다고 항변하는 것과 같으므로 설득력이 없습니다. 이 문제는 피의자가 지난 삼 년 전부터 세상과 단절된 곳에서 아무도 만나지 않고 그 어떤 통신수단과도 접촉할 수 없는 곳에서 지냈다는 명백한 증거가 있다면 입증할 수 있는 문제일 수 있습니다."[51]

이러한 정혜경 씨의 판단과 관련해서 볼 때, 법원의 판단은 정보화시대에 있어서도 공간적으로 서울과 떨어진 지방에 있는 신문사나 미디어물은 전혀 의거관계가 성립될 수 없다는 일종의 편견이 포함되어 있다. 판단의 기준을 세우는 것이 실제적으로 애매한 '실질적 유사성'에 비해 그나마 판단이 비교적 쉬운 '의거관계'에 대해서 이렇게 자의적인 판단을 내리는 것은 이상하게 보인다. 하지만 출간된 소설과 드라마 방영 부분의 상세한 비교분석을 해보면 명백하게 사실 여부가 드러나겠지만 이미 공개된 내용만으로도 기본 플롯은 물론 대사의 일치에 수십 군데나 되는 개인의 정보가 그 수치까지 같은 것은 표절을 넘어 거의 복제라고 할 수 있는데, 단지 지방의 신문에서 게재되는 소설이라서 의거관계가 성립되지 않는다는 것은 이해될 수 없는 법률판단이라고 생각된다. 시간적으로 문제가 없다. <아내의 유혹> 시나리오를 쓰기 1년 전에 나온 <야누스의 도시>라는 소설작품을 이미 알고 있을 가능성이 있으며 시간적인 우선성이 분명하게 고려될 수 있고, 정보화시대에 피고로서도 원고의 소설에 대한 접근성을 가지고 있을 수 있다고 볼 수 있다. 단지 지방, 대구의 신문에서 발표된 내용이라고 해서 접근성이 없으며 의거관계가 성립되지 않는다고 생각하는 법관의 판단은 너무 제한된 해석이라고 할 수 있다.

상투적인 대사의 어구는 저작권법적인 보호를 받지 못한다. 또한 공통된 주제에서 자연스럽게 나오는 대사 역시 보호를 받지 못한다. 물론 상투적인 대사이지만 이야기의 줄거리의 핵심으로 가는 장면

---

51) 정혜경은 항고인으로 귀청 2009 형제 66284 호로 피항고인을 고소한 이후 서울 남부지방검찰청에서 2009.12.17. 불기소이유 통지서를 받았으므로 다음과 같은 항고이유서를 2009년 12월 22일 제출하였다. 정혜경 항고이유서, p.7을 참조할 것.

의 한 부분이라면 저작권 보호를 받을 수 있다.[52] 그런데 실제적으로 언어구사 면에서 너무나 많은 유사성이 이미 제기된다면 문제시될 수 있다. 이와 관련해서 살펴보면 예컨대 첫째, 드라마에서 수시로 '피고름'이란 독특한 대사와 젊은 시절 돈을 번 것을 '시체를 닦는 일'이라고 말하는 독특한 대사가 소설과 실질적 유사성을 갖고 있다. 둘째, 드라마와 소설에서 둘째딸이 미대생으로 일치하는데, 이들의 비판으로 직언하는 대사들이 일치한다는 것이다. 즉, 가족의 범죄 행위에 대해 동일하게 비판적 직언을 한다는 실제적 유사성이 있는 것이다. 셋째, 정하조의 몰락 이후에는 드라마나 소설 모두 비판적 직언보다는 따뜻한 위로와 남다른 애정을 표현하는 대사로 변화를 보여준다는 실제적 유사성이 있다는 것이다. 넷째, 장애여성이 마음을 통하는 대화를 하는 정상여성이 있는데, 이들 정상여성(드라마에서 구은재, 소설에서는 박보연)이 원소나 다름없는 집안의 여성이지만 마음을 통하는 대화를 한다는 실제적 유사점이 있다. 다섯째, 드라마나 소설에서 두 얼굴로 산 인생에 대해서 인생을 잘못 살았다고 자조하는 대사가 실제적 유사성을 갖고 있다. 여섯째, 장애를 가진 아이를 애완견보다 못하다고 자주 비교하는 부분의 묘사와 함께 대사가 일치하고 있다. 일곱째, 성형을 해도 눈빛과 손의 이미지가 남아 있다는 대사가 일치한다. 여덟째, 쇠못이라는 소설 속 단어를 드라마에서 뜬금없이 사용하는 일치는 보여준다. 아홉째, 의문의 죽음을 당한 딸을 살려내라는 대사가 일치한다. 열째, 딸을 잃은 엄마가 자신의 딸을 자신이 죽였다는 것과 엄마 자격이 없다고 말하는

---

52) 한국엔터테인먼트법학회, *op. cit.*, p.36 참조.

드라마와 소설 속 똑같은 대사가 실제적 유사성이 있다. 열한 번째, 성형으로 젊어진 얼굴 때문에 딸아이에게 친구처럼 보이면서 하는 대사가 실제적 유사성이 있다. 이 두 작품의 표절 시비가 쉽지는 않지만 그래서 계량화하고 수치화해서 표절 여부를 가름하기는 어렵지만 적어도 대사에서 실질적 유사점이 많다는 것은 표절을 분명하게 보여준다고 할 수 있다.

Ⅳ. 결론적 고찰과 교훈

1. 객관적이고 공정한 표절 및 저작권 침해 판단에 대한 현실적 적합성의 제고

TV 드라마 표절에 대한 객관적이고도 공정한 판단의 부재는 현실적으로 표절 판단 기관, 과정 자체에 대한 불신뢰로 이어지고 있다. 영화 '베스트셀러'의 이정호 감독의 "현실적으로 표절을 판별해 내기란 불가능하다. 결국은 양심의 문제가 아닌가 생각한다"란 말은[53] 법적 논리와는 달리 예술가들의 실천적인 일반적 논리(여론)가 어떻게 갈라지는지를 보여주는 것이며, 과연 법원에서 표절 내지 저작권 침해에 대한 판단을 신뢰성 있게 제공할 수 있는가에 대한 의문일 수 있다. 또한 정혜경 씨의 경우 힘들게 벌인 표절 관련 소송에서 저작권 침해의 경계선상의 사례(borderline case)가 아니라 표준적인 사례(standard case)에 매우 가까움에도 불구하고, 검찰에서 신뢰성 없

---

53) 임정식 기자, <문화—영화계 표절 시비>, 『스포츠 조선』, 2010년 7월 15일.

이 또한 성실하지 않는 자세로 번번이, 그리고 검찰의 순전한 자의적 판단에 근거해 무혐의 처리하여 보완해 재차 소송을 제기해놓게하는 것을 볼 때, 법적 논리에 대한 맹목적인 복종만을 요구하는 것같아서 안타깝다. 이런 맥락에서 보다 객관적이고 공정한 표절 및저작권 침해 판단에 대한 노력이 필요하다고 보인다. 이와 관련하여법원이나 검찰이 실질적 유사성을 판단하는 기준에서 사회 평균적인 경험과 지식을 갖춘 가상의 관찰자의 입장에서 판단해야 한다는입장(보통 관찰자 관점론)을 제시하는 것에 의구심을 가질 수 있다.논자가 보기에 과연 소설을 표절한 드라마의 실질적 유사성을 일반인의 입장에서 할 수 있는지가 의문시되며, 실제적인 판단은 형식적으로 일반인의 관점을 취하면서도 법원에서 검찰이나 법관이 내용적으로 판단하면서도 제대로 된 표절 검정을 해 주지 못하는 상황이문제가 된다고 보인다. 그러므로 전문가들의 도움이 필요하지 않는단순한 저작권 침해 사건에서는 법관이 일반인의 관점에서 실질적유사성을 판단할 수 있겠지만 음악이나 소설, 드라마와 영화와 같은영역에서 표절 여부는 전문가의 관점이 충분히 고려되어야 하며, 전문적으로 심사할 공정한 기관과 전문가 집단이 필요하다고 보인다.[54]작금에 있어서 저작권 침해와 관련된 법적 논리가 이렇게 일반인 또는 전문가들이 생각하는 논리와 상반될 때, 또는 이해할 수 없는 결과를 낳는 것처럼 보일 때, 도대체 법의 논리가 무엇인지 궁금증이증폭될 수밖에 없는 것이다. 전체적으로 드라마와 관련된 저작권 침해 시 저작권자가 신속하고도 만족스러운 권리 구제를 받을 수 있는

---

54) 김덕중, "著作權의 侵害와 民事的 救濟制度에 관한 硏究", 원광대학교 대학원 박사학위논문,
    2006, p.156을 참조.

길에 많은 제한이 있다면, 현 저작권 제도는 상당히 실효성을 놓치고 있다고 판단된다.[55] 또한 이것을 극복하고 실제적인 현실적 적합성이 있는 저작권 침해 판단의 기회를 제공해 주어야 할 것이다.

2. 학계, 언론 및 미디어의 역할 제고

영상화된 문학작품의 표절에 대한 연구는 연구자와 창작자의 전문적인 지식과 시간과 비용이 많이 든다는 연구분야의 특성 때문에 외면되어왔고, 그 결과와 연구사례가 희박한 편이며, 법조계 역시 그러한 편이다. 사실 영상화된 문학 작품의 표절문제는 문학 작품에 대한 비교 검토에서 영상물에 대한 비교 검토까지 이루어져야 하므로 쉬운 일이 아니다. 그러나 단지 어렵다는 이유만으로 외면되어 연구 사례가 희박하다는 것은 부끄러운 현실이다. 국내에서는 이러한 특수한 연구 과정을 무시하고 문학 작품에 대해 문외한인 변호사와 검사가 작품을 다루고 있는 실정이다. 특히 대중에게 널리 알려지지 않은 작가의 문학 작품이 영상화될 경우 표절 문제에 대한 논란은 끊이지 않고 있다. 그러나 수많은 논란과 증빙자료에 비해 표절 판결은 찾아보기 어렵다. 이는 문학 작품과 영상매체의 분석과 윤리적 판단은 그 사안의 특성상 창작자와 문학 연구자와 비평전문가들이 참여하고 주도해야 함에도 불구하고 법적 공방으로만 넘겨짐으로써 사안의 본질이라 할 연구 자료의 검토는 제대로 이루어지지 못하고 있다. 이러한 현실은 표절이 명백하게 절도 행위임에도 제대로 검토되지 않음으로써 법이 절도를 용인하는 분위기를 조성

---

55) Ibid., p.241 참조.

하는 형국이 되고 말았고 저작권 침해를 방조하는 상황이 있는 것이다. 이는 결과적으로 수많은 창작자의 창작 의욕을 상실하게 만드는 것은 물론 국가의 문화적 위상을 추락시키는 요인이 되고 있다. 뿐만 아니라 표절을 시도하는 자들은 명백히 절도행위라 할 표절에 대한 물증을 남기지 않기 위해서 원작을 심각하게 훼손시킴으로써 영상물의 질적 저하까지 가져오는 결과가 되고 있다. 이러한 현실은 한국 문학의 이미지를 훼손시키는 것은 물론 한국 문화의 이미지도 실추될 수밖에 없는 처지로 몰아가고 있는 것이다. 연구 논문의 경우 국내에서 개발된 검색시스템을 통해서도 많은 부분 표절 논문을 검색해 낸다고 볼 수 있다. 하지만 창작물의 영상화의 경우는 막대한 시간과 경비가 요구되는 동시에 세세한 분석을 요하는 특수한 분야라 할 수 있다. 그러나 현재 문학 작품과 영상물의 표절 시비는 연구자와 창작자는 배제된 채 저작권을 담당하는 변호사들이 거의 모든 영역을 장악하고 있는 실정이다. 이는 본말이 전도된 상황이라 볼 수밖에 없다. 또한 저작권 분쟁 조정은 쌍방의 합의에 의해서만 효력이 나타나기 때문에 어느 일방이 합의를 거부하면 강제성이 없기 때문에 조정 자체가 이루어지지 않는 한계가 있다. 문학 작품의 지극히 특수한 표현과 각색의 문제를 문학 연구자들의 연구 없이 논의한다는 것 자체가 문제인 것이다.

3. 드라마 및 영화분야 표절방지 가이드라인 제시와 제도적 발전

지난 2007년 12월 문화관광부는 「영화 및 음악분야 표절방지 가이드라인」을 제작하여 배포하였다. 저작권 침해에 대한 의혹이 많은 이때에 이러한 가이드라인을 제시한 것은 학계와 업계에서도 환영

받을 일이 아닐 수 없다. 이는 2005년 12월 국내 학회로서는 처음으로 표절규정을 제정한 한국행정학회의 경우처럼 매우 의미 있는 일이라고 할 수 있다. 물론 한국행정학회의 경우 연구부정행위와 관련해서 특별히 표절문제만을 염두에 두고 중점적으로 다루는 있는 특징을 가지고 있다.[56] 1997년 10월까지 공연윤리위원회가 표절을 심사했지만, 99년 공윤이 폐지됨에 따라 그 기능마저 없어진 상황에서 저작권자와 대중이 참고할 표절 가이드라인을 제시하는 것은 의미 있는 일이라고 할 수 있다. 물론 문화체육관광부가 2007년 12월 발표한 '영화 및 음악 분야 표절 방지 가이드라인'이 추상적인 측면이 있지만 전문가집단의 실제적 적용을 통해서 다양한 관련 사례군들에 대한 적용을 통해 신뢰성과 객관성을 높여가야 할 것이다.

한편 표절이 친고죄인 점도 '논란'만 무성한 이유다. 원저작권자가 문제를 제기하지 않는 한 법적 절차에 들어가지 않는다. 또한 표절 사실을 알게 되더라도 절차적 복잡함으로 중간에 흐지부지되는 경우가 많다. 징벌적 손해배상이 약하고 시간과 비용이 드는 소송을 감수할 유인이 없는 점도 문제다. 때문에 표절 심의제도를 보다 발전시키고 법적 제도적 장치를 실제적으로 개선해 나가야 할 것이다.

4. 영상화된 문학작품의 표절 기준 제시할 전문기관, 표절 심의 위원회의 필요

음악저작물의 표절 여부를 판단하기 위한 전문기관이 필요하다는

---

56) 유재원·장지호·최창수·최봉석, "행정학회 표절 규정 제정을 위한 기초연구", 『한국행정학회 2005년도 하계공동학술대회 발표 논문집(V)』(서울: 한국행정학회, 2005).

의견이 제시된 적이 있었다. 예컨대 한국저작권단체연합회와 한국엔터테인먼트법학회는 '엔터테인먼트 산업에 있어서의 표절판단 및 공정인용의 기준'이란 주제로 세미나를 진행한 적이 있었다. 음악과 관련한 두 번째 토론에 참석한 최정환 변호사는 "요즘 소송에서 표절시비가 일 경우 판사들은 음악 전문가에게 감정을 의뢰한다"며 "감정 후 그 결과가 판결에 대부분 반영된다"고 밝혔다. 이어 최 변호사는 "표절시비 재판을 진행할 경우 소송이 길어지는 등의 문제가 있다"며 "소송에서도 어차피 판사가 음악 전문가에게 표절 여부를 의뢰한다면 음악전문가로 구성된 표절심의위원회 같은 것이 설립되면 좋지 않을까 생각한다"고 의견을 제시했다. 이에 또 다른 토론자 강태욱 변호사 역시 "법원이 최종적 판단을 내리는 곳이라 신중하긴 하지만 너무 느리다"며 "최정환 변호사님이 제시한 단체 설립에 동의한다"고 찬성의 뜻을 밝혔다.57)

그런데 문학이나 영화부분에서도 표절 여부를 확인할 제도적인 장치가 마련돼야 한다. 왜냐하면 '실질적 유사성'을 판단하는 기준에 대해서 법률적으로 아무런 규정이 없으며, 전적으로 판례와 이론에 맡겨져 있으므로, '실질적 유사성'을 판단하는 사람의 경험과 인식, 개인적 성향에 따라서 달라질 가능성이 너무 많이 있다.58) 작금에 있어서 표절여부는 법원판결로 판명나지만 전문성을 결여한 그러한 판단은 신뢰성을 결여하고 있으며 <아내의 유혹>과 <야누스의 도시>와 같이 명백하게 표절이라고 볼 수 있는 증거가 많이 있는 작품도 최소한 기준을 가지고 보는 경향이 있다. 비록 표절 여부

---

57) 김지연, <음악저작물 표절 판단 위한 전문기관 필요>, 『스타뉴스』, 2007년 9월 18일자를 참조.
58) 홍상현, *op. cit.*, p.86 참조.

를 판정하는 일이 쉬운 일이 아니나 비교적 입증이 가능한 사안도 축소시키는 경향성이 있는 것이다. 추정과 짐작 억측을 넘어서 보다 진지한 검토와 입증이 필요하다. 작금의 상황은 표절 공방에 있어서 공무를 유기하는 설정법 체계와 사법적 관행의 미비가 이를 방조하고 있다고 보인다.

따라서 법적인 안정성을 위해서 법원의 경우 '현저한 유사성' 또는 기계적으로 파악될 수 있는 유사성만을 저작권 침해로 규정함으로써 저작권보호의 범위를 좁히면서 저작권 침해를 방치하는 경향성을 갖는다고 판단된다. 따라서 문학이나 영상과 관련된 전문가 위원회 또는 정부가 문화체육관광부 산하 단체로 표절 심의 기구를 만들어야 할 것이다. 또한 표절에 대한 분쟁, 논쟁을 없앨 전문기관과 인력이 필요하다고 하겠다. 사실 드라마나 영화와 같은 창작 저작물은 표절 판단과 관련하여 수학공식과 같은 기준이 존재하지 아니하므로 표절검증 프로그램을 만드는 것은 사실상 불가능하다. 전문가의 작품을 직접 읽고 듣고 보고 판단을 할 수밖에 없는 것이다. 특별히 법경제학적인 측면에서도 사회적 비용을 줄이기 위해 전문가로 구성된 표절심의위원회를 구성하여 표절 가능성이 있는 작품을 기획할 경우 표절의 위험성을 회피하기 위한 전문적인 조언을 해주거나 표절의혹이 제기된 경우 그러한 부분을 판단하고 검토하는 작업이 필요할 것이라고 사려된다.[59]

---

59) 한국엔터테인먼트법학회, *op. cit.*, p.108 참조.

〈참고문헌〉

강기중, "기능적저작물의 창작성 유무의 판단방법", 『대법원판례해설』(법원 도서관, 2005).

권영준, "저작권 침해소송에 있어서 실질적 유사성 판단기준", 서울대학교 대학원 박사학위논문, 2006.

김덕중, "著作權의 侵害와 民事的 救濟制度에 관한 硏究", 원광대학교 대학원 박사학위논문, 2006.

문화관광부, 「영화 및 음악 분야 표절방지 가이드라인」, 2007.12.6.

박익환, 『저작권 침해의 판단기준, 정보법 판례백선(I)』(서울: 박영사, 2006).

송영식·이상정 공저, 『저작권법 개설』(서울: 세창 출판사, 2003).

송윤석, "표절에 의한 저작권적 침해 판단의 적용기준에 관한 연구 - 드라마 「여우와 솜사탕」사건을 중심으로", 연세대학교 법무대학원 저작권법 전공, 석사학위논문, 2003.

오승종, "저작재산권 침해의 판단기준에 관한 연구", 서강대학교 대학원 박사학위논문, 2005.

오승종·이해완, 『저작권법』(서울: 박영사, 2001).

이성호, "저작권 침해 여부의 판단기준", 『지적재산권 강의』, 정상조 편, 1997.

유재원·장지호·최창수·최봉석, "행정학회 표절 규정 제정을 위한 기초연구", 『한국행정학회 2005년도 하계공동학술대회 발표 논문집(V)』(서울: 한국행정학회, 2005).

정상조, 『저작권법 주해』(서울: 박영사, 2007).

최승수, "영화 및 TV 드라마에 대한 표절 판단 기준", 『조선대 법학논총』, 2008, pp.89-107.

최용성, "황우석·김병준·이필상 사례에서 배우는 연구윤리적 교훈", 『철학 연구』, 제105호, 2008. pp.95-126.

한국엔터테인먼트법학회, 『표절 기준 및 표절방지대책을 위한 연구용역보고서』, 2007.8.

홍상현, "저작권 침해와 표절의 구별", 『법학연구』 제11집 제2호.

김지연, <음악저작물 표절 판단 위한 전문기관 필요>, 『스타뉴스』, 2007년
    9월 18일.
임정식 기자, <문화-영화계 표절 시비>, 『스포츠 조선』, 2010년 7월 15일.
정진호, <드라마 표절 시비 끊이지 않는 이유>, 『아이뉴스 24』, 2010.10.18일.
홍동희 기자, <'아내의 유혹' 제작진, 표절 주장 정혜경 씨에 강경대응>, 『헤
    럴드 경제』, 2010년 3월 31일.

부록(4. 레스트의 4구성요소 모형을 통한
정보윤리교육 프로그램의 개발과 평가)

〈부록 1〉 정보윤리 감수성 검사의 구성 요소와 문항별 답지

딜레마 이야기	정보윤리감수성의 하위요소	정보윤리감수성 문항 번호	비정보윤리성 문항 번호
1. 인터넷에서의 표현	사실지각	1	2
	결과지각	4	3
	책임지각	5	6
2. 컴퓨터 사용의 적절성	사실지각	2	1
	결과지각	3	4
	책임지각	5	6
3. 인터넷 표절	사실지각	1	2
	결과지각	4	3
	책임지각	6	5
4. 인터넷 게시판	사실지각	2	1
	결과지각	3	4
	책임지각	6	5
5. 게임 시디 복사	사실지각	2	1
	결과지각	3	4
	책임지각	5	5
6. 퍼온 글 블로그에 올리기	사실지각	1	2
	결과지각	4	3
	책임지각	6	5
7. 가정환경 조사서	사실지각	1	2
	결과지각	3	4
	책임지각	6	5
8. 교육행정정보시스템	사실지각	2	1
	결과지각	4	3
	책임지각	5	6

9. 국가 의료 정보 센터 설립	사실지각	2	1
	결과지각	3	4
	책임지각	6	5
10. 진료자 명단	사실지각	2	1
	결과지각	3	4
	책임지각	5	6

〈부록 2〉 정보윤리 동기화 검사의 문항별 답지

경쟁하는 가치에 대한 정보윤리적 가치	문항 번호	정답지
1. CD 복사	1	(+) 문항
2. 아이디 빌려주기	2	(+) 문항
3. 게시판 욕설	3	(+) 문항
4. 바이러스 살포	4	(-) 문항
5. 과다 게임	5	(+) 문항
6. 포털사이트 자료로 과제 제출	6	(-) 문항
7. 저작권 침해	7	(-) 문항
8. 문제집, 교재 제본	8	(-) 문항
9. 전자주민카드	9	(+) 문항
10. 뉴스기사 복사	10	(+) 문항
11. 신중한 글	11	(-) 문항
12. 허위사실 인터넷 올림	12	(+) 문항

(-)문항은 역산문항

〈부록 3〉 정보윤리 감수성 검사

---

1. 인터넷에서의 표현
나는 인터넷에 글을 올릴 때에는 내가 쓴 글이 미칠 영향을 신중하게 고려해야 한다고
생각한다. 어떤 친구들은 타인을 함부로 비판하고, 욕설을 하곤 한다. 이런 부분에 대해
많은 고민이 필요하다고 생각한다.

Ⅰ. 위 이야기와 관련하여 다음과 같은 주장이 있을 수 있습니다. 당신은 다음
과 같은 주장이 어느 정도 중요하다고 생각하십니까? (해당란에 ∨표 하세요)

번호	질문	전혀 중요하지 않다.	별로 중요하지 않다.	보통 이다.	대체로 중요 하다.	매우 중요 하다.
1	인터넷 공간은 표현의 자유가 마땅히 확보되어야 하나 타인의 인권, 타인이 받을 상처 등을 주의해야 하며, 욕설을 사용하는 것은 적절하지 못하다.					
2	인터넷 공간은 표현의 자유가 확보되어야 하기에 자신의 생각을 적극적으로 표현할 수 있게 놔둬야 한다.					

Ⅱ. 위 이야기에서 타인에 대한 욕설은 다음과 같은 결과를 가져올 수 있습니다.
당신은 다음과 같은 결과가 어느 정도 중요하다고 생각하십니까?

번호	질문	전혀 중요하지 않다.	별로 중요하지 않다.	보통 이다.	대체로 중요 하다.	매우 중요 하다.
3	다소 지나친 표현이나 욕설이라도 괜찮다.					
4	표현의 자유를 누리되 타인이 상처를 받거나 피해를 받는 것을 염두에 두어야 한다.					

Ⅲ. 위 이야기에서 만약 당신이 인터넷에서 함부로 욕설을 하는 친구의 동료라면 다음과 같이 행동할 수 있습니다. 당신은 다음과 같은 행동이 어느 정도 중요하다고 생각하십니까?

번호	질문	전혀 중요 하지 않다.	별로 중요 하지 않다.	보통 이다.	대체로 중요 하다.	매우 중요 하다.
5	표현에 있어서 좀 더 타인을 존중해 달라고 조심스럽게 말해준다.					
6	그냥 덮어둬 버린다.					

2. 컴퓨터 사용의 적절성
나는 식사를 거르거나 잠을 자지 않고 인터넷 온라인 게임, 채팅 등을 할 때가 많다. 또한 나는 해야 할 일이 있어도 인터넷 온라인 게임, 채팅 등을 그만두기가 힘들다. 더구나 인터넷 사용시간 때문에 부모님께 꾸중을 들은 적이 많다.

Ⅰ. 위 이야기와 관련하여 다음과 같은 주장이 있을 수 있습니다. 당신은 다음과 같은 주장이 어느 정도 중요하다고 생각하십니까? (해당란에 ∨표 하세요)

번호	질문	전혀 중요 하지 않다.	별로 중요 하지 않다.	보통 이다.	대체로 중요 하다.	매우 중요 하다.
1	인터넷 게임을 과도하게 하는 것도 자신의 자유다.					
2	컴퓨터 사용에서 자기관리가 중요하다고 생각한다.					

Ⅱ. 위 이야기에서 내가 어떤 선택을 하느냐에 따라 다음과 같은 결과를 가져올 수 있습니다. 당신은 다음과 같은 결과가 어느 정도 중요하다고 생각하십니까?

번호	질문	전혀 중요 하지 않다.	별로 중요 하지 않다.	보통 이다.	대체로 중요 하다.	매우 중요 하다.
3	인터넷 온라인 게임, 채팅 등을 과도하게 해서 내가 해야 할 일을 잘못한다면 문제가 된다.					
4	나에게 재미있는 일은 계속할 것이다.					

Ⅲ. 위 이야기에서 만약 당신이 부모님에게 컴퓨터 사용과 관련하여 다음과 같이 행동할 수 있습니다. 당신은 다음과 같은 행동이 어느 정도 중요하다고 생각하십니까?

번호	질문	전혀 중요 하지 않다.	별로 중요 하지 않다.	보통 이다.	대체로 중요 하다.	매우 중요 하다.
5	부모님이 염려하지 않도록 컴퓨터 사용을 절제하고, 자신의 일을 열심히 한다.					
6	부모님을 의식하기보다는 내 자신의 자유를 누린다.					

3. 인터넷 표절
인터넷에 올려져 있는 리포트나 논문을 베껴서 과제를 해결한 적이 있다.

Ⅰ. 위 사건과 관련하여 다음과 같은 주장이 있을 수 있습니다. 각각의 주장이 어느 정도 중요하다고 생각하십니까? (해당란에 ∨표 하세요)

번호	질문	전혀 중요 하지 않다.	별로 중요 하지 않다.	보통 이다.	대체로 중요 하다.	매우 중요 하다.
1	인터넷 표절은 도둑질에 가깝다.					
2	정보화 사회가 주는 혜택이다.					

Ⅱ. 위 사건에서 계속 인터넷 표절을 한다면 다음과 같은 결과가 예상됩니다. 각각의 결과가 어느 정도 중요하다고 생각하십니까?

번호	질문	전혀 중요하지 않다.	별로 중요하지 않다.	보통 이다.	대체로 중요 하다.	매우 중요 하다.
3	나는 편하게 리포트를 하고 논문을 쓸 수 있을 것이다.					
4	정의롭지 못하고 진실하지 못한 결과이다.					

Ⅲ. 위 사건과 관련하여 다음과 같은 행동을 할 수 있습니다. 만약 당신이 인터넷 표절을 하는 이의 친구라면 어떻게 하시겠습니까?

번호	질문	전혀 중요하지 않다.	별로 중요하지 않다.	보통 이다.	대체로 중요 하다.	매우 중요 하다.
5	그냥 있을 수 있는 일이라 생각하고 참견하지 않는다.					
6	조금 관계가 염려되더라도 올바른 리포트나 논문 작성에 대해 의견을 제시해 준다.					

---

4. 인터넷 게시판
얼마 전에 한 고등학생이 청와대 인터넷 게시판에 교육환경 개선을 요구하는 글을 올렸다. 이 학생은 '보충수업과 야간자습을 없애 달라. 용모 규정과 복장규정을 완화해 달라. 교실환경을 개선해 달라'는 등 학교교육에 대해 불만을 토로하는 글을 게시했다. 그러자 이 학교의 학생부 교사인 이○○ 교사는 이와 같은 사례가 확산되면 그동안 학교의 방침에 따라 열심히 공부하던 학생들에게 부정적인 정보를 유포시키고, 향후 학생들의 학습 분위기가 좋지 않은 영향을 미칠 것 같다는 생각이 들었다. 그래서 이 교사는 글을 올린 학생을 불러 설득시키고 게시한 글을 삭제하도록 할까 생각하고 있다.

Ⅰ. 위 이야기와 관련하여 다음과 같은 주장이 있을 수 있습니다. 당신은 다음과 같은 주장이 어느 정도 중요하다고 생각하십니까? (해당란에 ∨표 하세요)

번호	질문	전혀 중요하지 않다.	별로 중요하지 않다.	보통이다.	대체로 중요하다.	매우 중요하다.
1	학생은 학교교육에 대해 불만을 토로하는 글을 공개적으로 게시해서는 안 된다.					
2	학교교육과 관련하여 학생들은 자유로운 의사표현을 할 수 있어야 한다.					

Ⅱ. 위 이야기에서 이 교사가 어떤 선택을 하느냐에 따라 다음과 같은 결과를 가져올 수 있습니다. 당신은 다음과 같은 결과가 어느 정도 중요하다고 생각하십니까?

번호	질문	전혀 중요하지 않다.	별로 중요하지 않다.	보통이다.	대체로 중요하다.	매우 중요하다.
3	게시한 글을 그대로 둘 경우, 글을 올린 학생의 소신과 표현의 자유를 보호하게 될 것이다.					
4	게시한 글을 삭제하도록 할 경우, 부정적인 정보를 유포시켜 혼란을 일으킬 가능성을 막을 수 있다.					

Ⅲ. 위 이야기에서 만약 당신이 이교사의 동료교사라면 다음과 같이 행동할 수 있습니다. 당신은 다음과 같은 행동이 어느 정도 중요하다고 생각하십니까?

번호	질문	전혀 중요하지 않다.	별로 중요하지 않다.	보통이다.	대체로 중요하다.	매우 중요하다.
5	다른 학생들에 미치는 영향을 고려하여 게시한 학생에게 삭제하도록 지도해야 한다고 말해준다.					
6	학생들에게도 의견표명을 할 수 있도록 해 주어야 한다고 말해준다.					

5. 게임 시디 복사

준호는 오늘 참 기쁜 날이다. 아버지께서 컴퓨터를 사 주셨기 때문이다. 준호는 컴퓨터에 '방울방울' 오락 프로그램을 설치하고 싶다. 준호는 당장이라고 그 게임을 설치해 오락을 하고 싶어서 준호와 가장 친한 친구인 영수에게 전화를 걸었다. 영수는 게임시디를 빌려주어야 할지 아니면 빌려주지 말아야 할지 고민하고 있다.

Ⅰ. 위 이야기와 관련하여 다음과 같은 주장이 있을 수 있습니다. 당신은 다음과 같은 주장이 어느 정도 중요하다고 생각하십니까? (해당란에 ∨표 하세요)

번호	질문	전혀 중요 하지 않다.	별로 중요 하지 않다.	보통 이다.	대체로 중요 하다.	매우 중요 하다.
1	영수는 무엇보다도 친한 친구와의 우정을 먼저 생각해야 한다.					
2	게임 시디를 불법으로 복사하는 것은 잘못된 일이다.					

Ⅱ. 게임 시대 복사 문제는 다음과 같은 결과가 있을 수 있습니다. 각각의 결과가 어느 정도 중요하다고 생각하십니까?

번호	질문	전혀 중요 하지 않다.	별로 중요 하지 않다.	보통 이다.	대체로 중요 하다.	매우 중요 하다.
3	게임시디를 빌려준다면, 많은 돈을 드려 고생해서 시디를 만든 사람들과 학생에게 피해를 주게 될 것이다.					
4	영호와 준호에게 게임시디를 빌려주지 않으면 두 사람의 사이가 나빠질 것이다.					

Ⅲ. 위 사건과 관련하여 다음과 같은 행동을 할 수 있습니다. 각각의 행동이 어느 정도 중요하다고 생각하십니까?

번호	질문	전혀 중요 하지 않다.	별로 중요 하지 않다.	보통 이다.	대체로 중요 하다.	매우 중요 하다.
5	친구와의 우정을 위하여 친구에게 시디를 빌려준다.					
6	불법 복제는 잘못된 일이므로 준호에게 미안하다고 말하고 게임시 디를 빌려주지 않는다.					

---

6. 퍼온 글 블로그에 올리기
인터넷 서핑을 하다가 너무 좋은 글이 있어서 퍼왔다. 이 글을 내 미니홈피나 블로그에 올렸다.

Ⅰ. 위 이야기와 관련하여 다음과 같은 주장이 있을 수 있습니다. 당신은 다음 과 같은 주장이 어느 정도 중요하다고 생각하십니까? (해당란에 ∨표 하세요)

번호	질문	전혀 중요 하지 않다.	별로 중요 하지 않다.	보통 이다.	대체로 중요 하다.	매우 중요 하다.
1	좋은 글을 함께 나눌 수 있다고 생각한다.					
2	저작권 침해의 소지가 있다.					

Ⅱ. 위 이야기에서 당신이 어떤 선택을 하느냐에 따라 다음과 같은 결과를 가져 올 수 있습니다. 당신은 다음과 같은 결과가 어느 정도 중요하다고 생각하십니까?

번호	질문	전혀 중요 하지 않다.	별로 중요 하지 않다.	보통 이다.	대체로 중요 하다.	매우 중요 하다.
3	저작권 침해의 가능성 때문에 고소를 당할 수도 있다.					
4	좋은 글을 퍼오는 것을 계속할 것이다.					

Ⅲ. 위 사건과 관련하여 다음과 같이 행동할 수 있습니다. 만약 당신이 블로그 운영자라면 어떻게 하시겠습니까?

번호	질문	전혀 중요하지 않다.	별로 중요하지 않다.	보통이다.	대체로 중요하다.	매우 중요하다.
5	저작권 침해의 소지가 있기에 삭제할 것이다.					
6	그냥 계속적으로 글을 퍼올 것이다.					

7. 가정환경 조사서
최○○ 교사는 학생들을 최대한 이해하여 지도하기 위해서는 그들에 대한 세세한 정보가 필요하다고 생각하며, 그러한 정보를 수집하기 위해서는 학생들에게 가정환경조사서를 써내도록 한다. 거기에는 가족관계와 친구관계, 부모의 학력, 종교, 직업, 생활수준(월수입), 주거형태(자기 집, 전세, 월세 여부), 학원(또는 독서실) 수강 여부, 주거형태(자기 집, 전세, 월세 여부), 학원(또는 독서실) 수강여부, 학원 이름, 학원 전화번호, 수강과목, 수강 요일 및 시간, 평일 하교 시와 주말에 주로 하는 일 등이 포함되어 있다. 그런데 학생들 중에는 드러내고 싶지 않는 부분은 제외하고 써내는 경우가 있다. 그러나 그렇게 되면 학생을 이해하고 지도하는 데 한계가 많다. 그래서 이번에 최 교사는 모든 내용을 완전하게 써낼 때까지 다시 써오도록 할까 생각하고 있다.

Ⅰ. 위 이야기와 관련하여 다음과 같은 주장이 있을 수 있습니다. 당신은 다음과 같은 주장이 어느 정도 중요하다고 생각하십니까? (해당란에 ∨표 하세요)

번호	질문	전혀 중요하지 않다.	별로 중요하지 않다.	보통이다.	대체로 중요하다.	매우 중요하다.
1	필요 이상으로 학생의 사적인 정보를 수집하고 관리하는 것은 학생의 개인생활을 방해할 수 있다.					
2	올바른 학생 이해 및 지도를 하기 위해서는 학생에 대해서는 물론이고 학생의 주변 환경에 대한 정보까지 세세히 파악해야 한다.					

Ⅱ. 위 이야기에서 최 교사가 어떤 선택을 하느냐에 따라 다음과 같은 결과를 가져올 수 있습니다. 당신은 다음과 같은 결과가 어느 정도 중요하다고 생각하십니까?

번호	질문	전혀 중요하지 않다.	별로 중요 하지 않다.	보통 이다.	대체로 중요 하다.	매우 중요 하다.
3	완전하게 써내도록 할 경우, 학생에 대한 세세한 정보를 통해 학생지도를 효과적으로 할 수 있을 것이다.					
4	쓰고 싶은 부분만 쓰도록 할 경우, 학생 자신이 드러내고 싶지 않은 개인적 정보에 대하여 보호받을 수 있다.					

Ⅲ. 위 사건과 관련하여 만약 당신이 손 교사의 동료교사라면 다음과 같이 행동할 수 있습니다. 당신은 다음과 같은 행동이 어느 정도 중요하다고 생각하십니까?

번호	질문	전혀 중요하지 않다.	별로 중요 하지 않다.	보통 이다.	대체로 중요 하다.	매우 중요 하다.
5	효과적인 학생이해와 지도를 위해서라면 되도록 많은 정보를 수집하라고 말해준다.					
6	학생이 드러내고 싶지 않은 정보까지 수집해서는 안 된다고 말해준다.					

---

8. 교육행정정보시스템
교육부에서 현재 구축 중인 교육행정정보시스템에 입력되는 학생의 정보에 대하여 학생들에게 연람할 수 있고, 정정을 요구할 수 있고, 불복할 수 있는 권한을 인정해야 하는지에 관하여 공청회를 통해서 의견수렴을 하려고 한다. 그런데 교사들 중에서는 현실적으로 그러한 요구를 들어줄 만한 여건이 성숙되어 있지 않다고 주장하는 교사들이 많다. 이 교사들에 의하면, 학생들의 이의제기를 처리하다 보면 상대적으로 교과지도와 생활지도를 소홀히 할 수 있고, 학생들의 불합리한 이의제기로 말미암아 교사와 학생 간의 기본적인 신뢰관계가 훼손될 우려가 있다는 것이다. 황00 교사는 이 교사들과 같은 견해를 주장할지, 아니면 학생들에게 그러한 권한을 주어야 한다고 주장해야 할지 고민하고 있다.

Ⅰ. 위 이야기와 관련하여 다음과 같은 주장이 있을 수 있습니다. 당신은 다음과 같은 주장이 어느 정도 중요하다고 생각하십니까? (해당란에 ∨표 하세요)

번호	질문	전혀 중요하지 않다.	별로 중요하지 않다.	보통이다.	대체로 중요하다.	매우 중요하다.
1	학생에 관해 교사가 입력한 전산정보는 교사만이 접근, 통제할 수 있어야 한다.					
2	학생들도 자신의 정보에 대해 열람, 정정 요구, 불복할 수 있어야 한다.					

Ⅱ. 위 이야기에서 황교사가 어떤 선택을 하느냐에 따라 다음과 같은 결과를 가져올 수 있습니다. 당신은 다음과 같은 결과가 어느 정도 중요하다고 생각하십니까?

번호	질문	전혀 중요하지 않다.	별로 중요하지 않다.	보통이다.	대체로 중요하다.	매우 중요하다.
3	위 교사들과 같은 견해를 주장할 경우, 불필요한 문제제기로 이한 혼란을 없애고 이를 처리하는데 드는 행정력의 낭비를 막을 것이다.					
4	학생들에게 권한을 주어야 한다고 주장할 경우, 학생들이 자기정보에 대하여 접근하고 관리할 수 있게 될 것이다.					

Ⅲ. 위 이야기에서 만약 당신이 황 교사의 동료교사라면 다음과 같이 행동할 수 있습니다. 당신은 다음과 같은 행동이 어느 정도 중요하다고 생각하십니까?

번호	질문	전혀 중요하지 않다.	별로 중요하지 않다.	보통이다.	대체로 중요하다.	매우 중요하다.
5	학생들에게 그러한 권한을 주어야 한다고 주장하라고 말해준다.					
6	대다수 교사들의 의견에 따르는 것이 현명하다고 말해준다.					

9. 국가 의료 정보 센터 설립

다음 소식은 국가의료정보 센터 설립 소식입니다. 오늘 정부에서는 20XX년까지 국가 의료 정보 센터를 설립하고 전 국민의 건강 관련 정보를 수집하여 관리하도록 하겠다고 발표했습니다. 따라서 앞으로 모든 의료 기관에서는 환자의 진료, 처방, 투약 기록을 의료 정보센터로 보내야만 합니다. 이렇게 수집된 의료정보는 전국의 의료기관에서 열람할 수 있도록 하여 환자가 방문하였을 때 더욱 정확한 진단과 처방을 내리는 데 도움을 줄 것이라 기대됩니다. 또한, 수집된 의료정보는 각종 질병의 원인을 연구하는 데에 활용되어 국민건강 증대와 수명연장에 기여할 것입니다.

Ⅰ. 위 이야기와 관련하여 다음과 같은 주장이 있을 수 있습니다. 당신은 다음과 같은 주장이 어느 정도 중요하다고 생각하십니까? (해당란에 ∨표 하세요)

번호	질문	전혀 중요 하지 않다.	별로 중요 하지 않다.	보통 이다.	대체로 중요 하다.	매우 중요 하다.
1	정부는 국민건강 증대를 위하여 국민의 의료정보를 수집할 필요가 있다.					
2	의료정보 유출로 야기되는 환자들의 피해를 고려해야 한다.					

Ⅱ. 위 이야기에서 어떤 선택을 하느냐에 따라 다음과 같은 결과를 가져올 수 있습니다. 당신은 다음과 같은 결과가 어느 정도 중요하다고 생각하십니까?

번호	질문	전혀 중요 하지 않다.	별로 중요 하지 않다.	보통 이다.	대체로 중요 하다.	매우 중요 하다.
3	검사나 의료에 드는 시간이 줄어들고 정확한 진단을 도울 수 있다.					
4	알리고 싶지 않는 질병이 다른 사람들에게 노출될 수 있고 그에 따라 차별을 받을 수도 있다.					

Ⅲ. 위 사건과 관련하여 다음과 같이 행동할 수 있습니다. 만약 당신이 연구자라면 어떻게 하시겠습니까?

번호	질문	전혀 중요 하지 않다.	별로 중요 하지 않다.	보통 이다.	대체로 중요 하다.	매우 중요 하다.
5	의료정보를 공유하는 것에 의한 부작용이 우려되어 반대한다.					
6	국민 건강 증진과 효율적인 진료를 위해 적극 지지한다.					

10. 진료자 명단
한○○씨는 시립 정신병원의 병원장이다. 얼마 전 정신질환자들의 교통사고 비율이 늘었다는 보도가 있은 후로, 한 씨는 최근 2년간 정신과 진료를 10회 이상 받았던 진료자 명단을 뽑아달라는 경찰서의 부탁을 받게 되었다. 경찰에서는 명단에 올라 있는 사람들에게 수시 운전면허 적성시험을 보도록 함으로써, 잠재적으로 교통사고의 위험이 있는 사람들을 가려내어, 시민들에게 안전하게 운전할 수 있는 여건을 마련해 준다는 것이다. 경찰의 부탁을 받은 한 씨는 진료자 명단을 통보해 주어야 할지 고민하고 있다.

Ⅰ. 위 이야기와 관련하여 다음과 같은 주장이 있을 수 있습니다. 당신은 다음과 같은 주장이 어느 정도 중요하다고 생각하십니까? (해당란에 ∨표 하세요)

번호	질문	전혀 중요 하지 않다.	별로 중요 하지 않다.	보통 이다.	대체로 중요 하다.	매우 중요 하다.
1	안전운전을 할 수 있는 여건을 조성하기 위해서는 사전에 예방하는 것이 필요하다.					
2	어떠한 목적을 위해서라도 개인의 진료기록을 누설해서는 안 된다.					

II. 한 씨가 진료자 명단을 통보해줄 경우 다음과 같은 결과가 예상됩니다. 각각의 결과가 어느 정도 중요하다고 생각하십니까?

번호	질문	전혀 중요하지 않다.	별로 중요하지 않다.	보통이다.	대체로 중요하다.	매우 중요하다.
3	정신질환자들이 감추고 싶어 하는 사실을 드러내게 될 것이다.					
4	교통사고 위험인자를 가려내어 안전하게 운전할 수 있는 여건이 조성될 것이다.					

III. 위 사건과 관련하여 다음과 같이 행동할 수 있습니다. 만약 당신이 한 씨라면 어떻게 하시겠습니까?

번호	질문	전혀 중요하지 않다.	별로 중요하지 않다.	보통이다.	대체로 중요하다.	매우 중요하다.
5	공익을 위해서라도 개인의 진료기록을 통보할 수 없다고 대응한다.					
6	시민전체의 안전을 위해서라면 진료기록을 통보해준다.					

〈부록 4〉 정보윤리 동기화 검사

1. 친구가 새로 산 게임 CD를 빌려서 복사하거나 설치하는 것에 대해, 친구가 산 것이니까 복사해도 상관없다고 생각한다.(해당란에 ∨표 하세요)

매우 찬성한다.	대체로 찬성한다.	중간이다.	대체로 반대한다.	매우 반대한다.

2. 친구끼리 서로 아이디를 빌리고 빌려주는 것에 대해서 친구끼리니까 괜찮다고 생각한다.

매우 찬성한다.	대체로 찬성한다.	중간이다.	대체로 반대한다.	매우 반대한다.

3. 게시판이나 대화방(버디버디)을 할 때 험한 말이나 욕설을 사용해도 상관없다고 생각한다.

매우 찬성한다.	대체로 찬성한다.	중간이다.	대체로 반대한다.	매우 반대한다.

4. 바이러스로 남에게 피해를 주는 일은 해서는 안 된다고 생각한다.

매우 찬성한다.	대체로 찬성한다.	중간이다.	대체로 반대한다.	매우 반대한다.

5. 식사를 거르거나 잠을 자지 않고 게임을 하는 것에 대해 괜찮다고 생각한다.

매우 찬성한다.	대체로 찬성한다.	중간이다.	대체로 반대한다.	매우 반대한다.

6. 포털사이트(네이버 다음 등)에서 자료를 긁어 붙여 과제물로 제출하는 것은 저작권 침해라고 생각한다.

매우 찬성한다.	대체로 찬성한다.	중간이다.	대체로 반대한다.	매우 반대한다.

7. 저작자가 이용을 허락하지 않은 경우, 어디서 가져왔는지를 표시했어도 저작권 침해라고 생각한다.

매우 찬성한다.	대체로 찬성한다.	중간이다.	대체로 반대한다.	매우 반대한다.

8. 문제집, 교재 등을 제본해서 사용했다면 저작권 침해이다.

매우 찬성한다.	대체로 찬성한다.	중간이다.	대체로 반대한다.	매우 반대한다.

9. 정부는 '주민등록법에 관한 개정안'에 따라 기존의 주민등록증 대신에 전자주민카드를 만들고자 한다. 이 카드에는 기존의 주민등록증에 포함된 141의 정보보다 더 많은 정보가 들어가게 되어, 의료보험카드, 국민연금 정보, 운전면허증 등개인 신상에 관한 정보가 전자주민 카드 하나로 통합된다는 것이다. 그렇게 되면개인의 사적 정보가 마음만 먹으면 누군가에 의해서 열람될 수도 있어 사생활침해가 우려된다는 의견도 있지만, 개인 자신만 떳떳하면 문제될 것 없고 오히려 행정비용의 절감효과뿐만 아니라 디지털 지문의 확보로 범죄자 및 위험인물의 색출과대형사고 시 시신확인에도 효과적이라는 의견도 있다. 당신은 전자주민 카드를 만드는 것에 찬성하는가 반대하는가?

매우 찬성한다.	대체로 찬성한다.	중간이다.	대체로 반대한다.	매우 반대한다.

10. 인터넷에서 검색한 뉴스기사를 복사하여 내 미니홈피나 블로그에 올렸다.

매우 찬성한다.	대체로 찬성한다.	중간이다.	대체로 반대한다.	매우 반대한다.

11. 나는 게시판에 글을 올릴 때에는 편하게 쓰거나 자극적인 글을 쓸 수도 있지만 내가 쓴 글이 미칠 영향을 신중하게 고려한다. 이에 대해 찬성하는가? 반대하는가?

매우 찬성한다.	대체로 찬성한다.	중간이다.	대체로 반대한다.	매우 반대한다.

12. 나는 내가 싫어하는 사람에 대하여 확인되지 않는 소문을 인터넷에 올릴 수 있다고 생각한다. 이에 대해 찬성하는가 반대하는가?

매우 찬성한다.	대체로 찬성한다.	중간이다.	대체로 반대한다.	매우 반대한다.

〈부록 5〉 정보윤리 행동실천력 검사

1. 나는 해야 할 일이나 책임이 있는데도, 인터넷 온라인 게임, 채팅 등을 계속 과도하게 하지는 않을 것이다.

1. 정말로 그렇게 하겠다.	2. 대체로 그렇게 하겠다.	3. 중간이다.	4. 별로 그렇게 하지 않겠다.	5. 절대로 그렇게 하지 않겠다.

2. 나는 식사를 거르거나 잠을 자지 않고 인터넷 온라인 게임, 채팅 등을 하지는 않을 것이다.

1. 정말로 그렇게 하겠다.	2. 대체로 그렇게 하겠다.	3. 중간이다.	4. 별로 그렇게 하지 않겠다.	5. 절대로 그렇게 하지 않겠다.

3. 나는 인터넷의 자료를 사용할 때에는 반드시 출처를 표기하겠다.

1. 정말로 그렇게 하겠다.	2. 대체로 그렇게 하겠다.	3. 중간이다.	4. 별로 그렇게 하지 않겠다.	5. 절대로 그렇게 하지 않겠다.

4. 나는 인터넷에서 내 생각과 다른 의견을 존중하면서 비판적 관점을 제시할 것이다.

1. 정말로 그렇게 하겠다.	2. 대체로 그렇게 하겠다.	3. 중간이다.	4. 별로 그렇게 하지 않겠다.	5. 절대로 그렇게 하지 않겠다.

5. 나는 다른 사람의 개인정보 또한 나의 개인정보만큼 소중하게 보호할 것이다.

1. 정말로 그렇게 하겠다.	2. 대체로 그렇게 하겠다.	3. 중간이다.	4. 별로 그렇게 하지 않겠다.	5. 절대로 그렇게 하지 않겠다.

6. 새로운 인터넷 사이트에 가입할 때는 내 개인정보를 제공하므로 신중하게 고려해서 가입할 것이다.

1. 정말로 그렇게 하겠다.	2. 대체로 그렇게 하겠다.	3. 중간이다.	4. 별로 그렇게 하지 않겠다.	5. 절대로 그렇게 하지 않겠다.

7. 나는 재미로 다른 사람의 사생활 정보를 인터넷에 올리지는 않을 것이다.

1. 정말로 그렇게 하겠다.	2. 대체로 그렇게 하겠다.	3. 중간이다.	4. 별로 그렇게 하지 않겠다.	5. 절대로 그렇게 하지 않겠다.

8. 나는 마음에 들지 않는 친구에 대해 이름을 밝히지 않고 학교 홈페이지나 인터넷 카페 등에 비난의 글을 올리지는 않을 것이다.

1. 정말로 그렇게 하겠다.	2. 대체로 그렇게 하겠다.	3. 중간이다.	4. 별로 그렇게 하지 않겠다.	5. 절대로 그렇게 하지 않겠다.

9. 나는 불법 복제된 소프트웨어(S/W)프로그램이나 파일을 다운받아 사용하지 않을 것이다.

1. 정말로 그렇게 하겠다.	2. 대체로 그렇게 하겠다.	3. 중간이다.	4. 별로 그렇게 하지 않겠다.	5. 절대로 그렇게 하지 않겠다.

10. 나는 불법적으로 게임 아이템이나 다른 물건을 사고팔지는 않을 것이다.

1. 정말로 그렇게 하겠다.	2. 대체로 그렇게 하겠다.	3. 중간이다.	4. 별로 그렇게 하지 않겠다.	5. 절대로 그렇게 하지 않겠다.

11. 나는 다름 사람에게 도움이 되는 정보를 게시판이나 블로그, 미니 홈피 등을 제공할 것이다.

1. 정말로 그렇게 하겠다.	2. 대체로 그렇게 하겠다.	3. 중간이다.	4. 별로 그렇게 하지 않겠다.	5. 절대로 그렇게 하지 않겠다.

12. 나는 인터넷 카페와 같은 사이버 공동체에 가입하거나 개설, 운영한 적이 있거나 그렇게 할 것이다.

1. 정말로 그렇게 하겠다.	2. 대체로 그렇게 하겠다.	3. 중간이다.	4. 별로 그렇게 하지 않겠다.	5. 절대로 그렇게 하지 않겠다.

13. 나는 내 개인정보가 유출되거나 사이버 폭력, 사기를 당했을 때 적극적으로 해당기관에 신고한다. 또 그렇게 할 것이다.

1. 정말로 그렇게 하겠다.	2. 대체로 그렇게 하겠다.	3. 중간이다.	4. 별로 그렇게 하지 않겠다.	5. 절대로 그렇게 하지 않겠다.

14. 나는 온라인에서 적극적으로 나의 의견을 표현하는 편이고 그렇게 할 것이다.

1. 정말로 그렇게 하겠다.	2. 대체로 그렇게 하겠다.	3. 중간이다.	4. 별로 그렇게 하지 않겠다.	5. 절대로 그렇게 하지 않겠다.

15. 나는 인터넷에 있는 다른 사람의 질문이나 의견에 대해 가능한 성실하게 대답하려고 노력한다.

1. 정말로 그렇게 하겠다.	2. 대체로 그렇게 하겠다.	3. 중간이다.	4. 별로 그렇게 하지 않겠다.	5. 절대로 그렇게 하지 않겠다.

16. 나는 인터넷 실명제, 사이버 모욕제 등이 인터넷에서 표현의 자유를 억압할 수 있음에 대해 고민한 적이 있다.

1. 정말로 그렇게 하겠다.	2. 대체로 그렇게 하겠다.	3. 중간이다.	4. 별로 그렇게 하지 않겠다.	5. 절대로 그렇게 하지 않겠다.

17. 나는 인터넷에서 정치적 의견을 올리는 것에 관심을 가지고 있다.

1. 정말로 그렇게 하겠다.	2. 대체로 그렇게 하겠다.	3. 중간이다.	4. 별로 그렇게 하지 않겠다.	5. 절대로 그렇게 하지 않겠다.

18. 나는 내가 싫어하는 연예인에 대하여 확인되지 않는 소문을 인터넷에 올려 본 경험이 있다.

1. 정말로 그렇게 하겠다.	2. 대체로 그렇게 하겠다.	3. 중간이다.	4. 별로 그렇게 하지 않겠다.	5. 절대로 그렇게 하지 않겠다.

19. 나는 시간이 급해서 인터넷에서 과제물을 사서 리포트(숙제)로 제출한 적이 있으며, 또 그런 상황에서 그렇게 할 것이다.

1. 정말로 그렇게 하겠다.	2. 대체로 그렇게 하겠다.	3. 중간이다.	4. 별로 그렇게 하지 않겠다.	5. 절대로 그렇게 하지 않겠다.

20. 나는 게임 아이디 해킹을 시도하지 않을 것이다.

1. 정말로 그렇게 하겠다.	2. 대체로 그렇게 하겠다.	3. 중간이다.	4. 별로 그렇게 하지 않겠다.	5. 절대로 그렇게 하지 않겠다.

최용성

부산대학교 윤리교육과 학사 및 석사와 박사과정을 마치고 부산대학교에서 강의를 하고 있다. 2005년 학술진흥재단 정보윤리교육 과제를 수행한 이후 지속적으로 정보윤리교육 연구를 하고 있다.

『도덕철학과 도덕교육』(2002)
『문학, 영화 등으로 열어가는 새로운 이야기 도덕교육』(2002)
『영화와 문학으로 열어가는 인성교육』(2003)
『대학과 학습연구윤리교육』(2014) 외 다수의 논저

대안적
정보윤리교육
프로그램의
개발과 적용

초판인쇄 2015년 5월 29일
초판발행 2015년 5월 29일

지은이 최용성
펴낸이 채종준
펴낸곳 한국학술정보(주)
주소 경기도 파주시 회동길 230(문발동)
전화 031) 908-3181(대표)
팩스 031) 908-3189
홈페이지 http://ebook.kstudy.com
전자우편 출판사업부 publish@kstudy.com
등록 제일산-115호(2000. 6. 19)

ISBN 978-89-268-6981-9 93370